AF196840

Karl Löwith

Mein Leben in Deutschland vor und nach 1933

Ein Bericht

Mit einer Vorbemerkung von Reinhart Koselleck
und einer Nachbemerkung von Ada Löwith

Neu herausgegeben von Frank-Rutger Hausmann

Verlag J. B. Metzler
Stuttgart · Weimar

Bibliografische Information der Deutschen Nationalbibliothek
Die Deutsche Nationalbibliothek verzeichnet diese Publikation in der
Deutschen Nationalbibliografie; detaillierte bibliografische Daten sind
im Internet über http://dnb.d-nb.de abrufbar.

ISBN 978-3-476-02181-6
ISBN 978-3-476-00220-4 (eBook)
DOI 10.1007/978-3-476-00220-4

Dieses Werk einschließlich aller seiner Teile ist urheberrechtlich geschützt. Jede
Verwertung außerhalb der engen Grenzen des Urheberrechtsgesetzes ist ohne
Zustimmung des Verlages unzulässig und strafbar. Das gilt insbesondere für
Vervielfältigungen, Übersetzungen, Mikroverfilmungen und die Einspeiche-
rung und Verarbeitung in elektronischen Systemen.

© 2007 Springer-Verlag GmbH Deutschland
Ursprünglich erschienen bei J. B. Metzlersche Verlagsbuchhandlung
und Carl Ernst Poeschel Verlag GmbH in Stuttgart 2007
www.metzlerverlag.de
info@metzlerverlag.de

Inhalt

1934 – 1936

1936 – 1939

Nachträge und Erläuterungen

Vorwort

Karl Löwiths Lebensbericht aus dem Jahre 1940 wurde durch einen äußeren Anlaß hervorgerufen. Von der Harvard-University ging ein Preisausschreiben aus, um Erfahrungsberichte von Augenzeugen aus Deutschland vor und nach 1933 zu sammeln. Über den Verlauf des Verfahrens und den Verbleib der Einsendungen konnte bisher nichts ermittelt werden. Jedenfalls erhielt Löwith keinen Preis, und das verwundert kaum, denn »philosophische Erwägungen über die Vergangenheit« waren nicht erwünscht. Nun hat Löwith zwar weder eine philosophische Autobiographie verfaßt, noch hat er sich in allgemeinen kulturkritischen Betrachtungen ergangen, aber der Bericht fließt natürlich aus seiner unverwechselbaren Handschrift. Es ist die Handschrift des Philosophen, der ein biologisches Studium zurückgelegt hatte. Die Nüchternheit und Prägnanz einer mikroskopischen Sicht wird mit der Unmittelbarkeit und Klarheit phänomenologischer Beschreibung verbunden.

Es handelt sich also nicht um Memoiren im Rückblick, wie sie heute erscheinen und die aus der Vergangenheit zu retten suchen, was möglich – oder unmöglich ist. Eher handelt es sich um eine Zwischenbilanz, niedergeschrieben im japanischen Exil, um ein Innehalten, das noch von der unmittelbaren Betroffenheit zeugt, aus der sich Löwith mit der unerbittlichen Konsequenz seines Denkens zu befreien sucht. Es ist ein dramatisches Dokument, das nicht bis ins Letzte hinein kunstvoll komponiert ist, sondern mit tagebuchartiger Spontaneität immer von neuem einsetzt, das viele Briefe sprechen läßt und dem gedruckte Beigaben aus der nationalsozialistischen Selbstherrlichkeit eingefügt sind, die Löwith mit wacher Neugierde, gedämpftem Zorn und steigender Verachtung gesammelt hat. Es ist ein Dokument, dem sich die Spuren unvermittelbarer Erfahrung eingeschrieben haben. Darin liegt seine nicht überholbare Gegenwärtigkeit.

Die Gliederung ist – wechselweise – chronologisch und sachlich. Damit wird der doppelte Zugriff deutlich, werden zwei Ebenen umrissen: einerseits werden die persönlichen Erlebnisse berichtet, die auf die Wende von 1933 voraus- oder zurückweisen, zum anderen werden die Erfahrungen reflektiert, die Herausforderungen der Zeitgeschichte, soweit sie in das Leben des Autors eingegriffen und ihn zu einer Antwort genötigt haben.

Die Biographie beginnt scheinbar normal, mit der Jugend eines Jugendbewegten, der aus einem gut bürgerlichen Künstlerhaus stammt. Der Vater war ein konfessionslos gewordener Jude aus Mähren, dessen Vaterland Deutschland und dessen Heimat München wurde, wo er als Maler eine hoch geachtete Stellung gewonnen hatte. Es folgen die freiwillige Meldung zum Kriegsdienst, Frontkampf im Regiment des Ritters von Epp, schwere Verwundung und Gefangenschaft in Italien, Rückkehr nach München, Begegnung mit Max Weber, das Studium bei Husserl und Heidegger, Habilitation in Marburg und erfolgreiche Dozententätigkeit – bis zum Jahre 1933. Insoweit lesen wir eine gelungene, wenn auch im Rahmen des Bildungsbürgertums typische Biographie.

1933 erfolgt die Ächtung als Jude, nicht völlig überraschend, aber alle Fasern der bürgerlichen Existenz zerschneidend, – scheinbar verzögert infolge der Kriegsteilnahme, – in Wirklichkeit noch demütigender, als ob die Kriegsteilnahme eine wissenschaftliche Qualifikation darstelle, die Löwith als Jude abgesprochen wurde. Seit 1933 werden Löwith Alternativen aufgenötigt, die er sich nicht gesucht hat: Jude sein zu sollen, sein Amt aufgeben zu müssen, nach Italien zu entweichen, als Exilierter und nicht als Emigrant. Nach dem Auslaufen eines Rockefeller-Stipendiums die Suche nach einer Stellung in der restlich verbliebenen Welt. Schließlich, kurz vor der erneuten Vertreibung aufgrund der italienischen Rassengesetze, die rechtzeitige Übersiedlung nach Sendai, wo ihm Schüler und Freunde allem Einspruch deutscher Dienststellen zum Trotz eine Professur verschafft hatten. Der Bericht endet vor der letzten, ebenfalls gerade noch rechtzeitigen Flucht in die USA, wohin Löwith und seine Frau kurz vor Pearl Harbour entkommen konnten.

Dieser äußere Lebenslauf eines Gejagten, der von seiner Natur auf Kontemplation eingestimmt war, ist schon aufreibend genug, um den Leser anzusprechen und zu beanspruchen. Aber die wirkliche Herausforderung liegt in den Reflexionen, die Löwith beiläufig notiert. Sie lassen sich nicht mehr zusammenfassen, weil sie den einmaligen Situationen verhaftet bleiben, denen sie entsprangen.

Die biographischen Etappen werden zumeist durch Personen markiert, mit denen Löwith zusammentraf, sich fand oder auseinandersetzten mußte. Er ist ein Meister des Kurzporträts, psychologisch und physiognomisch, gewürzt durch Anekdoten, situativ nicht mehr auflösbare Dialoge und durch lakonische Kommentare, deren Knappheit nicht zu unterbieten ist. Löwith schreibt einen taciteischen Stil. – Hier finden sich Charakteristiken von Max Weber und Albert Schweitzer, von Bultmann oder von Carl Schmitt, um nur vier Extreme zu nennen, mit denen Löwith nicht zufällig zusammengetroffen ist. Hier findet sich vor allem die autobiographische Genese der Heidegger-Kritik, die später, – *Denker in dürftiger Zeit* 1953 – erschienen ist. Die eindeutige Anerkennung und die entschiedene Distanzierung von seinem Lehrer Heidegger bündeln sich zu einem Rätsel, das weder bloß psychologisch noch bloß soziologisch gelöst werden kann, weil immer ein Winkel aus der jeweils anderen Perspektive uneinsichtig bleibt. Löwith leuchtet in jeden Winkel, redlich im Dank, aber vom Dank unbeirrt.

Der persönlich einmalige Bericht gewinnt schließlich exemplarischen Rang, sobald die Ereignisfolgen vor und nach der Machtergreifung Hitlers geschildert werden, kraft seines ungetrübten Blicks, den sich Löwith bewahrt hat. Die politische Semantik verrät noch die zeitliche Nähe und Verstrickung, die – vergangene – Gegenwärtigkeit des schleichenden oder offenen Terrors, dem Löwith mit kühler Ruhe begegnet, auch wenn gelegentlich ein provozierter Haß aufbricht, minimaler Schutz vor dem Zugriff der nationalsozialistischen Deutschen.

Die Etappen des Löwith aufgenötigten Lebensweges zeigen per negationem die Geschichte der deutschen Misere, der Lächerlichkeit, des Ehrgeizes, des Opportunismus und der Anpassung, der Feigheit und des Fanatismus, die sich allesamt gegenseitig abstützen und hochtreiben. Der nationalsozialistische Einparteienstaat mit seinen Nischen und Absurditäten und mit seinen wohlorganisierten Verbrechen erweist sich zugleich als Voraussetzung und als Ergebnis von Verhaltensweisen, die Löwith – für uns Deutsche peinlich – exakt registriert. Meistens erübrigt die Beobachtung jeden Kommentar, gelegentlich wird sie mit der Feder des großen Moralisten konturiert. Die seltenen Fälle von Mut und Zivilcourage werden sorgsam festgehalten, aber auch sie machen deutlich, wo sie auflaufen oder leerlaufen, wie sie erstickt und in die Privatheit abgedrängt werden.

Was sich der normalen Einbildungskraft entzieht, was seit 1933 überhaupt möglich wurde, das bezeugen die Stationen eines – ex post gesehen vergleichsweise glimpflich verlaufenen – Lebens, von denen Löwith berichtet, weil sie ihn und seine Frau betroffen haben: die Judengesetze, »die politische Zoologie der Rassenprozente« machten aus seiner protestantisch getrauten Ehe eine »Mischehe« –, die obendrein willkürliche Anwendung der Judengesetze, der Entzug von Gehalt und Kriegsrente bei gleichzeitiger Aushändigung einer Kriegsmedaille in Rom –, die Sperrung des Vermögens, die Schließung der Hotels für Juden, die Bespitzelung und Denunziation, der Zwang zum Verschweigen der Wahrheit, die Sperre der Verlage, das Verbot der Bücher, also ein Zwang zum Verstummen, fast schon ein Verlust der deutschen Sprache als eines öffentlichen Kommunikationsmittels, all diese Stationen, so lächerlich und banal wie furchtbar und lähmend, werden minutiös dargestellt. Dabei lag die systematische Vernichtung der Juden noch jenseits des Berichtszeitraumes, was der Leser nicht vergessen darf, auch wenn die Konzentrationslager zum selbstverständlichen Wissen gehörten.

Die verlorene Heimat verstummt, weil die Zensur nicht mehr durchläßt, was erfragt werden könnte. Aber der politisch bewußt vollzogene Abschied kann nicht gelingen, weil sich der drohende Schatten des nationalsozialistischen Regimes auch in Italien und Japan zunehmend auf die Exilierten senkt. Doch Löwith verliert kein Wort der Angst. So wurde Löwith, wie gesagt, von einer Alternative in die andere gedrängt, ohne daß er sie sich je gesucht hätte.

Zwei große Themen sind es, die er – entlang allen Einzelgeschichten – immer wieder reflektiert: Der Verfall der deutschen bürgerlichen Welt und die ihm aufgenötigte Spaltung seiner Existenz in die eines Deutschen und eines Juden. Beide Themen hängen unmittelbar zusammen. Sie prägen den ganzen Bericht.

Das Jahr 1933 wird als tiefer Einschnitt, als Einbruch erfahren. Und das nicht nur wegen seiner persönlichen Diskriminierung als »Jude«, sondern ebenso als Ergebnis einer langen Periode der Dekadenz des Bürgertums, das durch Krieg und Inflation gebeutelt, einer Selbstzerstörung anheimfiel, aus der es keinen Ausweg zu geben schien. Derartige Zeugnisse können heute kaum unterschätzt werden. Denn Löwith läßt keinen Zweifel daran, daß er, der sich vor 1933 als unpolitisch betrachtet und auch so gelebt hatte, an der damals eingängigen Bildungskritik, an der intellektuellen Auflösung des Christentums und des Humanismus beteiligt war, und sei es auch nur als geschichtlich bewußter Philosoph, als konsequenter Analytiker dieses Prozesses. Aber daß der Weg nicht nur von Hegel über Marx zu Nietzsche führen sollte, sondern ebenso weiter zu Jacob Burckhardt, das war schon in seiner intellektuellen Biographie der zwanziger Jahre angelegt. Nur wurde die bewußt existentielle Wende erst vollzogen im Bannkreis des nationalsozialistischen Terrors, den Löwith als eine Konsequenz der deutschen Geschichte begreift.

Löwith bekennt sich ausdrücklich dazu, daß es keinen Weg zurück mehr geben könne, weder zurück zum Christentum, etwa aus Trotz gegen das neudeutsche Heidentum, noch zurück zum Judentum, aus dem er sich emanzipiert wußte, noch gar zurück zum klassischen Neuhumanismus, zu »Goethe«. Und Löwith hat es nie akzeptiert, sich zu der ihm aufgenötigten Alternative zu »bekennen«. Das wäre einer scheinbar freiwilligen, de facto erzwungenen politischen Option gleichgekommen, die ihn als Philosophen um seine geschichtlich reflektierte Identität gebracht hätte. So fand sich Löwith auf einen Weg gedrängt, auf dem allein er sich behaupten konnte, und zwar mit Würde, auch wenn er diesen Ausdruck als pathetisch abgewiesen hätte. Es war der Weg des philosophierenden Historikers in die konsequente Skepsis, und es war der Weg des geschichtlich reflektierenden Philosophen zu einer Sicht der Welt, die aller Geschichte vorausliegt.

So sah sich Löwith paradoxerweise genötigt, eine Tradition zu wahren, deren Fragwürdigkeit er durchschaut hatte, aber deren tatsächliches Gegenteil – und Ergebnis – die Barbarei war. Das Festhalten am nicht mehr Einholbaren trieb ihn aber nicht in die Verzweiflung, sondern stärkte seinen rigorosen Zweifel, der sich allen Geschichten und allem Geschehen überlegen weiß. Es wäre ideologiekritisch anmaßend und philosophisch unzureichend, den einmal gewonnenen Standpunkt konsequenter Skepsis nur als sozial oder politisch-biographisch bedingt zu erklären. Das bezeugt der vorliegende Bericht; Löwiths Immunität gegen jede Phrase, die ihn selbst zu unterkühlter Ideologiekritik befähigt, hat seit dem Ersten Weltkrieg seinen Lebensweg geprägt. Seine Ablehnung jeder vorschnellen oder scheinbar endgültigen Lösung impliziert eine durchdachte politische Haltung, die zu aktivieren ihm in Deutschland nach 1933, zum jüdischen Feind abgestempelt, nicht mehr möglich war. Schließlich gewann er in und mit seiner Skepsis eine Position, die jede falsche Konzession zu machen verbietet.

Die geschichtlich bedingte Entstehung und die philosophisch genuine Überzeugungskraft jenes Skeptizismus, den Löwith später auf seinem Heidelberger Lehrstuhl vertreten wird, sie werden in diesem Lebensbericht einsichtig und nachvollziehbar.

Seine Distanz erlaubte es ihm, auch jene Zwischentöne herauszuhören, die etwas zwischen nationaldeutschen und gar nationalsozialistischen Juden auftauchten, und die so lächerlich wirken wie jene Juden, die ihn zu antisemitischen Bemerkungen herausforderten: obwohl beidesmal die bittere Auswegslosigkeit der Situation eine Erklärung, aber nicht den Schein einer Entschuldigung boten. – Oder er weiß zu unterscheiden zwischen dem treuherzigen SS-Studenten, der sich zum Abschied in Marburg bei ihm bedankt, und jenen Gestalten, die ohne

Parteinummer hochklettern, weil sie sich voreilig anpassen, – obwohl sich beide auf ein deutsches Schicksal beriefen, das zwar keine Erklärung aber den Schein einer Begründung lieferte.

Löwith bleibt skeptisch gegenüber allgemeinen Volkscharakteristiken, aber als Moralist, der er auf den Spuren der Franzosen und Nietzsches auch war, riskiert er brillante Gesamturteile, – etwa im Vergleich zwischen Italienern und Deutschen –, die aufgrund ihrer Einseitigkeit nur wahr sein können: wahr im Sinne der Moralistik, nicht der blanken Faktizität. So beklemmend der Bericht wirkt, es ist auch ein kritisches Vergnügen, ihn zu lesen.

Die Edition wurde von der Verlagsredaktion um einige, wenige Sätze gekürzt, ohne Sinn oder Zusammenhang zu zerstören. Die Nennung von Namen mit Anfangsbuchstaben wurde beibehalten, wo sie Löwith verwendet hat. Diese Schreibweise gehört zur Signatur der Zeit, in die der Bericht fällt. Die zu Buchstaben verkürzten Namen gerinnen gleichsam zu Typen oder Rollenträgern, deren Vielzahl oder Varianten sich der Leser hochrechnen kann. Löwith wollte nicht denunzieren, sondern demonstrieren. Ausgeschrieben wurden nur die Namen bekannter Figuren der Zeitgeschichte, aus Politik und Wissenschaft bis hin zu Spranger, dessen Opposition und deren betulich-törichte Vorträge in Japan Löwith auf einen gemeinsamen Nenner zu bringen weiß. Schließlich werden die Freunde mit vollem Namen zitiert, die zu nennen Löwith sich nicht scheuen mußte.

Löwith hat offenbar nicht daran gedacht, seinen Bericht nach der Rückkehr zu veröffentlichen. Er bekennt sich im Text mit Burckhardt zum »Gesetz der Verjährung ..., das nicht bloß nach Jahren, sondern nach der Größe des Risses seine Entscheide gäbe«. Das war geschrieben worden vor der Vernichtung der Juden, für die es im Sinne des Wortes keine Verjährung geben kann. Daß alles Vorher und Nachher der Geschichte in Anbetracht von Welt und Ewigkeit dahinschwinde, gehört zu den Antworten, die Löwith auch in seiner Vita 1959 formuliert hat. Diese Vita, vorgetragen in der Heidelberger Akademie der Wissenschaften, ist hinzugefügt worden: Sie zeugt von der erstaunlichen Kontinuität einer philosophischen Grundeinstellung, die sich, durch Terror und Exil bekräftigt, beidem gewachsen und überlegen weiß. Das macht Löwiths Lebensbericht erinnerungswert und denkwürdig.

z. Z. New York, im März 1986   Reinhart Koselleck

»Mein Leben in Deutschland
vor und nach 1933«

$1,000 *Preisausschreiben*

★

AN ALLE

die Deutschland vor und nach Hitler gut kennen!

★

Zum Zweck rein wissenschaftlicher Materialsammlung, die für eine Untersuchung der *gesellschaftlichen und seelischen Wirkungen des Nationalsozialismus auf die deutsche Gesellschaft und das deutsche Volk* verwendet werden soll, stellen wir eintausend Dollar als Preis für die *besten unveröffentlichten Lebensbeschreibungen (Autobiographieen)* mit dem folgenden Thema zur Verfügung —

"MEIN LEBEN IN DEUTSCHLAND VOR UND NACH DEM 30. JANUAR 1933"

Das Preisausschreiben steht unter der persönlichen Leitung der folgenden Mitglieder des Lehrkörpers der Universität Harvard, die auch das Preisrichterkollegium bilden werden. Sie tragen die alleinige Verantwortung für die Beurteilung der eingereichten Manuskripte und für die Preisverteilung:

GORDON WILLARD ALLPORT	*Psychologe*
SIDNEY BRADSHAW FAY	*Historiker*
EDWARD YARNALL HARTSHORNE	*Soziologe*

Die folgenden Preise werden ausgesetzt:

ERSTER PREIS $500   ZWEITER PREIS $250   DRITTER PREIS $100
VIERTER PREIS $50   5 FÜNFTE PREISE JE $20

Manuskripte können unter *einem angenommen Namen* oder *ohne Namensnennung* eingereicht werden; sie müssen aber *wahrheitsgetreu* sein.

Die Manuskripte können *Deutsch oder Englisch* geschrieben sein: die Wahl der Sprache hat keinen Einfluss auf die Beurteilung. Die Arbeiten können *beliebig lang* sein, sollen aber ein Minimum von 20,000 Worte betragen. *80 Tippscit.*

Das Preisausschreiben schliesst am 1. April 1940. (Manuskripte müssen den Poststempel spätestens dieses Datums tragen.)

Die Arbeiten werden *streng vertraulich* behandelt werden.

BESONDERE RICHTLINIEN:

Manuskripte werden nur angenommen, wenn auf der ersten Seite klar die folgenden Angaben gemacht werden: ALTER (ungefähr) und GESCHLECHT des Verfassers; die GEGEND Deutschlands, in der der Verfasser lebte, und die EINWOHNERZAHL SEINES WOHNORTS; die RELIGION des Verfassers, sowie weitere wesentliche Angaben über die GESELLSCHAFTLICHE STELLUNG des Verfassers in Deutschland (z.B. verheiratet oder ledig, Kinder, ungefähres Einkommen, Ausbildung, usw.) (Ihre gesellschaftliche Stellung als solche hat keinen Einfluss auf Ihre Gewinnaussichten.)

Ihre Lebensbeschreibung sollte möglichst *einfach, unmittelbar, vollständig* und *anschaulich* gehalten sein. Bitte BESCHREIBEN Sie wirkliche Vorkommnisse, die WORTE und TATEN DER MENSCHEN, soweit erinnerlich. Die Preisrichter haben kein Interesse an philosophischen Erwägungen über die Vergangenheit, sondern vor allem an einem Bericht persönlicher Erlebnisse. Zitate aus *Briefen, Tagebüchern, Notizbüchern,* und *sonstigen persönlichen Schriftstücken* geben Ihrer Schilderung die erwünschte *Glaubwürdigkeit* und *Vollständigkeit*. Dies soll kein literarisches Preisausschreiben sein. Sie sollten sich daran wagen, selbst wenn Sie nie vorher geschrieben haben, wenn Sie nur ein gutes Gedächtnis, scharfe Beobachtungsgabe, und Menschenkenntnis besitzen. Selbst wenn Sie keinen Preis bekommen, kann Ihre Arbeit als Quelle für das Studium des neuen Deutschlands und des Nationalsozialismus sehr wertvoll sein.

Anschriften erbeten an:

S. B. FAY, 776 WIDENER LIBRARY, CAMBRIDGE, MASSACHUSETTS, U. S. A.

Weitere Exemplare dieser Ankündigung stehen auf Ansuchen gern zur Verfügung.

Text der Ausschreibung, durch die mein Bericht entstanden ist

»Mein Leben in Deutschland vor und nach 1933«

Kurzer Lebenslauf

Alter des Verfassers: 43; Geschlecht des Verfassers: männlich; Gegend: Mitteldeutschland (Hessen); Einwohnerzahl des Ortes: 25000; Religion des Verfassers: evangelisch-lutherisch; Abstammung jüdisch. Gesellschaftliche Stellung des Verfassers: verheiratet mit einer arischen Deutschen. Kinderlos. Monatliches Einkommen: 350 RM. Akademische Ausbildung: Dozent der Philosophie.

Vorbemerkung Die folgende Lebensbeschreibung entspricht in zwei Punkten nicht ganz den Wünschen des Preisausschreibens: sie ist nicht immer »einfach und unmittelbar« und sie behandelt nicht nur mein Leben »in Deutschland«. Das erste möge damit entschuldigt werden, dass der Verfasser, dessen Beruf die *Philosophie* ist, auch die *politischen* Ereignisse notwendig in diesem Spiegel verstand. Und das zweite damit, dass sich das Denken und Tun der Deutschen *auch im Ausland* aufschlussreich offenbart.

Abkürzungen: n. s. = nationalsozialistisch; N. S. = Nationalsozialismus; Partei = die von Hitler gegründete NSDAP; Pg. = Parteigenosse; SA = Sturmabteilung der NSDAP; SS = Schutzstaffel der NSDAP.

Einleitung

Die Unterscheidung der Geschichte Europas durch ein »vor« und »nach« Christus beherrscht zwar in Deutschland noch den Kalender, aber nicht mehr die Geister. Die aus dem Weltkrieg hervorgegangenen Diktaturen erheben, wie einst die französische Revolution, den Anspruch, die gesamte Geschichte neu zu datieren. Und in der Tat, es lässt sich nicht leugnen, dass alles anders ist als es war. Die Tatsache dieser Veränderung wird in Deutschland niemand bestreiten: Hitlers Gefolgschaft und ihre zum Schweigen verurteilten Gegner stimmen in diesem Punkt überein. Es ist, wie mir vor kurzem aus Deutschland jemand schrieb, mit Vielem »einfach vorbei«.

Die folgenden Aufzeichnungen wollen einiges Material zur Veranschaulichung dieses »Umbruchs« geben. Sie beruhen ausschliesslich auf der Erinnerung eigener Erlebnisse sowie auf Briefen und andern authentischen Dokumenten, welche ich seit 1933 in der ihnen zukommenden Unvollständigkeit und Zufälligkeit aufbewahrt habe. Gemessen an den offiziellen Berichten des Nürnberger Parteitags, oder auch an den inoffiziellen über die Konzentrationslager, sind die Worte und Handlungen, die mich persönlich betrafen, so unbedeutend wie das Geschick eines deutschen Privatdozenten im Vergleich zu einer totalen und systematischen Umwälzung. In diesem Mangel an exzessiven Geschehnissen liegt der Vorzug der folgenden Aufzeichnungen: sie geben nicht mehr und nicht weniger als ein alltägliches Bild von dem was im beschränkten Umkreis eines unpolitischen Einzelnen wirklich geschah. – Nur in *einem* können sie nicht mehr der Wahrheit gemäss sein, nämlich im Ton. Die Erinnerung hat die Macht, selbst das Bitterste zu verwandeln, und was einer im Abstand von 6 Jahren erzählt, ist in den Besitz seines Lebens übergegangen, der das ursprüngliche Leid über den erlittenen Verlust ernüchtert und übertönt. Andrerseits sind die Ereignisse doch noch lebhaft genug, um die beteiligt gewesenen Menschen in einer Weise charakterisieren zu können, welche zeigt dass sie einen auch heute noch, mehr als man wünschen kann, angehen. Es lag mir fern die Schärfe des Urteils zu mildern, welche durch diese Nähe bedingt ist.

14. Januar 1940

1914 – 1933

Krieg und Gefangenschaft

[Abb. 1-3] Die deutsche Revolution von 1933 begann mit dem Ausbruch des Weltkriegs. Was seit 1933 in Deutschland geschieht, ist der Versuch, den verlorenen Krieg zu gewinnen. Das dritte Reich ist das Bismarcksche Reich in zweiter Potenz und der »Hitlerism« ein gesteigerter »Wilhelmismus«, zwischen denen die Weimarer Republik nur ein Zwischenakt war. Als ich in den ersten Jahren des Umsturzes in einem Münchner Kaffee sass, boten SA-Männer Postkarten feil mit den Bildern von Friedrich dem Grossen, Bismarck und Hitler. Der beigeschriebene Text erklärte, dass der Befreier Deutschlands vollende, was die beiden andern begannen. Die Linie der deutschen Entwicklung war damit richtig gezeichnet und zugleich eine Karikatur, wenn man den Abstieg in diesem »Fortschritt« bedenkt: von Friedrichs Korrespondenz mit Voltaire, über Bismarcks »Gedanken und Erinnerungen«, zu Hitlers »Mein Kampf«. Der skeptische Geist des preussischen Königs verwandelte sich über die »Blut und Eisen« Parole der 70er Jahre zur nivellierenden Phrase einer diktatorischen Demagogie.

Als mich der Krieg während unsres Sommeraufenthalts am Starnbergersee in meinem 18. Lebensjahr überraschte, war ich ein Schüler der vorletzten Klasse des Münchner Realgymnasiums. Im Oktober 1914 meldete ich mich freiwillig zum Heer. Nach knapp drei Monaten war ich als Infanterist ausgebildet und kurz vor Weihnachten kam ich mit einem Ersatzbataillon an die französische Front, wo wir bei Peronne die Schützengräben bezogen. – Der Drang zur Emanzipation von der bürgerlichen Enge der Schule und des Zuhause, ein inneres Zerwürfnis mit mir selbst nach dem Bruch meiner ersten[1] Freundschaft, der Reiz des »gefährlich Leben«, für das uns Nietzsche begeistert hatte, die Lust sich ins Abenteuer zu stürzen und sich zu erproben, und nicht zuletzt die Erleichterung des eigenen, durch Schopenhauer bewusst gewordenen Daseins in der Teilnahme an einem es umfassenden Allgemeinen – solche und ähnliche Motive bestimmten mich, den [Abb. 4-5] Krieg als eine Chance des Lebens und Sterbens willkommen zu heissen.

Der Kasernendrill in der Türkenkaserne des bayrischen Infanterie-
Leib-Regiments hatte durch seine ausgesuchte Brutalität, zumal in der
Behandlung der Freiwilligen, den Erfolg, dass jeder von uns den Tag
der Versetzung an die Front als eine Erlösung empfand. Ich wurde der
8. Kompagnie zugeteilt. Mein Kompagniechef war Freiherr von Krauss,
der Bataillonskommandant Oberst Epp, welcher 1933 zum n. s. Statthalter von Bayern ernannt worden ist. Der winterliche Stellungskrieg war
durch den beständigen Kampf mit der Nässe in den lehmigen Gräben
überaus anstrengend. Wir jungen Freiwilligen überstanden ihn besser
als unsere bärtigen Landwehrmänner, die mit Sorgen an ihre Familien
dachten, während wir frei und ledig waren. – Eine nächtliche Patrouille
zu den nur 50 m entfernten französischen Gräben brachte mir die erste
Beförderung ein. Ich besitze noch die drei Fetzchen der erbeuteten blau-
weiss-roten Fahne, die ich damals meinem Vater zu seinem Geburtstag
geschickt habe und die er einrahmen liess. Mein Hauptmann v. Krauss,
von den Soldaten wegen seiner opernhaften Allüren »Caruso« genannt,
war ein vornehmer Herr mit Monokel, der trefflich zu kommandieren
verstand und sich in seinem Berufe wohlfühlte. Mein Schul- und Regi-
mentskamerad, Fahnenjunker v. Lossow, hatte ihn auf mich aufmerksam gemacht und so befreite er mich manchmal vom gewöhnlichen
Dienst zum Schreiben des Kompagnieberichts im Offiziersunterstand.
Nach dem Kriege begegnete ich ihm in München eines Tages auf der
Strasse, aber nicht mehr in glänzender Uniform, sondern in einem ab-
getragenen Röckchen. Er sprach mich an und erzählte mir, dass er in
einer Firma für Kunstexport angestellt sei. Mein Freund v. Lossow war
nach dem Krieg in der Redaktion der »Münchner Neuesten Nachrichten« tätig, trieb später im Ausland Industriespionage und landete in der
Grossindustrie. Das war das Schicksal vieler Berufsoffiziere.

Im Mai 1915, nach der Kriegserklärung Italiens an Österreich, wurde mein Regiment zum deutschen Alpenkorps an die österreichisch-
italienische [Abb. 6-7] Grenze versetzt. Auf der Durchreise konnte ich
in Kleineiting meine Eltern für einige Stunden wiedersehen. Ein barba-
rischer Drill in Bruneck für einen Parademarsch vor dem österreichischen Kaiser Karl verbitterte uns die letzten Tage vor dem Abmarsch in
die Dolomiten, wo wir in 2000 m Höhe Stellung bezogen. Wir waren
bepackt wie die Maulesel: mit einem 20 kg schweren Tornister, einem
4 kg schweren Gewehr, mit doppelter Munition und 2 über den Tornister geschnallten Decken. Als wir spät in der Nacht schweisstriefend
am Praxer Wildsee anlangten, badeten wir in dem eiskalten Wasser

dieses Gebirgssees. Eine Lungenentzündung, wie in normalen Zeiten, hat niemand von uns bekommen. Die Menschen waren widerstandsfähiger als die Tiere, die unsere Küchenausrüstung trugen und oft nicht mehr weiter konnten. Ein Zug von 30 Mann wurde mir zugeteilt. Der kameradschaftliche Umgang mit diesen braven und tüchtigen Leuten fiel mir nicht schwer, doch widerstrebte mir das Kommandieren. Die primitiven Gemeinsamkeiten des Soldatenlebens (»Hier scheissen nur Offiziere« hatte der Soldatenwitz an die Offizierslatrine geschrieben) mussten den Unterschied der Herkunft und Bildung überbrücken. Einen Unterschied der Rasse habe ich während meines ganzen Frontlebens weder von der Mannschaft noch vom Offizierskorps jemals zu spüren bekommen.

Wir schossen mit unsern neuen Zielfernrohrgewehren abwechselnd auf Gemsen und Italiener, die zu bestimmten Tageszeiten über eine Brücke des Travenanza-Bachs das Essen zu einer Feldwache trugen. Mein Hauptmann wünschte zur Feststellung des Feindes Gefangene zu machen, und ich meldete mich zur Führung einer 3 Mann starken Patrouille. Wir stiegen nachts das steile Tal hinab und überquerten den Bach. Gegen 4 Uhr morgens lösten sich die dichten Nebel des Waldes plötzlich auf und wir befanden uns unversehens direkt gegenüber einer etwa 20 Mann starken Abteilung Alpini. Ein unbemerktes Zurück über den Bach war nicht möglich, ich ging hinter einem Baum in Anschlag, verständigte durch Zeichen meine Leute, zielte und feuerte. Im nächsten Augenblick war ich wie von einem [Abb. 8] atemberaubenden Schlag auf die Brust getroffen. Der Anprall hatte mich mit dem Gesicht zur Erde platt auf den Boden gewofen. Ein leises Gefühl sickernden Blutes und die Unfähigkeit mich mit den Händen vom Erdboden zu erheben, liessen mich blitzschnell erkennen, dass ich nicht mehr zurück konnte und von nun ab in den Händen des Feindes war. Das Schicksal meiner 3 Kameraden erfuhr ich erst später durch Briefe: einer hatte auf der Flucht einen tödlichen Bauchschuss erhalten und die beiden andern fielen tags darauf bei einer zweiten Patrouille. Unter den von meinem Vater aufbewahrten Briefen fand ich einen Bericht des Soldaten F., worin dieser meinen Eltern den »Heldentod« ihres Sohnes beschreibt. Sein höchst phantasievoll ausgeschmückter und sentimentaler Bericht enthält nicht *ein* wahres Wort, aber sämtliche Zeitungsphrasen, und doch bin ich überzeugt, dass er das selber alles geglaubt hat. – Mir schoss im Augenblick der Verwundung und der Erkenntnis der Situation der triviale Gedanke durch den Kopf: »wie schade um das schöne Paket!«, das ich tags zuvor von zu Hause bekommen hatte und welches ausgezeichnete Zigaretten enthielt, die nun für immer dahin waren. Dann verlor ich das Bewusstsein und fand mich wieder auf einer Tragbahre in dem gespenstisch flackernden Licht eines düstern Unterstandes, wo sich ein Arzt freundlich um mich bemühte, während ein junger Dolmetscher meine Habseligkeiten an sich nahm. In der Nacht wurde ich von 4 Soldaten auf einer Tragbahre viele Stunden lang über die Berge bis zum nächsten Orte verbracht. Nach einer mich furchtbar durchrüttelnden Fahrt in einem mit Ziegeln beladenen Lastauto kam ich im nächsten Feldlazarett mehr tot als lebendig an und es folgten 2 Monate an der Grenze des Lebens. Lazarettgehilfen, deren Sprache ich nicht verstand, kamen hier und da nach mir sehen, nur mit einem katholischen Priester konnte ich mich auf lateinisch halbwegs verständigen.

Im 2. Monat unterbrach ein heller Tag die Einsamkeit meines nur durch Schmerzen unterschiedenen Daliegens: die väterliche Liebe [Abb. 9-12] und Energie hatte das Wunder vollbracht, den einzigen Sohn (meine Schwester war schon 1908 im Alter von 16 Jahren gestorben) im Feindesland für einige Stunden besuchen zu dürfen. (Italien war damals nur mit Österreich, aber noch nicht mit Deutschland im erklärten Kriegszustand, obwohl an der österreichischen Front von Anfang an deutsche Truppen mitkämpften.) Nach 8 Monaten Krankenlager wurde ich in ein österreichisches Kriegsgefangenenlager verbracht, ein kleines Kastell am Meeresstrand von Finalmarina, wo ich mich allmählich erholte, obschon die verletzte Lunge so schlecht verheilt war, dass sie für immer untätig blieb. Später erhielt ich dafür ein Verwundetenabzeichen und eine Versorgungsgebühr von monatlich 19 RM. Und noch später – nach dem November 38, dem Datum des vorerst letzten Judenpogroms – wurden diese Gebühren vom Staat einbehalten zur Deckung der 20 %[ig]en Abgabe vom Judenvermögen – als »Sühneleistung« für das Pariser Attentat eines ... Polen.*²

Erinnerung meiner ersten Freundschaft vor dem Krieg

Finalmarina, ein reizender Fischerort an der Riviera, hatte für mich noch eine besondere Anziehungskraft: es lag nahe von Porto Maurizio, wo der Freund meiner nun überschrittenen Jugend*³ vor dem Kriege den Sommer verlebte und von wo eine leidenschaftliche Korrespon-

denz nach dem Starnbergersee hin und her ging. Seinen allwöchentli-
chen Briefen lagen liebenswürdige Zeichnungen bei, welche die zarten
und strengen Umrisse der ligurischen Berge festhielten, auf deren Hö-
hen mein Freund in mondhellen Nächten bis zum Aufgang der Sonne
die Stimmungen Zarathustras mit dem reinen Ernst des erwachenden
deutschen Jünglings durchlebte. Wir waren damals ein Herz und eine
Seele gewesen und auf dem Weg über Nietzsche auf dem Weg zu uns
selbst.

Nietzsche vor und nach Hitler

Wir hatten den Zarathustra schon auf der Schulbank gelesen, mit bos-
hafter Vorliebe während des protestantischen Religionsunterrichts.
Mein Freund, den sein Vater (ein hochgebildeter Grossindustrieller, der
später Hitlers Partei finanzierte) darin unterstützte, zog schon damals
die Konsequenzen: er erklärte seinen Austritt aus der protestantischen
Kirche und wurde ein Mitglied der »freireligiösen Gemeinde«, an deren
Spitze [Abb. 13] der Monist und Nietzscheforscher E. Horneffer stand.
Seine kleine Gemeinde war vor dem Krieg nur eine eben geduldete Sek-
te, sie ist nun in verwandelter Form durch ganz Deutschland verbrei-
tet, als »deutsches« Christentum, neues Heidentum und antikirchliche
Bewegung.

   Ich selbst habe 1923 mit einer Arbeit über Nietzsche promoviert, als
Dozent (1928-34) wiederholt über Nietzsche gelesen, auf dem Prager
Kongress (1934) Nietzsche als den »Philosophen der Zeit« vorgestellt
und schliesslich in einem Buch (1935) eine Interpretation des Kern-
punkts seiner Lehre versucht. Und auch heute, nach 27 Jahren seit
meiner ersten Zarathustralektüre, wüsste ich die Geschichte des deutschen Geistes mit niemand anderm zu beschliessen, obgleich ich der
deutschen Revolution die Einsicht in die Gefährlichkeit des »gefährlich
leben« verdanke. Nietzsche ist und bleibt ein Kompendium der deutschen Widervernunft oder des deutschen Geistes. Ein Abgrund trennt
ihn von seinen gewissenlosen Verkündern, und doch hat er ihnen den
Weg bereitet, den er selber nicht ging. Auch ich kann nicht leugnen,
dass der Wahlspruch, den ich in mein Kriegstagebuch schrieb: »navi-
gare necesse est, vivere non est«[*4] auf vielen Umwegen und doch direkt
von Nietzsche zu Goebbels heroischen Phrasen führt.[1]

Ich besitze noch die Photographie eines pathetischen Selbstportraits meines Freundes aus dem Jahre 1913. Sie versinnlicht mir unsere Gemeinschaft in Nietzsche. Das eigenwillige und trotz seiner Jugendlichkeit unerbittlich scheinende Antlitz ist frontal auf den Beschauer gerichtet, die rechte Hand umfasst über der nackten Schulter den Griff eines Schwertes, auf dem »Liebe und Wille« steht. Wenn ich es heute wieder betrachte, so wird mir der geschichtliche Zusammenhang mit der deutschen Gegenwart evident: jede illustrierte Zeitung zeigt nun massenhaft solche deutschen Gesichter: bis zur Starrheit gehärtet, mit zusammengepresstem Mund und maskenhaft angespannt bis an die Grenze des Menschlichen. – Wer Nietzsches Bedeutung für Deutschland [Abb. 14-17] kennt, der findet unschwer die Brücke, die den Graben zwischen dem »vor« und dem »nach« überwölbt. Ohne diesen letzten deutschen Philosophen lässt sich die deutsche Entwicklung gar nicht verstehen. Sein Einfluss war und ist grenzenlos innerhalb deutscher Grenzen. Die angelsächsische Welt, selbst Italien und Frankreich mit d'Annunzio und Gide, sie können das nie ganz begreifen, so fremd ist ihnen im Wesen, was die Deutschen an Nietzsche anzieht. Er ist wie Luther ein spezifisch deutsches Ereignis, radikal und verhängnisvoll.

Erst im Sommer 1934, als ich bereits Emigrant war, lernte ich Zarathustras Landschaft aus eigener Anschauung kennen. Wir verbrachten die heisse Zeit in Pozzetto bei Rapallo und wanderten von dort den bezaubernd schönen Weg von Ruta bis Portofino entlang. Die erste Ahnung von der vollkommenen Schönheit des Südens hatte mir aber die Gefangenschaft in Finalmarina und in den alten Festungen oberhalb Genuas gegeben, von wo aus ich durch eisenvergitterte Fenster die Sonne aus dem Meer hervorsteigen sah und einige der glücklichsten Augenblicke des Bei-mir-selbst-Seins durchlebte. In einer dieser Festungen war es auch, dass ich 1916 nach langem Schweigen einige Fotos von meinem Freunde empfing. Er war bei einem Flakgeschütz in den Vogesen und ein Zusammentreffen mit unserm Biologielehrer Wimmer, dessen liebste Schüler wir waren, ist der Anlass zu dieser Erinnerung an den Dritten im Bunde gewesen.

Österreicher, Deutsche und Italiener

Das erste Jahr der Gefangenschaft war ich als einziger Reichsdeutscher mit Österreichern zusammen, d. h. mit jenem Völkergemisch, das die letzte alteuropäische Dynastie bis 1918 zusammenhielt: mit Linzern, Wienern und Ungarn, mit Tschechen (sie waren meistenteils desertiert und kämpften dann gegen Österreich), Kroaten und Polen. Besonders die Wiener und Ungarn verstanden es sich das Leben nach Möglichkeit zu erleichtern, durch gesellige Künste, Trinkgelage, Spiel und Witz, Gesang und Musik. Die »k. und k.« Fähnriche und Kadetten, mit denen ich einen Raum bewohnte, liessen sich stundenlang von ihren [Abb. 18-20] Ordonnanzen frisieren und nie versäumten sie die Pflege ihres Äussern. Fast alle hatten literarische Interessen. Ein eleganter Marin[e]offizier, dessen Gesicht an O. Wilde erinnerte, machte mich mit Weiningers »Geschlecht und Charakter« bekannt, der Kadett K. diskutierte mit mir über Feuerbach, Oberleutnant H. beäugte mit seinem Feldstecher die italienischen Damen unten am Strande, der Hauptmann L. zeichnete die Kalkwände voll witziger Karikaturen, und Leutnant N., der wegen eines Fluchtversuchs mit mir und 7 andern Offizieren in Forte Maggiore einen Monat Straffestung absass, mörtelte die Mauerrisse unserer Zelle mit den vom Essen übrig gebliebenen Maccaroni zu. – Alle hatten irgend eine individuelle Begabung und eine altösterreichische Humanität, die das enge und aussichtslose Zusammensein in den 4 kahlen Wänden der Festung verschönte. 1917 wurde ich in ein reichsdeutsches Lager nach Volterra und von dort nach Castel Trebbio bei Florenz versetzt. Der Unterschied war auffallend: nichts von alle dem vorhin Erzählten bei den allzu tüchtigen, organisierenden, korrekt-pedantischen und ewig protestierenden Deutschen, die sich das Gefangenenleben mit höchst unangebrachten Prätentionen erschwerten. Ich lebte in einem Raum mit Leutant H. und Sch. zusammen. Der eine war in Rostock Amtsrichter gewesen, der andere hatte vor, sich für Geschichte zu habilitieren. Er war ein wütender Bismarckverehrer und Rassengeschichtler nach dem Vorbild von Schemann und Gobineau. Wenn er seine preussische Offizierswürde nicht genügend berücksichtigt glaubte, setzte er lange Beschwerden auf, nahm seinen Helm auf den Kopf und legte sämtliche Orden an, um sich feierlich zum italienischen Kommandanten unsres Lagers zu begeben, der seine Beschwerde weiter zu leiten versprach und sie nachher in den Papierkorb warf. In Wirklichkeit gab es sehr wenig Anlass zu ernsten Klagen, was mich freilich nicht hinderte, auch selber einmal mit Hilfe eines italienischen Wachsoldaten eine schriftliche Beschwerde an die Schweizer Gesandtschaft zu schicken, die im Kriege die deutschen Interessen vertrat. Die Sache wurde durch [Abb. 21-23] die briefliche Antwort der Gesand[t]-schaft entdeckt und ich bekam dafür »quindici aqua-pane«, d.h. 2 Wochen Einzelarrest bei Wasser und Brot. Danach wurde ich noch für 1 Monat auf die vorher erwähnte Straffestung versetzt. – Die ursprüngliche Humanität des einfachen italienischen Volks hat sich bei diesem Anlass aufs Schönste bewährt: der kontrollierende Unteroffizier steckte mir nachts auf eigene Gefahr etwas Käse und Brot zu, und als er eines Tags im Beisein des Kommandanten meine Rocktaschen umkehren musste und in einer derselben verbotene Zigaretten fand, nahm er sie heimlich im Handumdrehen zu sich, meldete, dass alles in Ordnung sei und gab sie mir in der folgenden Nacht mit Streichhölzern wieder zurück: Wie eingeboren dem Italiener eine Art christlicher Menschlichkeit ist, mögen noch zwei weitere Geschichten verdeutlichen: Als ich 20 Jahre später wieder in Italien war, traf ich in einem Gasthof einen alten italienischen Herrn im Ruhestand. Er erklärte mir, er sei zwar von Beruf General, aber »eigentlich« Pazifist, und so beschäftige er sich jetzt mit der Verringerung der Verkehrsunfälle, denn es sei doch eine Schande, dass jährlich Tausende auf diese Weise ihr Leben einbüssen. Die zweite Geschichte erlebte ich in einem römischen Autobus, der rasend durch engste Gassen fuhr, so dass die Fussgänger kaum ausweichen konnte[n]. Ein im Wagen befindlicher Offizier ging höchst erregt zum Chauffeur und schrie ihn an: »Bisogna prendere le curve più cristianamente«, er müsse die Kurven christlicher, das sollte heissen: nicht so brutal, nehmen. Es ist undenkbar, in Deutschland einem so zivilen General zu begegnen und einen Tadel in dieser christlichen Form zu vernehmen.

Meine Kriegsgefangenschaft in Italien hat in mir trotz aller Leiden die dauernde Liebe zu diesem Lande und seinen Menschen erweckt und noch heute, nach 18 Jahren faschistischer Disziplin, ist man in Rom und in jedem kleinen Nest mehr als im Norden ein Mensch, begabt mit einem unverwüstlichen Sinn für persönliche Freiheit und auch für die menschlichen Schwächen, die der Deutsche austreiben will. [Abb. 24-25]

Der Empfang in der Heimat

Nach zwei Jahren Kriegsgefangenschaft wurde ich wegen meiner Verwundung auf dem Wege des Austauschs in die Heimat entlassen. Der triumphalen Fahrt durch die Schweiz, wo uns die ganze Nacht hindurch auf jeder Station freundliche Schweizer mit Esswaren und Geschenken überhäuften, folgte eine Ernüchterung. Ich musste zusammen mit einem andern schwerverwundeten Deutschen an der bayrischen Grenze in Salzburg meine österreichischen Kameraden verlassen, um in den deutschen Zug umzusteigen. Wir meldeten uns beim Bahnhofskommandanten, einem alten Major, der unsern Gruss kaum erwiderte, sondern nur barsch nach unsern »Papieren« frug, ohne eine Spur von menschlichem Interesse an unserm Ergehen. Es schien, als ob ihn schon allein die Tatsache, dass wir lebendig aus der Gefangenschaft kamen, anstatt heldenmütig gefallen zu sein, gegen uns einnahm. Der Ausweis vom Roten Kreuz, worin die Art unserer Verwundung bezeichnet war, genügte ihm nicht, er schnauzte uns an und befahl uns dann widerwillig, mit welchem Zug wir weiter zu fahren hätten. Das war nach 3 Jahren »Kriegserlebnis« unser heimatlicher Empfang! Ein ebenso kränkender Vorfall ereignete sich bei unserer Ankunft in München. Ohne Rücksicht auf den schlechten Zustand unserer Gesundheit nach einer 30stündigen Fahrt liess man uns zur Erledigung der Formalitäten stundenlang im Bahnhofsgebäude stehen, ohne uns auch nur einen Stuhl anzubieten. Unsere Hoffnung, die in München wohnenden Eltern nach 3jähriger Abwesenheit wiederzusehen, wurde bitter enttäuscht: man befahl uns, sofort in die Kaserne zu gehen und dort zu übernachten. Erst tags darauf erlaubte man uns, für wenige Stunden nach Hause zu gehen. Eine Nachkur in den pneumatischen Luftkammern von Reichenhall blieb erfolglos, meine eine Lunge war nicht mehr zur Tätigkeit zu bewegen. Nach 2 Monaten wurde ich vom Militärdienst entlassen und ich begann nun mein Studium. Bevor ich darüber berichte, will ich aber hier noch die Nachgeschichte meines Frontdienstes erzählen.

Der »Front-§«

Der n. s. Umsturz brachte sofort ein Gesetz zur »Wiederherstellung des deutschen Beamtentums« zur Wirkung, wonach alle jüdischen Beamten zu entlassen waren, mit Ausnahme derjenigen, die im Felde gewesen, oder schon vor 1914 (und also nicht erst während des »Weimarer Systems«) Beamte geworden waren. Kein einziges jüdisches Mitglied meiner Fakultät[2] wurde von der Entlassung betroffen: der Archäologe Jacobsthal war schon vor 1914 o. Prof. gewesen, der klassische Philologe Friedländer, der Philosoph Frank, der Romanist Auerbach, der Kunsthistoriker Krautheimer und ich – wir alle waren im Felde gewesen. Der Einzige, den die Entlassung betroffen hätte, war nicht mehr am Leben: der Slawist Jacobsohn. Er liess sich in seiner Verzweiflung vom Zug überfahren. Die »Mitteilungen« des Universitätsbundes wagten kein Wort des Gedenkens und die Zeitung ging mit einer zynischen Bemerkung darüber hinweg. – Wir andern schienen damals gesetzlich gesichert und setzten unsere Vorlesungen fort, ohne – wie andernorts – vonseiten der Studenten einen Skandal zu erleben. Ich selbst hielt meine Stellung damals noch einigermassen für haltbar, obwohl ein weiteres Vorwärtskommen an den deutschen Universitäten schon durch diese ersten Gesetze nicht mehr in Frage kam. Der wiederholten Versicherung der obersten Führung, dass die jüdischen Kriegsteilnehmer »in allen Ehren« in ihren Ämtern verbleiben sollten, wurde allgemein Glauben geschenkt. Der neu gewählte Dozentenschaftsführer[*5] wollte mir zwar in den ersten Wochen des Umsturzes meine Vorlesungen untersagen, weil er gehört hatte, ich sei »Marxist« (in Wirklichkeit hatte ich nur eine kritisch-vergleichende Abhandlung über M. Weber und Marx geschrieben), aber auch er liess seine Bedenken fallen, als er erfuhr, dass ich Kriegsfreiwilliger war. *Das Frontargument wurde allgemein akzeptiert, und dem entsprach die Selbstverständlichkeit, mit der man die Entlassung und Diffamierung aller übrigen Juden hinnahm!* Auch herrschten selbst unter den Kollegen phantastische Meinungen über das »Weltjudentum« und seine internationalen Verbindungen, die angeblich jedem entlassenen Juden sofort eine glänzende Stellung im Ausland besorgten. Der Dozentenschaftsführer war höchst erstaunt über meine Erklärung, dass ich als Christ nicht die geringsten Verbindungen mehr zum Judentum hätte und die Schwierigkeiten eines Lebens in der Emigration für nicht geringer hielte als die, welche mich in Deutschland erwarteten.

Ein wohlerzogener junger Student in SS Uniform – er stammte aus einer Offiziersfamilie – der auch »nach Hitler« keine Bedenken hatte, meine Vorlesungen weiter zu besuchen, hatte den Anstand, sich offen mit mir auszusprechen über seine Stellung zu den Massnahmen gegen die Juden. Er bedauerte sehr, dass ich nach den neuen Gesetzen nicht mehr o.[rdentlicher] Beamter sollte werden können; er selbst sei zwar grundsätzlich auch gegen die Juden, aber nur gegen die »Ostjuden« – deren Zustrom während des Krieges NB [= nota bene] auf Betreiben der deutschen Heeresleitung erfolgt war. In der »Wissenschaft«, meinte er ganz liberal, hätte man Ausnahmen machen sollen. Dieser sympathische Junge hatte eine entschiedene Achtung vor mir als Dozent, aber noch mehr als Kriegsteilnehmer, dessen »Fronterlebnis« er nachholen wollte. Er beneidete mich darum. Dagegen schien ihm die Ausschaltung aller derjenigen Juden, die zufällig – weil sie zu jung oder untauglich waren – durch keine Kriegsteilnahme geschützt waren, als eine Sache, über die kein Wort zu verlieren war, nachdem ihm Hitler und Rosenberg auf vielen Seiten bewiesen hatten, dass der Jude das Unglück Deutschlands ist. Als ich ihn 1935 noch einmal sah (ich war für wenige Tage von Rom nach Marburg gekommen), stellte ich ihn vor die Frage, ob er glaube, dass Rosenbergs »Mythus des 20. Jahrhunderts« vereinbar sei mit einem ernsten philosophischen Studium. Er zögerte erst und sagte dann aufrichtig nein, indem er sich für den »Mythus« entschied.

Ganz demselben naiven, gedankenlosen Verhalten begegnete ich später bei einem meiner besten Freunde[*6] aus der Freiburger Studienzeit. Er war Dozent geworden und kam 1935 zu einem Vortrag nach Rom. Der Frontparagraph war eben durch die Nürnberger Rassengesetze beseitigt worden und ich hatte damit meine Existenz in Deutschland endgültig verloren. B. bedauerte zwar in meinem persönlichen Fall das Unrecht, welches mir »als Kriegsteilnehmer« geschehe, er hatte auch wenig übrig für die neue Kulturpolitik, aber wie so Viele dankte er freiwillig ab zugunsten der »jüngeren Generation«, welche die Bewegung gewiss noch von ihren »Auswüchsen« reinigen würde. Er selbst sei schon zu alt (er war 34!) und ungeeignet um sich aktiv daran zu beteiligen, denn er gehöre seiner Erziehung nach ja auch zu der vergehenden Bildungsschicht, welche diese Revolution weder gemacht noch verhindert habe. Auf meine Erwiderung, dass es für ihn nicht darauf ankomme, was aus der jetzigen »Hitler-Jugend« in 10 oder 20 Jahren werde, sondern was *er*, als akademischer Lehrer, der Jugend über diese Dinge zu sagen habe, wusste er nichts zu entgegnen als einen höchst

allgemeinen Geschichtsglauben.*⁷ Im übrigen war er nur darum besorgt, sich seine frisch erworbene Professur durch keine Unvorsicht
zu verderben. – Ehrlich erstaunte es ihn, von mir mit Bezug auf den
Front-§ zu hören, dass ich es niemals als eine Ehre, sondern als eine
Schande empfand, meine menschliche und bürgerliche Berechtigung
mit dem Kriegsteilnehmertum erkaufen zu sollen, und dass meine
Eignung als Dozent für mich selber gar nichts zu tun habe mit dem
Tragen der Uniform; er konnte es nicht begreifen, warum ich es als
absurd empfand, nur deshalb an der Universität geduldet zu werden,
weil ich 1914 Soldat war. Dass nur der Kriegsdienst mein Deutschtum
bewähren sollte – das schien ihm überhaupt kein Problem, so selbstverständlich liess er sich »gleichschalten«, und dies um so mehr, als er
sich dessen gar nicht bewusst war. Seine Verständnislosigkeit ist mir
noch heute erschütternd, weil sie zeigte, wie hoffnungslos eine Verständigung selbst mit denen war, die sich der ns. Propaganda durch Indiffe-
renz überlegen glaubten. – Derselbe Mensch, der in unsern Freiburger
Studienjahren Mathematik, [Abb. 26] Musik und Philosophie studierte, Dostojewski und Kierkegaard las und dessen beste Freunde ich und
ein jüdisches Mädchen*⁸ waren, hatte nicht die geringsten Bedenken,
mit einer völligen Gleichgültigkeit gegen das allgemeine Schicksal der
Juden nur diejenigen Ausnahmen gelten zu lassen, die der N.S. provi-
sorisch festgelegt hatte. Wie alle peinlich berührten Deutschen beru-
higte er sein schlechtes Gewissen mit dem »Front-§«, dessen Annul-
[l]ierung ihm darum ärgerlich war.
    Auf genau dieselbe Denkweise stiess ich vier Jahre später wieder
in Japan. Ein junger deutscher Missionar*⁹, der sein Christentum ge-
wandt durch die politischen Klippen hindurchsteuerte, besuchte mich
kurz nach dem Pogrom vom November 1938. Er behandelte das alles
als eine Bagatelle, die ihn nichts anging. Auch dass die deutschen Juden
eines Fünftels ihrer Habe beraubt worden waren, hatte er nicht zur Notiz genommen. Aber in einem Punkt war er empfindlich: er beteuerte
lebhaft die Ungerechtigkeit (er nannte sie bombastisch eine »metaphy-
sische Schuld«) dieser Massnahmen in einem Fall wie dem meinen,
d.h. bei einem »Kriegsteilnehmer«. Dass Tausenden von deutschen
Juden, mögen sie im Krieg gewesen sein oder nicht, jede Erwerbsmög-
lichkeit entzogen, ihr Vermögen gestohlen, ihre Wohnungen demoliert
und ihr Name diffamiert worden war, dass die meisten zum Schutz des
nackten Lebens im Konzentrationslager waren – das alles hatte diesen
christlichen Missionar nicht im geringsten bewegt. Das Judenproblem,

meinte er, unter Berufung auf Gogarten, sei eben »weltlich« überhaupt nicht zu lösen, sondern nur religiös durch die Christianisierung der Juden am Ende der Zeiten – eine Ansicht, die zwar so überlegenswert ist wie die umgekehrte der gläubigen Juden, aber nicht überzeugen kann, solange sie nur eine bequeme Rechtfertigung jeder weltlichen Niedertracht ist.

Nach Aufhebung des Front-§ habe ich ein Zeugnis meines Regiments, das mir meine militärischen Verdienste bescheinigte, zu den Akten gelegt und auch die Ehre, der »Ehrenkompagnie« des Ritters von Epp anzugehören. Meine letzte Beziehung zu ihr bestand darin, dass während meines Aufenthalts in Japan der Obmann der 8. Kompagnie, ein Herr St., meine Mutter aufsuchte, um von ihr Geld zu erbitten, weil er von den Nazis verfolgt werde und Deutschland verlassen müsse!? 1935 bekam ich in Rom vom deutschen Botschafter (v. Hassel[1]) das noch von Hindenburg gestiftete »Ehrenkreuz für Frontkämpfer« verliehen. In derselben Woche erhielt ich vom Kurator der Marburger Universität die lakonische Mitteiung, dass ich wegen der bevorstehenden neuen Rassengesetze »beurlaubt« sei. Etwas später erfolgte das Verbot des Uniformtragens und ein Gesetz über Nichtzulassung der Juden zur »Ehre« des Militärdienstes. Meine vier Kriegsauszeichnungen habe ich bei meiner Auswanderung meiner Mutter gelassen, weil ich keinen Wert darauf legte, während sie noch immer mit einer Art Stolz und Zärtlichkeit daran hing. Mit Scham erinnere ich mich, dass 1933, in den Tagen des Boykotts der jüdischen Geschäfte, in einigen Schaufenstern Marburgs die »Eisernen Kreuze« der jüdischen Ladeninhaber hingen – ein bitterer Appell an die Mitbürger und zugleich eine*[10] Schande für diese. Das ist meine militärische Laufbahn vor und nach Hitler. – Ich würde heute nicht zögern, im Notfall auch militärische oder politische Dienste auf Seiten von Deutschlands Feinden zu leisten, weil dieses Deutschland der Feind aller Menschlichkeit ist und weil es entschlossen verneint, was an unserm Dasein lebenswert ist. Keine Not und kein Tod der nun in den Krieg verwickelten Deutschen wird mich mitleidend machen mit den Folgen eines Systems, das prinzipiell mitleidelos ist und ein einziger Fusstritt auf die Achtung des Menschen.

Nach dem Krieg

Im Dezember 1917 war für mich persönlich der Krieg, welcher 1918 in seine schrecklichste Phase trat, beendet. Von meinem Regiment, das von Italien nach Serbien und Rumänien und dann nach Verdun versetzt worden war, blieben schliesslich kaum 200 Mann – 1/15 seines ursprünglichen Bestandes beim Ausmarsch – am Leben. Es ist im Laufe des Krieges mehr als ein Dutzend mal aufgefüllt worden. Der Feldwebel Streil, der im [Abb. 27-30] Westen 1914/15 den Zug befehligte, dem ich zugeteilt war, hatte an all diesen Fronten 4 Jahre lang mitgekämpft. Er war dreimal verwundet worden und wurde zuletzt, bei Verdun, sechsfach durchlöchert von Granatsplittern und Kugeln. Ich besuchte ihn nach Kriegsende in seiner Münchner Wohnung, wo er mit seiner Schwester zusammen lebte, die ein kleines Kolonialwarengeschäft betrieb. Er war so heiter und zivil, freundlich und wohlwollend, als hätte er die Hölle von Verdun nie erlebt. Er war vom gemeinen Soldaten bis zum Offizier aufgerückt und mit der goldnen Tapferkeitsmedaille dekoriert worden. Nach dem Krieg wurde er Hauptmann in der Reichswehr. Er war der beste und liebenswerteste Deutsche, den ich vom Krieg her kenne: von einer gleichmässigen Sachlichkeit, kein unnützes Wort verschwendend, frei seine Pflichten erfüllend und völlig unparteiisch in der Behandlung der Mannschaften. Er war einfach, ohne je primitiv zu sein, ein harter Charakter mit einem zarten dichterischen Gemüt. Von den politischen Umtrieben hielt er sich 1919 und 1933 entfernt. – Der grösste Teil meiner Schulkameraden war gefallen, nur wenige sah ich wieder. F. v. L. hatte ein durch Verwundung verkürztes Bein. Die kindliche Lust am Kommandieren war ihm vergangen; er widmete sich wieder seinen Vorkriegsneigungen: dem Sammeln hübscher Antiquitäten, einem geniesserisch skeptischen Müssiggang, dem Kochen und Segeln, und einem anmutigen bayrischen Bauernmädchen, das er aus Dachau mit in seine Stadtwohnung nahm. Das durch den Krieg unterbrochene Leben lenkte scheinbar wieder in seine Bahnen ein – man war noch zu mitgenommen, um den Bruch mit der Zeit vor dem Kriege in seiner ganzen Tiefe und all seinen Folgen realisieren zu wollen. Einen andern Schulkameraden U. traf ich mit dem »Pour le Mérite« auf der Strasse stolzieren; sein vorwitziges Bubengesicht hatte sich in drei Jahren Kampffliegerei nicht im geringsten verändert. Er heiratete eine reiche Kaufmannstochter und verdiente viel Geld mit waghalsigen Kunst- und Schauflügen. Beim Wiederaufbau der Luftwaffe wurde er zum General befördert. Da er schon als Schüler die meiste Zeit bei den ersten Flugversuchen auf Oberwiesenfeld zugebracht hatte, hat sich der Ehrgeiz und Traum seiner Jugend glänzend erfüllt. Aber auch mein Jugendwunsch näherte sich der Verwirklichung. Ich hatte mit 13 Jahren Schopenhauer, Kant und Schleiermachers Plato zu lesen begonnen und nun konnte ich an der Universität Philosophie studieren. Das Einstecken der Fähnchen auf den Kriegsschauplatzkarten überliess ich meinem patriotischen Vater, den die Teilnahmslosigkeit seines Sohns betrübte. Von Rückzügen der deutschen Truppen wurde dabei keine Notiz genommen, die Fähnchen blieben immer in der vorgerücktesten Stellung, und als der Zusammenbruch der Westfront erfolgte, schien auf der Karte der Krieg beinahe gewonnen. Kurz vorher begleitete ich meinen Vater zu einem Vortrag von Tirpitz über die deutschen Kriegsziele. Die grosszügigen Annexionspläne und der doppelte Spitzbart dieses wilhelminischen Admirals stiessen mich ab, wogegen mein Vater begeistert war. Es gab heftige Dispute zwischen Vater und Sohn und einen Riss zwischen den Generationen. – Ludendorff war nach dem Krieg nach München gezogen und erschien bei den Universitätsfeiern unter den Ehrengästen. Sein rotes Fleischergesicht mit dem brutalen Kinn und den harten Augen waren mir widerlich, noch ehe ich von seinem militärisch-theologischen Wahnsystem etwas kannte. Anziehender war mir der hagere und geistvolle Kopf eines Oberst P., der im Generalstab gewesen war und jetzt in Zivil auf der Schulbank sass, bei M. Weber Nationalökonomie studierte und ein neues Leben begann. Man sah ihn oft im Kreise von linksradikalen Wyneken-Schülern, die sich 1919 in der Revolution exponierten und zum grossen Teil untergingen. Einige von ihnen konnten sich noch rechtzeitig flüchten; aus der Hinterlassenschaft eines dieser Studenten erwarb ich einen Teil meiner philosophischen Bibliothek. Einem andern begegnete ich 1924 wieder in Rom als Bankangestellten. Eine Hauptfigur dieser Zeit, der Dichter E. Toller, hat kürzlich in einem Hotel in New York seinem verfehlten Leben ein Ende gemacht. Unvergesslich ist mir auch das bleiche und verzerrte Gesicht des Studenten T., von dem ich noch eine Studie über Hölderlins [Abb. 31] Wahnsinn besitze. Er hielt in der Universität fanatische Reden, in denen das Zarathustrawort von den »übertünchten Gräbern« ein Haupteffekt war. Es war ein desparates Studententum, das auf den trüben Wogen des allgemeinen Zusammenbruchs hochkam und für die wenigen Wochen der bayrischen Räterepublik die Führung an sich nahm. Das bayrische Herrscherhaus war über Nacht geflohen,

K. Eisner Ministerpräsident, der Literat E. Mühsam – beides Juden –
eine Art Kultusminister. Begleitet von zwei Rotgardisten erschien dieser
Mann eines Morgens in der Universität im Auditorium Maximum. Der
70jährige Rektor Baeumker, ein milder katholisch-konservativer Gelehrter, wurde herbeigeholt und musste die blutrünstige Rede anhören,
die Mühsam im Schutz der Bajonette seiner Begleiter vor dem versammelten Lehrkörper und der Studentenschaft hielt. Bald darauf wurde
K. Eisner von dem Grafen Arco erschossen, die Reichswehr rückte in
München ein, und wer von den führenden Leuten nicht schon entflo-
hen war, wurde erschossen, oder, wie die vornehme Gestalt G. Landau-
ers, in bestialischer Weise gelyncht. Der trostlose Anhang des Krieges
hatte ein trostloses Ende gefunden, dem eine Periode der Müdigkeit
und der Hoffnungslosigkeit folgte, während derer sich Hitlers Partei zu
formieren begann. Zunächst herrschte aber die natürliche Reaktion auf
die überspannte Anstrengung einer nihilistischen und um alle Zeichen
der Heimkehr betrogenen Generation.

Zwei deutsche Männer

In diesem Zustand einer allgemeinen Auflösung aller inneren und äusseren Bestände, an deren Bestehen nur unsere Väter noch glaubten,
gab es in Deutschland nur einen Mann, dem Kraft seiner Einsicht und
seines Charakters das bedeutende Wort zur Verfügung stand, welches
uns ansprach: *Max Weber.* Wenn ich »uns« sage, so meine ich einen
kleinen Kreis von Studenten, der sich im Gegensatz zu den Corps-
studenten »Freistudentenschaft« nannte. Allwöchentlich kamen wir
abends in unsern philosophischen, sozialen und politischen Arbeitsge-
meinschaften zu Referaten und Diskussionen zusammen. Ein Münchner Buchhändler[*11], ein bekanntes Schwabinger Original [Abb. 32-34],
stellte uns den Raum zur Verfügung. In seinem Vortragssaal hielt M.
Weber auf unsere Bitte im Wintersemester 1918/9 seine Rede über
»Wissenschaft als Beruf«. Ich sehe ihn noch vor mir, wie er bleich und
abgehetzt mit raschen Bewegungen durch den überfüllten Saal zum
Vortragspult schritt und unterwegs meinen Freund G. begrüsste. Sein
von einem struppigen Bart umwachsenes Gesicht erinnerte an die düstere Glut der Bamberger Prophetengestalten. Er sprach vollkommen
frei und ohne Stockung, sein Vortrag wurde mitstenographiert und ist

wörtlich so, wie er gesprochen wurde, veröffentlicht worden. Der Eindruck war erschütternd. In seinen Sätzen war die Erfahrung und das Wissen eines ganzen Lebens verdichtet, alles war unmittelbar aus dem Innern hervorgeholt und mit dem kritischsten Verstande durchdacht, gewaltsam eindringlich durch das menschliche Schwergewicht, welches ihm seine Persönlichkeit gab. Der Schärfe der Fragestellung entsprach der Verzicht auf jede billige Lösung. Er zerriss alle Schleier der Wünschbarkeiten, und doch musste jeder empfinden, dass das Herz dieses klaren Verstandes eine tiefernste Humanität war. Nach den zahllosen Revolutionsreden der literarischen Aktivisten war Webers Wort wie eine Erlösung. – Ein zweiter Vortrag über »Politik als Beruf« hatte nicht mehr denselben hinreissenden Schwung. Ein Jahr später war dieser Mann überanstrengt und verzehrt von der Leidenschaftlichkeit seines geistigen und politischen Wirkens einer Krankheit erlegen. Die reaktionäre Studentenschaft hatte ihm sein männliches Wort anlässlich K. Eisners Ermordung übelgenommen und wusste nicht, wen sie an ihm verlor. Die deutschen Universitäten haben seitdem keinen zweiten von seines Gleichen zum Lehrer gehabt, und hätte er noch 1933 erlebt, e r wäre gegenüber der schnöden Gleichschaltung der deutschen Professoren standhaft geblieben, und zwar bis zum Äussersten. Die Masse der ängstlichen, schwachen und indifferenten Kollegen hätte an ihm einen unerbittlichen Gegner gefunden und sein Wort hätte vielleicht das klägliche Schicksal gewendet, das sich die deutsche »Intelligenz« wie ein lucus a non lucendo*12 selber bereitet hat. Er redete nicht von »Charakterbildung«, sondern er hatte [Abb. 35-37] beides, Charakter und Bildung. Er hätte auch um keinen Preis die Diffamierung seiner jüdischen Kollegen geduldet – nicht aus Vorliebe für die Juden als Juden, sondern aus ritterlichem Empfinden und einem rigorosen rechtlichen Sinn. Als ich 1934 in Rom einem deutschen Professor diese Ansicht entgegenhielt, bekam ich als Antwort die Frage zurück: »Ja, aber war denn M. Weber nicht auch von jüdischer Herkunft?« Es war diesem Herrn*13 offenbar unvorstellbar, dass auch ein 100%[ig]er Deutscher für die Juden, die sich selber nicht wehren konnten, hätte eintreten können.

M. Weber hatte am Ende seiner beiden Vorträge vorausgesagt, was bald in Erfüllung ging: dass diejenigen, welche das harte Schicksal der Zeit nicht ertragen können, wieder in die Arme der alten Kirchen zurückkehren werden, und dass die »Gesinnungspolitiker«, die sich [an] der Revolution von 1919 berauschten, der Reaktion erliegen werden, deren Hereinbrechen er auf 10 Jahre einschätzte. Denn vor uns liege kein blühender Lenz, sondern eine Nacht von undurchdringlicher Finsterkeit, und vergeblich sei es, in unserer entzauberten Welt auf Propheten zu warten, die uns sagen, was wir denn tun sollen. Daraus zog Weber die Lehre: an unsere Arbeit zu gehen und der »Forderung des Tages« gerecht werden, welche einfach und schlicht sei. – Die nächstliegende Forderung war für mich der Beginn des akademischen Studiums. Der Kampf der politischen Parteien konnte mich nicht interessieren, denn es wurde von links wie von rechts um Dinge gestritten, die mich selber nichts angingen und mich in meiner Entwicklung nur irritierten. Eine Art Rechtfertigung gewährten mir die 1918 erschienenen »Betrachtungen eines Unpolitischen« von Th. Mann.

Ausser M. Weber wüsste ich nur noch einen überragenden Deutschen zu nennen, der mir einen fürs Leben dauernden Eindruck gab: *Albert Schweitzer.* Dieser unvergleichliche Mensch, Christ, Arzt, Musiker und Gelehrte hielt an der Münchner Universität drei Vorträge, deren Sprache und Inhalt so effektlos wie eindringlich war. Ich habe nie wieder einen Redner gehört, der bloss durch die stille Macht seiner schlichten Persönlichkeit schon nach einigen wenigen leise gesprochenen Sätzen eine mehr als tausendköpfige Zuhörerschaft so völlig zum Hörer gewann. Was von ihm ausging war nicht wie bei Weber eine dämonische Macht, sondern der Ernst des Friedens und der Zauber der Mässigkeit. Es ist ein Trost zu wissen, dass dieser Mann noch lebt und wirkt und das wahre Gesicht des Deutschen durch Krampf und Lüge hindurchträgt.

Meine erste Freundschaft nach dem Krieg

Während der vorhin geschilderten Zeit war ich mit P. Gothein befreundet, dessen Ungewöhnlichkeit für die meisten meiner Bekannten etwas Abstossendes und Beängstigendes hatte. Er stammte aus einer angesehenen Heidelberger Gelehrtenfamilie und hatte wie ich sein Studium erst nach der Rückkehr aus dem Kriege begonnen. Eine Verschüttung bei einem Gasangriff hatte ihn seelisch beschädigt, aber ich erinnere mich nicht, dass wir jemals auch nur ein Wort über das »Fronterlebnis« gesprochen hätten. (Die meisten deutschen Kriegsbücher erschienen bezeichnender Weise erst ein Jahrzehnt nach dem Krieg.) An ihm erfuhr ich zum ersten Mal die menschenbildende Macht, welche von George und Gundolf ausging und die viele junge Menschen meiner Generation in entscheidender Weise geprägt hat. Dieser, auch im Verachten aller gesellschaftlichen Konventionen ausserordentliche, schöne und leidenschaftliche Mensch zog mich gleich nach unserer ersten Bekanntschaft in seinen Bann. Zum Wochenende fuhren wir oft ins Isartal nach A., wo Gotheins älterer Bruder – ein expressionistischer Maler, der zum vierten Mal Dostojewskis Dämonen verschlang – ein kleines Bauernhäuschen, das uns für billiges Geld zur Miete gehörte, mit leuchtenden Fresken ausgemalt hatte. Dort sprachen wir uns nächtelang aus bis zum Morgengrauen, umwogt von einer Musik der Freundschaft, der wir uns doch nie ganz hingeben konnten, weil dunkle Widerstände einen Einklang verboten. Auch wehrte sich meine kritische Nüchternheit gegen den psalmodierenden Vortrag von Georgegedichten. Kein Stern waltete über unserm einjährigen Bunde. Doch freuten wir uns, als der Zufall in späteren Jahren uns nochmals begegnen liess, das erste Mal in der Weihnachtsnacht des »anno santo« (1924) in der Kirche Sant' Anselmo in Rom, das zweite Mal war der Anlass, dass G. sich in Marburg zu habilitieren versuchte. Sein Plan schlug fehl, und was nach Hitler aus ihm geworden ist, wurde mir nicht bekannt. Angeblich soll er einige Zeit im Dienste der Partei Vorträge gehalten haben, aber wegen der jüdischen Herkunft seines Vaters in eine peinliche Lage geraten sein. Er lebt jetzt in Florenz.

Der Kreis um George und die Ideologie des N. S.

Der Kreis um George spielte als geistiger Wegbereiter der n. s. Ideologie eine nicht zu unterschätzende Rolle. Die Ideale dieser exklusiven Elite sind zu allverbreiteten Gemeinplätzen geworden, und es ist auch mehr als ein Zufall, dass der Journalist und Minister Goebbels, dieser Lautsprecher des N. S., bei dem Juden Gundolf studiert hat. Der Kreis um George stand im Zusammenhang mit der »Jugendbewegung«[*14], die den »Aufbruch« des N. S. in gewisser Weise vorwegnahm. Die ganze bürgerlich-christliche Welt war für diese Menschen schon längst vor Hitler erledigt. Man hasste den »blutlosen Intellekt« und unterschied zwischen »Bildungs-« und »Urerlebnissen« und man propagierte gegen die allgemeinen Menschenrechte den verschiedenen Rang von Gemeinen und Edlen. Im Gegensatz zum kapitalistischen oder auch sozialisti-

schen Staat sprach man vom »Reich«, anstelle eines widernatürlichen
Christentums predigte man ein den Leib vergottendes Heidentum, und
man gefiel sich in der Verwandtdschaft deutschen und griechischen Wesens. Man pflegte den Geist der männlichen Liebe zwischen Erziehern
und Jünglingen und einer ordensmässigen Disziplin. »Herrschaft und
Dienst« hiess die von Wolters formulierte Parole. Man pries vor allem
die kriegerischen und heldischen Tugenden. Unbedingter Gehorsam
gegenüber dem Meister war selbstverständliche Pflicht. – Es war ein
Edelnazismus, vergleichbar dem Edelkommunismus vieler Gebildeter
nach dem Zusammenbruch.

Als es 1933 um ein Für oder Wider das neue System ging, wartete
man in dem Kreis um George auf das Verhalten des Meisters. Der neue
Kultusminister hatte ihm die Präsidentschaft der Dichterakademie an-
getragen und man war gespannt auf Georges Entscheidung. Er lehnte ab und wurde ersetzt durch eine von aller Dichtung unbeschwerte
Mediokrität*[15]. Bald darauf begab er sich krank nach der Schweiz, um,
wie schon Rilke, ausserhalb Deutschlands zu sterben. Die Differenz
zwischen dem neuen Reich in der Dichtung Georges und dem der gemeinen Wirklichkeit konnten keine Feiern zu Ehren des toten Dicters
verschleiern.

»Das Meiste war geschehn und keiner sah
Das Trübste wird erst sein und keiner sieht

Zu Jubeln ziemt nicht: kein Triumph wird sein
Nur viele Untergänge ohne Würde«

Diese Worte aus dem Gedicht »Der Krieg«, sie gelten auch für das
Reich.

Die ältere Generation des Georgekreises war ihrer Ablehnung der
massendemokratischen Diktatur schon aus Geschmacksgründen sicher. Die jüngere hatte entschiedene Neigung zur revolutionären
Erneuerung, wenn schon nicht zu der »Gestalt« ihres Führers. Eine
mittlere Stellung zwischen den Generationen nahm der durch sein
Nietzschebuch bekannte Literarhistoriker E. Bertram ein, dessen
schöngeistige Reden über den deutschen »Aufbruch« in vielen Zeitungen abgedruckt wurden. Niemand, hiess es darin, dürfe bei dieser neu-
en »politisch-geistigen Teutoburgerwaldschlacht« beiseite stehen, und
wer sich diesem Kampf bewusst versage, der begehe ein nicht wieder
gut zu machendes »Verbrechen an Ahnen und Nachfahren«. Im allge-

meinen sympathisierte man aber nicht mit Hitlers S.A., sondern eher mit den Männern des preussischen Generalstabs (s. Elzes Bücher über Hindenburg und Friedrich den Grossen). Ein tragischer Riss entstand zwischen den arischen und den jüdischen Jüngern. Mein Freund und Kollege F. – ein kluger, begabter und wohlgeratener Jüngling, dessen Schwäche nur darin bestand, dass er durch Wolters zu früh ein geistiges Rückgrat bekam und mit 25 Jahren die Selbstbewahrung des 70jährigen Goethe praktizieren zu können vermeinte – opferte der Politik seine Freundschaft mit Sch., weil dieser seine Verlobung mit einem nichtarischen Mädchen aufrecht erhielt. Auch mir gab er zu verstehen, dass er meine Mischehe nie habe billigen können. Die Rassen- und Judenfrage schien ihm für die Erneuerung des deutschen Lebens zentral, was ihn freilich nicht hinderte, die Juden als ein Inzitament der deutschen Kultur anzuerkennen. Die Frage war umso heikler, als zum Georgekreis zahlreiche Juden gehörten (K. Wolfskehl, F. Gundolf, E. Salin, B. Vallentin, E. Kahler, E. Kantorowicz, K. Singer uam. – Auch der vergötterte Knabe »Maximin« war ein jüdischer Sprössling). Manche von ihnen hätten sich ohne ihr rassisches Hindernis gewiss der Bewegung verschrieben, zumal das nationale Pathos das sozialistische Element zunächst übertönte. Andere meinten nach wie vor das »geheime Deutschland« zu sein, dem keine offenbare Zurückweisung und Ausschaltung etwas anhaben könne. Es wurde ihnen selber nie klar, wieweit sie das geheime Reich dem offensichtlichen unterstellten, um sich in ihrer Lebenslüge behaupten zu können.

Prof. S., den ich gelegentlich eines Vortrags kurz nach dem Umsturz in Basel besuchte, fuhr fort, sich über die kleinliche Schweiz zu moquieren, der er die Sekurität seines keineswegs heldischen Daseins verdankte. Er hatte auch nicht die geringsten Hemmungen, sich noch nach Hitler seiner Beziehungen zu prominenten Pg.s in Berlin zu rühmen. Das Studierzimmer, in dem er mich nach einer gehörigen Wartezeit mit gemessener Würde empfing, war im prunkvollen Renaissancestil möbliert. Büsten von Dante und Goethe und eingerahmte Napoleonsprüche dienten zur Herstellung einer angemessenen Stimmung. 1938 erhielt ich von ihm sein neues Buch über »Burckhardt und Nietzsche«. Es ist in majorem gloriam Nietzsches geschrieben und die Darstellung des Verhältnisses von Burckhardt zu Nietzsche ist nach dem üblichen Mas[s]tab der »Dichter und Helden« verzeichnet.*[16]

Ganz den gleichen Gedankengängen begegnete ich nachmals in Japan, wo mich der Zufall mit K.S. zusammenführte, der am gleichen

Ort mit mir als Lehrer angestellt war. Wie S. war auch er von Beruf
ein Nationalökonom wider Willen, seine eigentliche Neigung galt der
griechischen Dichtung und Philosophie. Wer nur die erhabene Diktion
seines Platobuchs kannte, musste erstaunt sein in der Privatperson des
Verfassers einen sehr beweglichen und empfindlichen[*17] Herrn kennen
zu lernen. Seiner Natur nach war ihm der Simmelsche Denkstil entschieden natürlicher als das strenge Pathos seines im »Kreis« erworbe-
nen Schreibstils. Politisch war er Faschist: er hasste alle demokratischen
Institutionen und verteidigte auch die japanische Invasion in China als
eine weltgeschichtliche Sendung. Als Hitler, dessen Machtübernahme er
nur aus der Ferne in Japan erlebt hatte, Österreich und das Sudetenland
annektierte, sprach er zu mir mit strahlenden Augen und in der Haltung
einer komisch wirkenden Strammheit vom werdenden »Reich«, zu dem
nun bloss die Ukraine noch fehle, und von »*unserer* deutschen Armee«!
An sein Judentum liess er sich nur ungern erinnern, und lieber als von
den Leiden der Juden in Deutschland sprach er von der Vergewaltigung
der Sudetendeutschen durch Tschechen. Äusserst klein und ängstlich,
wie er mit Rücksicht auf seine Leiblichkeit war, hatte er in Gebärden
und Worten den Zug zur »heroischen Grösse«. Er besuchte in Japan
mit Vorliebe die historischen Heldenstätten, und es war nur ein dum-
mer Zufall, dass nicht er, sondern[*18] ein Nazi und Antisemit, über den
»Mythus« und das »Heldische« in Japan Vorträge hielt. Doch fehlte es
K. S. nicht an Witz und auch Überlegenheit, und so ist zu hoffen, dass er
die Tragik seines Abschieds von Sendai auch von ihrer komischen Seite verstand: da er wegen seiner herausfordernden, pseudopreussischen
Art bei seiner Schule nicht sehr beliebt war, benützte der Direktor die
politische Konstellation zwischen Japan und Deutschland zur Beendigung seines Vertrags. An die Stelle des deplazierten Faschisten kam ein
junger Sudetendeutscher, der nun wirklich das Reich in legitimer Weise
vertrat. – Abgesehen von seiner politischen Perversion war K. S. aber
ein geistreicher Mann mit liebenswürdigen Zügen. Es war aller Achtung
wert, wie sich dieser 50jährige Junggeselle trotz des völligen Mangels an
Austausch und Mitteilung geistig lebendig hielt und seine vielseitigen
Kenntnisse und Interessen in Japan erweiterte.

Ganz anders war es mit K. Wolfskehl bestellt, dessen menschliches
Ausmass sein Georgetum übertraf. Ich hatte das Glück, in Rom des öf-
tern mit ihm zusammen zu sein. Bekannt war er mir schon aus München gewesen, wo er als Mitglied des Rotarierklubs auch mit meinem
Vater befreundet war. Dieser mächtige, hochgewachsene und bedeu-

tende Mann war einer der ursprünglichen Gründer des Georgekreises
gewesen und durch Jahrzehnte hindurch der geistreiche Mittelpunkt
eines geselligen Kreises auserlesener Menschen. Er kannte das deutsche
und romanische Schrifttum besser als mancher Fachgelehrte und er
war ein ausgezeichneter Übersetzer. Seine Bibliothek war wegen ihrer bibliophilen Schätze berühmt. – Diesem sich leicht begeisternden
und verwöhnten, aber von allen Äusserlichkeiten völlig unabhängigen
Mann hatten die deutschen Ereignisse einen Schlag versetzt, von dem
er nur schwer und langsam wieder zu sich kam. Nur einmal berührte er
im Gespräch mit mir seine Flucht aus Deutschland. Als ich ihm 1934 in
Rom begegnete, war er eine imposante Ruine. Das geniesserische Gesicht des ehemaligen Bohémien hatte sich in das bleiche Antlitz eines
blinden Sehers verwandelt und es glich nun den unheimlichen Hie-
roglyphen seiner masslosen Handschrift. Obwohl er fast nichts mehr
sah, genoss er noch immer in vollen Zügen die Schönheit Roms und
die Spezialgerichte römischer Trattorien. Zu den kirchlichen Feiern begleitete ihn eine katholische Freundin. Er hauste im alten römischen
Künstlerquartier, in einem Hinterhaus der Via Margutta in einem düstern Loch, worin nichts weiter als ein ärmliches Eisenbett, ein zerbro-
chener Rohrstuhl und ein schmutziger Tisch stand. In dieser Zelle hat
sich in ihm eine Wandlung vollzogen, die er in einem schmalen Ge-
dichtband veröffentlicht hat. Er ist erschienen im jüdischen Schocken-
verlag unter dem Titel »Die Stimme spricht«. Die Stimme, welche ihn
ansprach, ist die alttestamentliche Stimme des jüdischen Gottes und
seiner Propheten. Die innere Glut seines Lebens hatte sich auf ihre religiöse Herkunft besonnen und alles was er seit Jahrzehnten gelebt und
geschrieben, war ihm wie eine Seifenblase zerplatzt. Von dem Deutschtum, das er so innig ergriffen, war nur noch eins übrig geblieben: sein
Darmstädter Tonfall und die Gabe des Worts.

»Herr! Ich will zurück zu Deinem Wort.
Herr! Ich will ausschütten meinen Wein.
Herr! Ich will zu Dir, ich will fort.
Herr! Ich weiss nicht aus und nicht ein!
Ich bin allein.
Allein in leerer, atemleerer Luft,
Allein im Herzen, vor mir selber scheu.
Alle meine bunten Bälle sind verpufft.
Alle meine Weisheit ward Dunst und Spreu.
Ich bin arm. Gott! Neu.«

Als ich Rom verliess, hatte sich Wolfskehl in die Einsamkeit von Rocca bei Genua zurückgezogen. Sein Anblick war verwahrlost, aber seine Seele blieb rein. – Ein Jahr später übernahm Italien die deutschen Rassengesetze. Wolfskehl wanderte weiter, verliess Europa und ging nach New-Zealand.

In den Schicksalen des Kreises um George spiegelt sich ein allgemeines Schicksal der deutschen wie der jüdischen Intelligenz. Seine Mitglieder bildeten eine Elite des deutschen geistigen Lebens, und die zum Kreise gehörigen Juden bewiesen durch ihr Verständnis, ihre Teilnahme und ihre Leistungen, dass sie fähig waren, sich ohne Vorbehalt zu verdeutschen. Und doch konnten 1933 weder die Juden ihrem jüdischen Schicksal, noch die andern der Nivellierung ihrer Ideen entgehen. Sie haben dem N.S. Wege bereitet, die sie dann selber nicht gingen. Aber wer von den radikaleren Menschen der im Kriege gereiften Generation hätte ihm nicht den Weg bereitet, nämlich durch die *Anerkennung der Auflösung* und die *Kritik des Bestehenden*, mit der auch die von Gundolf und Wolters herausgegebenen »Jahrbücher für die geistige Bewegung« schon vor dem Krieg eingesetzt hatten. In der Einleitung zum 3. Jahrgang (1912) hiess es: »Kein Mensch glaubt noch ehrlich an die Grundlagen des heutigen Weltzustands. Diese schwarzseherischen Ahnungen und Witterungen sind noch das echteste Gefühl der Zeit und diesem gegenüber nehmen sich alle Hoffnungen, die auf dem Nichts ein Etwas bauen wollen, schon verzweifelt aus.«

O. Spengler und K. Barth

Das Bewusstsein von dem Verfall, nicht nur der Universitäten (im Dezember 1931 erschien in der Frankfurter Zeitung eine Artikelfolge mit der charakteristischen Überschrift: »Gibt es noch eine Universität?«, in der sich Tillich, Spranger, Jaspers u.a. zu dieser Frage äusserten), sondern der ganzen überkommenen Bildung war schon seit Burckhardt, Lagarde und Nietzsche so allverbreitet, dass die verschiedensten Gruppen der deutschen Intelligenz eine gemeinsame Destruktion betrieben, die nur dem Ziel nach verschieden war – sofern ein solches bestand. Die Differenzen zeigten sich erst, als Hitlers Partei die Macht übernahm und nun positiv etwas wollte, was[*19] der Destruktion ein Ende und einen Boden bereitete, die durch eine Zwangsnivellierung erkauft

waren.*[20] Selbst *Spengler*, der durch seine Schriften die Ideologie des
N.S. wie kein anderer befördert hat, wandte sich im Augenblick seines
faktischen Sieges erschreckt von ihm ab, weil er seinen »preussischen
Sozialismus« nicht wieder erkannte in dem, was nun wirklich geschah.
Andrerseits fühlten sich seine ehemaligen Schüler von der 1933 erschienenen Schrift (»Jahre der Entscheidung«) bitter enttäuscht[3], weil sie
Hitler mit keinem Wort erwähnte und ein Bild des »weissen Bolschewismus« entwarf, dessen Wahrheit sich erst 6 Jahre später – seit dem
Bündnis mit Russland – offensichtlich bestätigte. Ebenso charakteristisch wie die Ablehnung von Spenglers »Entscheidung« vonseiten der
Nationalsozialisten war aber auch die Haltung der Gebildeten gegenüber dem »Untergang des Abendlandes« (1918) gewesen. Aufgestört
durch Spenglers Verfallsthese und geärgert durch seinen wissenschaftlichen Anspruch taten sich akademische Vertreter der verschiedenen
Fächer zusammen, um Spengler in einem Sonderheft des »Logos« zu
widerlegen. Ein jeder beanstandete mit Bezug auf sein eigenes Fach
viele Fehler und Mängel, ohne sich mit dem Ganzen auseinanderzu-
setzen, weil man von dessen Wahrheit der Stimmung nach, trotz alles
Besserwissen[s] im Einzelnen, doch überzeugt war. Überhaupt war das
Faktum und das Bewusstsein von der [Abb. 38-39] Auflösung schon
längst vor Hitler bis zu einem Punkte gediehen, an dem es umschlagen
konnte und dieser Umschlag war der N.S., d.h. *die Auflösung mit um-
gekehrtem Vorzeichen*. Man nannte das »Aufbruch«.

Ausser Spenglers Buch hatte nur noch eins eine ähnliche Bedeutung,
obschon eine beschränktere Wirkung: der gleichzeitig erschienene
»Römerbrief« Karl *Barths*. Auch dieses Werk lebte von der Verneinung
des Fortschritts, indem es aus dem Verfall der Kultur theologischen
Nutzen zog. Der durch den Krieg beförderte Unglaube an alle menschlichen Lösungen trieb Barth vom christlichen Sozialismus zu seiner
radikalen Theologie, die jede »Entwicklung« des Christentums in der
Wurzel verneint. Spengler und Barth waren in dieser durch das Ende
des ersten Weltkriegs gestempelten Zeit die uns am meisten erregen-
den Bücher.

In Freiburg bei E. Husserl

Als ich im Frühjahr 1919 inmitten der ärgsten poltischen Unruhen München verliess und nach Freiburg ging, hatten mich meine Münchner Lehrer (A. Pfänder und M. Geiger) an E. Husserl empfohlen. Er war 1916 Rickerts Nachfolger geworden und seitdem der philosophische Mittelpunkt nicht nur der Freiburger Universität, sondern der deutschen Philosophie überhaupt. Auch viele Ausländer kamen seinetwegen nach Freiburg. Er hat uns alle durch die Meisterschaft der phänomenologischen Analyse, die nüchterne Klarheit des Vortrags und die humane Strenge der wissenschaftlichen Schulung geistig erzogen und uns, über die vorübergehenden Realitäten hinaus, auf das zeitlose »Wesen« der Phänomene verwiesen, das er nach dem Muster der mathematischen und logischen Wesenheiten verstand. Er zwang uns in den Seminarübungen, alle grossen Worte zu meiden, jeden Begriff an der Anschauung der Phänomene zu prüfen und ihm in der Antwort auf seine Fragen statt grossen Papiergelds »Kleingeld« zu geben. Er war ein »Gewissenhafter des Geistes«, wie ihn Nietzsche im Zarathustra (VI, 363) beschreibt. Unvergesslich ist mir wie dieser grosse Erforscher des Kleinsten in den Tagen, als man Freiburgs Besetzung durch französische Truppen befürchtete und die Hörsäle leer wurden, mit einer erhöhten Ruhe und Sicherheit in seinen Darlegungen fortfuhr, als könne der reine Ernst [Abb. 40] des wissenschaftlichen Forschens durch nichts in der Welt gestört werden. Und gerade das, was uns an Husserls »Ideen« kalt liess, seine Lehre von der »Reduktion auf das transzendentale Bewusstsein«, habe ich 1933 Gelegenheit gehabt, in seiner ethischen Wurzel und Wirksamkeit zu erkennen: die Freiburger Welt, in der Husserl seit Jahrzehnten gewirkt hatte, war für ihn durch den n. s. Umsturz nun in der Tat wie »in Klammern gesetzt«, ohne sein philosophisches Bewusstsein trüben zu können. Obwohl bereits pensioniert wurde er nochmals vom Staate beurlaubt, seine Werke wurden aus den Bibliotheken verwiesen und an einem »Schandpfahl« als Judenwerk blossgestellt. Die Universität, die nicht zum geringsten Teil ihm ihren Ruf verdankte, entzog sich durch Ignorieren aller Verlegenheit. Ein Herr Grunsky hat später eine Broschüre geschrieben, welche beweisen sollte, dass Husserl, wie schon Philo und Cohen, die Ideenwelt des »Ariers« Plato »talmudisiert« habe.[4*21]

M. Heideggers Philosophie der Zeit (1919-36)

Gemeinsam mit Husserl und auch schon gegen ihn wirkte ein junger Mann, der damals über Freiburg hinaus noch gänzlich unbekannt war: *M. Heidegger*. Er war persönlich das Gegenteil seines im Grunde kindlichen Meisters, und intensiver als dieser zog uns der Jüngere an. Er ist mein eigentlicher Lehrer geworden, dem ich meine geistige Entwicklung verdanke. Die faszinierende Wirkung, die von ihm ausging, war zum Teil in der Undurchsichtigkeit seines Wesens begründet: niemand kannte sich mit ihm aus und seine Person ist wie seine Vorlesung durch Jahre hindurch ein Gegenstand heftiger Kontroversen gewesen. Er war wie Fichte nur zur Hälfte ein Mann der Wissenschaft, zur andern und vielleicht grösseren ein opponierender Charakter und Prediger, der durch Vor-den-Kopf-Stossen anzuziehen verstand und den der Unmut über die Zeit und sich selber vorantrieb.

Um den Charakter dieses Mannes und seiner Philosophie zu verstehen, muss man sich des Expressionismus erinnern, der schon vor dem Krieg in grellen Farben und Worten den Zerfall unserer alteuropäischen Bildungswelt spiegelte. *H. Ball*, der Erfinder des »Dadaismus«, dieser extremsten Verfallsform des Sprachgefüges, sagt in seinem Buch »Die Flucht aus der Zeit« (er selbst hat seine Zuflucht zur katholischen Kirche genommen), es gebe Zeiten und Menschen, die sich ausschliesslich um den »Grundriss« bemühen, weil ihre Welt aus den Fugen ist. »Der Philosoph von heute verzehrt zwei Drittel seines Lebens in fruchtlosen Anstrengungen, sich im Chaos zurecht zu finden.« Und wenn die Erschütterungen so schwer sind wie die, welche unsere Generation betrafen, dann könnten einem nur noch die »reduziertesten und aufgeräumtesten« Dinge genügen. Reduziert und aufgeräumt ist auch Heideggers geistige Welt, welche mit allem aufräumt, was ihr nicht mehr an der Zeit und am Platz schien.[5] Der Dichter dieser zerbrechenden Zeit war *Rilke*. Ein paar Sätze aus seinen Briefen (Briefe von 1914-21, S. 89 ff.) könnten ohne weiteres ein Leitspruch zum Verständnis von Heideggers Werk sein: die bürgerliche Welt habe über dem Glauben an den Fortschritt und die Humanität die »letzten Instanzen« des menschlichen Lebens vergessen, dass sie nämlich »durch den Tod und durch Gott von vornherein und endgültig übertroffen war«. Keine andere Bedeutung hat auch in Heideggers »Sein und Zeit« der Tod als eine »unüberholbare Instanz« unseres Seins und Könnens. Von Gott ist freilich bei Heidegger nicht mehr die Rede – er war zu sehr Theologe gewesen, um noch wie Rilke »Geschichten vom lieben Gott« erzählen zu können. Der Tod ist für ihn das Nichts, vor dem sich die Endlichkeit unserer zeitlichen Existenz offenbart, oder, wie es in den ersten Freiburger Vorlesungen hiess: die »historische Faktizität«.

Der Maler, der uns am tiefsten das Problem unserer Zeit offenbarte, ist *van Gogh* gewesen. »Seit Semestern – schrieb mir Heidegger 1923 in einem Brief – begleitet mich eine Äusserung van Goghs: ›ich [Abb. 41–42] fühle mit aller Kraft, dass die Geschichte des Menschen gerade so ist wie beim Weizen: wenn man nicht in die Erde gesetzt ist um aufzublühen, was tuts, man wird gemahlen, um Brot zu werden‹. Wehe dem, der nicht zerrieben wird.« Anstatt sich auszuliefern dem allgemeinen Bildungsbetrieb, als hätte man die »Rettung der Kultur« zum Auftrag bekommen, müsse man in einem »*radikalen Ab- und Rückbau*«, in einer »*Destruktion*« für sich eine feste Überzeugung gewinnen von dem »Einen was not tut«, unbekümmert um das Gerede und Getriebe der gescheiten und betriebsamen Leute, welche die Zeit mit der Uhr messen. In dieser Suche nach dem Einen was not tut und darum notwendig ist, orientierte sich Heidegger vor allem an Kierkegaard, mit dem er jedoch nicht verwechselt sein wollte, denn das Motiv und Ziel seiner Existenzialphilosophie war ja kein »Aufmerksammachen aufs Christliche«, sondern eine »formale Anzeige« der weltlichen Existenz. »Ich will mindestens etwas anderes – das ist nicht viel: nämlich was ich in der heutigen faktischen Umsturzsituation lebend als ›notwendig‹ erfahre, ohne Seitenblick darauf, ob daraus eine ›Kultur‹ wird oder eine Beschleunigung des Untergangs.« (Brief, 1920). Alle »Kultur«-Philosophie war ihm ein Greuel, philosophische Kongresse nicht minder, die Fülle der Zeitschriften, die nach dem Kriege erschienen, erregten seinen pathetischen Ingrimm, selbst Jaegers »Antike« schien ihm zwecklos und unnütz. Von Scheler schrieb er mit bitterer Strenge, er »erneuere« zur Abwechslung E. v. Hartmann, während andere Gebildete nebst dem »Logos« noch ein »Ethos« und einen »Kairos« herausgäben. »Und was wird der Witz der nächsten Woche sein? ich glaube ein Tollhaus hat einen klareren und vernünftigeren Innenaspekt als diese Zeit.« Infolge dieser prinzipiellen Verneinung alles Bestehenden und auch aller Programme zu seiner Reform verwahrte sich Heidegger auch gegen die Missdeutung und Überschätzung seiner eigenen Arbeit, als hätte *er* etwas »Positives« und »neue Resultate« zu geben. »Es entsteht der Schein, als sollte durch Kritik etwas dem Negierten entsprechendes Inhaltliches entgegen gestellt werden. Und als sei die Arbeit etwas für

Schule, Richtung, Fortführung, Ergänzung«. Sie [Abb. 43] sei aber das
alles nicht, sondern beschränkt auf eine kritische und begriffliche Destruktion der philosophischen und theologischen Überlieferung und
insofern etwas Abseitiges und vielleicht ganz unberührt vom betriebsamen Heute (Brief, 1924). Man müsse vielmehr froh sein, ausserhalb
dessen zu stehen, was gerade zieht oder nicht zieht, denn wo die Dinge
so schnell veralten, da müsse es an Boden fehlen. – Daraus entstand
später der Versuch einer Philosophie des Seins und der Zeit mit einer
»Fundamentalontologie«, welche die Geschichte von den Griechen bis
zu Nietzsche auf eine Frage zusammenzog, um im Einfachen und Ursprünglichen einen Grundriss und Boden zu finden.

Dass Heideggers ausserordentlicher Lehrerfolg und die ungewöhnliche Wirkung seines schwer verständlichen Buches ihn selbst über die
zuerst gewollte Beschränkung hinaustrieben und aus ihm eine Mode
machten, das war zwar gegen seine eigene Absicht, aber zugleich eine
natürliche Folge seines versetzten Predigertums. Wodurch er zunächst
auf uns wirkte, war nicht die Erwartung eines neuen Systems, sondern
gerade das inhaltlich Unbestimmte und bloss Appellierende seines philosophischen Wollens, seine geistige Intensität und Konzentration auf
»das Eine was not tut«. Erst später wurde uns klar, dass dieses Eine eigentlich nichts war, eine pure Entschlossenheit, von der nicht feststand
Wozu? »*Ich bin entschlossen, nur weiss ich nicht wozu*«, hiess der treffliche Witz, den ein Student eines Tages erfand. Der innere Nihilismus
und selbst »Nationalsozialismus« dieser nackten Entschlossenheit vor
dem Nichts war zunächst durch Züge verdeckt, die an eine religiöse
Bekümmerung denken liessen, und in der Tat hatte sich Heidegger damals noch nicht entschieden von seiner theologischen Herkunft gelöst.
Aus dieser Freiburger Zeit erinnere ich mich noch sehr wohl auf seinem
Schreibtisch Bilder von Pascal und Dostojewski gesehen zu haben, und
in einer Ecke des zellenartigen Zimmers hing eine expressionistische
Kreuzigung. Weihnachten 1920 schenkte er mir Thomas a Kempis »De
imitatione Christi«. Noch 1925 schien ihm geistiges Leben nur in der
Theologie vorhanden, bei Barth und Gogarten.[6] [Abb. 44] Am vertrau-
testen stand er damals mit Bultmann, mit dem er ein Seminar über den
jungen Luther abhielt. Es war keine geringe Zumutung an die Studenten der Theologie, die pseudochristlichen Kategorien von Heideggers
Existenzialontologie zusammenzubringen mit ihren diversen Theolo-
gien.

Den Schlüssel für Heideggers gottlose Theologie finde ich in einem

Brief von 1921, wo er sein »ich bin« oder seine »historische Faktizität« damit bezeichnet, dass er – in Anführungszeichen – »christlicher
Theo*loge*« sei, und darin liege »radikale Selbstbekümmerung und zugleich Wissenschaftlichkeit«; denn die wissenschaftliche Strenge des
begrifflichen Forschens akzentuiere seine faktische Existenz, die ihm
darum als »Faktizität überhaupt« zum Problem werde. Die Wenigsten
von uns vermochten diesen Zusammenhang von persönlichem Pathos
und begrifflicher Leidenschaft existenziell zu begreifen. Am ehesten
wurde das wohl von katholischen Theologen wie Przywara und Guardini verstanden, die Heideggers Voraussetzungen besser als wir andern
durchschauten.

Aus Luther stammt auch das unausgesprochene Motto seiner Existenzialontologie: »Unus quisque robustus sit in existentia sua«*[22], was
sich Heidegger ohne den Glauben an Christus damit verdeutlichte,
dass er immer wieder betonte, es komme nur darauf an, »dass jeder
das macht, was er kann«, auf »das je eigene Sein-können« oder die
»existenzielle Beschränkung auf die eigene, historische Faktizität«.
Dieses Können nahm er zugleich als ein Müssen in Anspruch oder als
»Schicksal«. Er schrieb mir 1921: »Ich mache lediglich, was ich muss
und was ich für nötig halte, und mache es so, wie ich es kann – ich
frisiere meine philosophische Arbeit nicht auf Kulturaufgaben für ein
allgemeines Heute. Ich habe auch nicht die Tendenz Kierkegaards. Ich
arbeite aus meinem ›ich bin‹ und meiner geistigen, überhaupt faktischen Herkunft. Mit dieser Faktizität wütet (sic!) das Existieren.« – Wer
von hier aus vorausblickt auf Heideggers Parteinahme für Hitlers Bewegung, wird schon in dieser frühesten Formulierung der geschichtlichen Existenz die spätere Verbindung mit der politischen Entscheidung
angelegt finden. Es [Abb. 45-46] bedarf nur eines Heraustretens aus
der noch halb religiösen Vereinzelung und der Anwendung des »je eigenen« Daseins und seines Müssens auf das eigene »deutsche Dasein«
und dessen geschichtliches Schicksal, um den energischen Leerlauf
der Existenzkategorien (»sich zu sich selber entschliessen«, »vor dem
Nichts auf sich selbst stehen«, »sein Schicksal wollen« und »sich selbst
überantworten«) in die allgemeine Bewegung der deutschen Existenz
überzuführen und nun auf politischem Boden zu destruieren. Und so
ist es kein Zufal, wenn Heideggers Existenzialphilosophie bei C. *Schmitt*
ein politischer »Dezisionismus«[7] entspricht, der das »Ganzseinkön-
nen« des je eigenen Daseins auf die »Totalität« des je eigenen Staats
überträgt. Der Selbstbehauptung des eigenen Daseins entspricht die

der politischen Existenz und der »Freiheit zum Tode« das »Opfer des Lebens« im politischen Ernstfall des Kriegs. Das Prinzip ist in beiden Fällen dasselbe: die »Faktizität«, d. h. das was vom Leben übrig bleibt, wenn man mit allen Lebensinhalten aufräumt.

Heidegger hatte zweimal einen Ruf nach Berlin bekommen, während der Weimarer Republik (1930) und zu Beginn des N. S. (1933). Er lehnte beidemale ab, und gab seiner zweiten Ablehnung eine Art von Begründung mit der »Bodenständigkeit« seiner geistigen Existenz. Er veröffentlichte einen Aufsatz in der Zeitung »Der Alemanne« (7.III.1934), der den herausfordernden Titel trug: »*Warum bleiben wir in der Provinz?*« Nach einer kurzen Beschreibung der Skihütte, die Heidegger im Schwarzwald besitzt und wo der nähere Schülerkreis oft gastliche Wochen verbrachte, erfolgt ein polemischer Ausfall gegen die gebildeten »Städter«, die zur Ferienzeit in den Schwarzwald kommen, um seine Schönheit objektiv zu »betrachten« und zu »geniessen« – zwei Worte, die bei Heidegger[23] einen verächtlichen Klang haben, weil sie ein müssiges Verhalten ohne »Zugriff« bezeichnen. Er selbst »betrachte« die Landschaft eigentlich nie, sie sei vielmehr seine »Arbeitswelt«, und der Gang seiner Arbeit sei eingesenkt in das Geschehen dieser Bergwelt. Nicht das müssige theorein oder Schauen, sondern die tätige Praxis der sorgenden Existenz erschliesse das Sein dieser Welt, und zumal wenn wilde Schneestürme um die Hütte rasen und alles verhängt und verhüllt ist, sei auch die »hohe Zeit« für die Philosophie. Die gedankliche Arbeit müsse so »hart« und »scharf« sein wie diese gefährliche Bergwelt, und die Philosophie sei ihrem Wesen nach von der Arbeit des Bauern überhaupt nicht verschieden.[24] Der Aufsatz endet mit einer sentimentalen Geschichte von einem alten Bauern, der nur verneinend den Kopf schüttelt, als ihm Heidegger von seiner Berliner Berufung erzählt, und schliesst mit dem Wort: »unerbittlich nein!« Denn was sollte der Alemanne[25], der in Freiburg ein kleiner König war, unter den vielen Grossbonzen und Prominenten Berlins?

In diesem mit Absicht populär gehaltenen Aufsatz sind (ähnlich wie in einem Vortrag, den uns Heidegger einmal[26] über das Skifahren hielt) alle wesentlichen Existenzbegriffe unausdrücklich enthalten. Ihre Verwandtschaft mit der n. s. Ideologie ist nicht schwer einzusehen: man dankt Gott – wie Herr Goering zu sagen liebt – dass man nicht »objektiv« ist[27], wo Wollen und Einsatz gilt. Man verneint – mit Nietzsche – Genuss, Glück und Behagen,[28] bejaht dagegen die Härte des Schicksals und die Strenge der Arbeit, die für den Bauern und den Ge-

lehrten dieselbe[*29] sein soll. Der von Aristoteles bis zu Hegel geltende
Satz, dass das philosophische Schauen die höchste, weil von den unmittelbaren Bedürfnissen freie menschliche Tätigkeit ist, wird von der n. s.
Existenz und ihrer Philosophie umgedeutet oder negiert. – Was würde
aber Heidegger sagen, wenn man ihn daran erinnerte, dass auch ein
n. s. Schwätzer wie H. Glockner im 1. Heft der »Zeitschrift für deutsche
Kulturphilosophie« (1934) – dem ehemaligen »Logos« – ganz dasselbe
behauptet, indem er die Weisheit verkündet, die deutsche Philosophie
habe [Abb. 47] eine besonders intime Beziehung zum ... Soldaten und
Bauern, im Unterschied zum[*30] Intellektualismus (Descartes) der müs-
sigen Theorie. Er würde vielleicht erschrecken über diese unerwünsch-
te Verwandtschaft und doch nicht verstehen, worauf sie beruht, nämlich auf seiner Teilhabe am n. s. »man«, mag er sich noch so sehr von
den Geschmacklosigkeiten der offiziellen Parteiphilosophie und *ihrem*
Blut- und Bodengerede bewusst distanzieren. Der Aufstand gegen den
»Geist« hat seine Fürsprecher in sehr verschiedenen Lagern: bei Klages
und Baeumler, bei Heidegger und Schmitt, und vielleicht muss man
ausserhalb Deutschlands leben, um solche lokalen Differenzen als
Variationen ein und desselben Themas erkennen zu können.

Heideggers Übersetzung des »je eigenen Daseins«
in das »deutsche Dasein«

Heidegger war 1933 Rektor der Freiburger Universität geworden. Das
war ein Ereignis, denn alle andern Universitäten entbehrten in dieser
kritischen Zeit eines Führers, der nicht bloss durch ein Parteiabzeichen,
sondern auch durch seine wissenschaftliche Leistung eine solche Stelle
hätte ausfüllen können. Die Masse der deutschen Intelligenz war reak-
tionär oder indifferent.[*31] Dem Ruf nach Berlin hatte Heidegger wi-
derstanden, der Verführung zur Führung der eigenen Universität gab
er nach. Seine Entscheidung war von mehr als lokaler Bedeutung und
machte allgemein aufhorchen. Die Berliner Studentenschaft verlangte,
dass alle Universitäten der in Freiburg vollzogenen »Gleichschaltung«
nachfolgen sollten. Andrerseits wäre aber auch eine Ablehnung des
Freiburger Rektorats nicht ohne Wirkung geblieben, denn Heidegger
stand damals auf dem Höhepunkt seines Ansehens. Seinen Schülern
kam sein Entschluss überraschend, weil er sich früher kaum je über

politische Fragen geäussert hatte und wohl auch nicht über sie klar gewesen war.*³² Zum Antritt des Rektorates hielt Heidegger eine Rede über »die Selbstbehauptung der Universität.«*³³ Er schickte sie mir mit »freundlichen Grüssen«, während sie meine arischen Freunde mit »deutschem Gruss« versehen empfingen.

Verglichen mit den zahllosen Broschüren und Reden, die nach dem Umsturz die gleichgeschalteten Professoren von sich gaben, ist Heideggers Rede höchst philosophisch und anspruchsvoll, ein kleines Meisterwerk an Formulierung und Komposition. Gemessen mit dem Mass-[s]tab der Philosophie ist sie eine einzige Zweideutigkeit, denn sie versteht es, die existenzialontologischen Kategorien dem geschichtlichen »Augenblick« (Sein und Zeit § 74) in einer Weise dienstbar zu machen, dass sie den Anschein erwecken, als könnten und müssten ihre philosophischen Absichten mit der politischen Lage a priori zusammengehen und die Freiheit des Forschens mit dem staatlichen Zwang. Der »Arbeits-« und »Wehrdienst« wird eins mit dem »Wissensdienst«, sodass man am Ende des Vortrags nicht weiss, ob man Diels Vorsokratiker in die Hand nehmen soll oder mit der S. A. marschieren. Man kann darum diese Rede weder bloss politisch noch rein philosophisch beurteilen. Als politische Rede wäre sie ebenso schwach wie als philosophische Abhandlung. Sie versetzt Heideggers Philosophie der geschichtlichen Existenz in das deutsche Geschehen hinein, wodurch sein Wirkungswille zum ersten Mal einen Boden fand, sodass der formale Umriss der existenzialen Kategorien einen entschiedenen Inhalt bekam.⁸

Die Rede beginnt mit einem merkwürdigen Widerspruch: sie handelt *in Opposition* gegen die vom Staate gefährdete Selbständigkeit der Universitäten von ihrer »Selbstbehauptung« und zugleich verneint sie die »liberale« Form der akademischen Freiheit und Selbstverwaltung, *um sie bedingungslos einzuordnen* in das n. s. Schema von »Führung« und »Gefolgschaft«. Der Rektor habe zur Pflicht die geistige Führung der Lehrer- und Studentenschaft. Aber auch er – der Führer – sei wiederum ein Geführter, nämlich vom »geistigen Auftrag seines Volkes«. Worin der geschichtliche Auftrag besteht und wodurch er sich ausweist, bleibt unbestimmt. Der Auftraggeber ist letzten Endes das »Schicksal«, welches man wollen soll. Dieser Unbestimmtheit des Auftrags entspricht, dass er als »unerbittlich« betont wird. Und mit einem undiskutierbaren Diktum wird das Schicksal des Volkes mit dem Geschick der Universitäten verbunden: der Auftrag an die Universität sei derselbe wie der an das Volk, deutsche Wissenschaft und deutsches Schicksal kom-

men in e i n e m »Wesenswillen« zur Macht. Der Wille zum Wesen wird
dabei stillschweigend gleichgesetzt mit dem Willen zur Macht, denn
wesentlich ist für die n. s. Haltung der Wille als solcher.[9] Prometheus,
das Sinnbild abendländischen Wollens, ist der »erste Philosoph«[10],
dem es zu folgen gilt. Mit einem solchen prometheischen Wollen sei
der europäische Mensch ursprünglich bei den Griechen »gegen das
Seiende aufgestanden«, um es nach seinem[*34] Sein zu befragen, und
dieser revolutionäre Aufstand kennzeichne den »Geist«, der zwar vor
der Übermacht des Schicksals versage, aber gerade in seiner Ohnmacht
schöpferisch sei. Geist sei also keine allgemeine Vernunft, kein Verstand, keine Intelligenz und erst recht kein esprit, sondern ... »wissende
Entschlossenheit« zum Wesen des Seins und die wahre »geistige Welt«
eine »Welt der äussersten und innersten Gefahr«. (Die Gefahr ist des
Menschen eigentlicher »Beruf« hat Nietzsche im Zarathustra gesagt.)
Mit soldatischer Härte wird dann vom Studenten verlangt, dass er als
Wissenwollender »vorrücke« auf den »Posten der äussersten Gefahr«,
dass er marschiere, sich einsetze und aussetze, standhalte, durchhalte
und überhaupt entschlossen sei zur Übernahme des deutschen Schicksals, welches in Hitler da sei. Die Bindung an Führer und Volk, an dessen Ehre und Geschick, sei eins mit dem Wissensdienst. Und in der
Antwort auf Nietzsches Frage, ob sich Europa noch selber will, oder ob
es sich nicht mehr will, heisst es: »Wir wollen uns selbst«, und die junge
Kraft des deutschen Volkes habe über den Willen zur Selbstbehauptung
– nicht nur der Universität, sondern des deutschen Daseins im ganzen
– bereits im positiven Sinne entschieden. Um aber die »Herrlichkeit
und Grösse dieses Aufbruchs« ganz zu verstehen, müsse man sich der
Weisheit eines Wortes von Plato erinnern, das Heidegger (gewaltsam
verdreht) übersetzt: »Alles Grosse steht im Sturm!« So stürmisch klang
Heideggers Weisheit aus, und welcher S. S. Junge hätte sich nicht davon
angesprochen gefühlt, falls er genügend philosophische Bildung besass,
um den griechischen Nimbus dieses sehr deutschen Stürmens durch-
dringen zu können. – Die Gemeinschaft von Lehrer und Schüler sei
eine solche des Kampfes, und nur im Kampf werde auch das Wissen ge-
steigert und bewahrt. (In einer Vorlesung aus dieser Zeit heisst es: alles
»Wesen« erschliesse sich nur dem Mut, aber nicht dem Schauen, und
die Wahrheit lasse sich nur insoweit erkennen, als man sich Wahrheit
»zu-mutet«. Selbst das deutsche »Gemüt« wurde in Zusammenhang
gebracht mit diesem Mut. Desgleichen sei der Feind nicht bloss »vorhanden«, sondern das Dasein müsse sich selbst seinen Feind s c h a f f e n,

um nicht stumpf zu werden. Alles was überhaupt »ist«, werde »durch Kampf verwaltet«, und wo kein Kampf noch Herrschaft ist, da sei Verfall. Das Wesen wese im Kampf.) In Wirklichkeit hat sich auf den deutschen Universitäten aber selbst unter Heideggers Führung kein griechisches Agon entwickelt, sondern die stumpfe Öde der Zwangsnivellierung, welche die Besseren zum Schweigen verurteilte und die Meisten an eine doppelte Sprache gewöhnte: eine eigentliche in ihren vier Wänden und eine uneigentliche in der Öffentlichkeit, deren Organisation sie von allen Seiten umspannte.

Heideggers Führung dauerte nur ein Jahr. Er trat nach manchen Enttäuschungen und Ärgernissen von seinem »Auftrag« zurück, um seitdem wieder in alter Weise dem neuen »man« zu opponieren und im Kolleg bittere Bemerkungen zu riskieren, was aber seiner substanziellen Zugehörigkeit zum n.s. Wesen und Unwesen nicht widerspricht. Denn der »Geist« des N.S. hat es nicht so sehr mit dem Nationalen und Sozialen zu tun als vielmehr mit jener radikalen Entschlossenheit und Dynamik, die jede Diskussion und Verständigung ablehnt, weil sie sich einzig und allein auf sich selber verlässt – auf das je eigene (deutsche) Sein-können. Es sind durchwegs Ausdrücke der Gewaltsamkeit, die das Vokabular der n.s. Politik und von Heideggers Philosophie bestimmen. Dem diktatorischen Stil der Politik entspricht das Apodiktische in Heideggers pathetischen Formulierungen. Beide fordern heraus mit einer hinterhältigen Lust am Brüskieren. Es ist nur ein Unterschied des Niveaus, aber nicht der[*35] Methode, der die internen Differenzen der Gefolgschaft bestimmt, und am Ende ist es das »Schicksal«, welches alles Wollen rechtfertigt und ihm einen geschichtsphilosophischen Mantel umhängt. – Einen Monat nachdem Heidegger seine Rede gehalten hatte, schrieb K. Barth seinen Aufruf an die Theologie (»Theologische Existenz heute«) gegen die Gleichschaltung mit den Mächten der Zeit. Diese Schrift war und blieb die einzige ernsthafte Äußerung eines geistigen Widerstands gegen die reissende Zeit. Um zu einem analogen Schritt fähig zu sein, hätte die Philosophie nicht von »Sein und *Zeit*« handeln müssen, sondern vom Sein der *Ewigkeit*. Der springende Punkt von Heideggers Philosophie bestand aber gerade darin, dass er »entschlossen die Zeit aus der Zeit« verstand, weil er auch als Philosoph noch so sehr Theologe war, dass ihm die Ewigkeit identisch mit Gott war – und der Philosoph von Gott »nichts weiss«. (Klar ausgesprochen wurde diese negative Bindung von Heideggers philosophischer Zeitproblematik an die Ewigkeitsfrage der Theologie nur in einem Vortrag vom Juli 1924).

Auf diesem geschichtlich-politischen Hintergrunde erhellt sich die spezifisch deutsche Bedeutung von Heideggers Daseinsbegriffen: Existenz und Entschlossenheit, Sein und Sein-können, die Auslegung dieses Könnens als eines Schicksals und Müssens, die Versteifung auf das »je eigene« (deutsche) Sein-können und die immer wiederkehrenden Worte: Zucht und Zwingen (selbst zur »Klarheit des Wissens« müsse man sich »hinaufzwingen«), hart, unerbittlich und streng, straff und scharf (das »Scharfhalten des Daseins«); standhalten und auf sich selber stehen, sich einsetzen und sich der Gefahr aussetzen; Umbruch, Aufbruch und Einbruch.[11] Sie alle spiegeln die katastrophische Denkweise fast aller Menschen in Deutschland aus der Zeit nach dem Krieg. Das Mindeste womit sich ihr Denken beschäftigte, waren »Ursprung« und »Ende« oder »Grenzsituationen«. Im Grunde sind alle diese Begriffe und Worte der Ausdruck für die bittere und harte Entschlossenheit eines sich vor dem Nichts behauptenden Willens, für ein fried- und freudloses Dasein, das auf seine Verachtung des Glücks und der Menschlichkeit stolz ist.[12]

Wohl keiner von uns wäre 1927, als Heideggers »Sein und Zeit« erschien, auf den Gedanken gekommen, dass der »je eigene« radikal vereinzelnde Tod, zu dessen Veranschaulichung Heidegger auf Tolstois Erzählung vom Tode des Iwan Iljitsch verweist, sechs Jahre später dazu umfrisiert werden könnte, um den Ruhm eines n. s. »Helden« zu künden. Und doch ist der Sprung von der ontologischen Analyse des Todes zu Heideggers Schlageter-Rede (Freiburger Studentenzeitung, 1. Juni 1933) nur ein Übergang vom je vereinzelten Dasein zu einem je allgemeinen, aber in seiner Allgemeinheit nicht minder vereinzelten, nämlich deutschen.[13] Schlageter, heisst es in dieser künstlich geschraubten Gedenkrede, sei den »schwersten und grössten Tod« gestorben, als er (wegen Sabotage in dem von Frankreich besetzten Gebiet) wehrlos erschossen wurde, während seine Nation erniedrigt am Boden lag. »Er musste allein, aus sich das Bild des künftigen Aufbruchs des Volkes zu seiner Ehre und Grösse sich vor die Seele stellen, um im Glauben daran zu sterben«. Und Heidegger fragt: woher diese »Härte des Willens« und »Klarheit des Herzens«? Er antwortet darauf mit dem »Urgestein« der Berge des Schwarzwalds (Schlageters Heimat) und seiner herbstlichen Klarheit. Diese Kräfte des Bodens seien in den Willen und das Herz dieses jungen Helden geströmt. – In Wahrheit war Schlageter einer der vielen nach dem Kriege aus ihrer Bahn geworfenen jungen Deutschen, die teils Kommunisten und teils das Gegenteil wurden, wie das E. v. Salomon in seinem Roman »Die Stadt« vortrefflich geschildert hat. Verwildert durch den Krieg und entlassen vom Militärdienst konnten sie nicht mehr ins zivile Leben zurückfinden; sie schlossen sich einem der Freikorps an, um irgendwo und gegen irgendwen in zügellosen Unternehmungen ihr Leben zu verspielen. Der Existenzphilosoph nennt dies ein Müssen. »Er *musste* ins Baltikum, er musste nach Oberschlesien, er *musste* an die Ruhr«, er *musste* sein selbstgewähltes Schicksal erfüllen. So weit war das Fatum der antiken Tragödie bis auf unsere Inflationszeit selbst bei einem Philosophen heruntergekommen.

Einige Monate nach dieser Rede trat Deutschland mit Aplomb aus dem Völkerbund aus.[14] Der Führer verordnete eine nachträgliche Wahl, um dem Ausland zu zeigen, dass Deutschland und Hitler dasselbe seien. Heidegger liess die Freiburger Studenten geschlossen zum Wahlraum marschieren und dort en bloc ihre Jastimme zu Hitlers Entscheidung abgeben. (An andern Universitäten, wie in Marburg, konnte man noch mit Ja *oder* Nein wählen, obwohl die Wahl nur noch pro forma geheim war.) Das Ja zu Hitlers Entscheidung schien ihm identisch mit dem zum »eigenen Sein«. Der Wahlaufruf, den er als Rektor ergehen liess, ist ganz im n. s. Stil und zugleich ein populärer Auszug aus Heideggers Philosophie. Der Wortlaut war: »Deutsche Männer und Frauen! Das deutsche Volk ist vom Führer zur Wahl gerufen. Der Führer aber erbittet nichts vom Volk. Er gibt vielmehr dem Volk die unmittelbarste Möglichkeit der höchsten freien Entscheidung: ob es – das ganze Volk – sein eigenes Dasein will oder ob es dieses nicht will. Diese Wahl bleibt mit allen bisherigen Wahlvorgängen schlechthin unvergleichbar. Das Einzigartige dieser Wahl ist die einfache Grösse der in ihr zu vollziehenden Entscheidung. Die Unerbittlichkeit des Einfachen und Letzten aber duldet kein Schwanken und Zögern. Diese letzte Entscheidung greift hinaus an die äusserste Grenze des Daseins unseres Volkes. Und was ist diese Grenze? Sie besteht in jener Urforderung alles Daseins, dass es sein eigenes Wesen erhalte und rette. Damit ist eine Schranke aufgerichtet zwischen dem, was einem Volke angesonnen werden kann und was nicht. Kraft dieses Grundgesetzes der Ehre bewahrt das Volk die Würde und die Entschiedenheit seines Wesens. Nicht Ehrgeiz, nicht Ruhmsucht, nicht blinder Eigensinn und nicht Gewaltstreben, sondern einzig der klare Wille zur unbedingten Selbstverantwortung im Ertragen und Meistern des Schicksals unseres Volkes forderte vom Führer den Austritt aus der ›Liga der Nationen‹. Das ist *nicht* Abkehr von der Gemeinschaft der Völker. Im Gegenteil – unser Volk stellt sich mit diesem Schritt unter jenes Wesensgesetz menschlichen Daseins, dem jedes Volk zuvörderst Gefolgschaft leisten muss, will es noch ein Volk sein. Aus dieser gleichgerichteten Gefolgschaft gegenüber der unbedingten Forderung der Selbstverantwortung erwächst gerade erst die Möglichkeit, sich gegenseitig ernstzunehmen, um damit schon eine Gemeinschaft zu bejahen. Der Wille zu einer wahrhaften Völkergemeinschaft hält sich ebenso fern von einer haltlosen, unverbindlichen Weltverbrüderung wie von einer blinden Gewaltherrschaft. Jener Wille wirkt jenseits dieses Gegensatzes. Er schafft das offene und mannhafte Aufsich- und Zueinanderstehen der Völker und Staaten ... Unser Wille zur völkischen Selbstverantwortung will, das jedes Volk die Grösse und Wahrheit seiner Bestimmung finde und bewahre. Dieser Wille ist die höchste Bürgschaft der Sicherheit der Völker; denn er bindet sich selbst an das Grundgesetz der mannhaften Achtung und unbedingten Ehre. Am 12. November wählt das deutsche Volk als Ganzes *seine* Zukunft. Diese ist an den Führer gebunden. Das Volk kann diese Zukunft nicht so wählen, dass es auf Grund sog. aussenpolitischer Überlegungen mit Ja stimmt, ohne auch den Führer und die ihm unbedingt verschriebene Bewegung mit in dieses Ja einzubegreifen. Es gibt nicht Aussenpolitik und auch noch Innenpolitik. Es gibt nur den einen Willen zum vollen Dasein des Staates. Diesen Willen hat der Führer im ganzen Volk zum vollen Erwachen gebracht und zum einzigen Entschluss zusammengeschweisst. Keiner kann fern bleiben am Tag der Bekundung dieses Willens!« (Freiburger Studentenzeitung, 10. Nov. 1933) [Abb. 48]

Nachdem Heidegger zum ersten Mal in seiner Freiburger Antrittsrede (»Was ist Metaphysik?«) von der »letzten Grösse« des Daseins gesprochen, welche darin bestehe, dass es »verwegen« sich selbst verschwende, wird nun ein umfangreicher Gebrauch gemacht von der heroischen Grösse. Sie gilt für Schlageters Tod nicht minder wie für Hitlers Entschluss zu einem überraschenden Coup und einer verwegenen Lösung, die sich über jedes Vertragsverhältnis und dessen Rechtsgrundlage hinwegsetzt. Und das sollte keine Abkehr sein von der Gemeinschaft der europäischen Völker, sondern »im Gegenteil« die Ermöglichung einer wahren Gemeinschaft, bei der jedes Volk (nach deutschem Muster) auf sich steht, um gerade so auch »zueinander« zu stehen![15]

Eine Woche vor diesem Wahlaufruf veröffentlichte Heidegger einen sehr allgemein gehaltenen Aufruf an die Studentenschaft (Freiburger Studentenzeitung, 3. Nov. 1933), in dem es heisst, die n. s. Revolution bringe eine »Völlige Umwälzung unseres deutschen Daseins«. An den

Studenten sei es, sich in ihrem Wissenwollen an das Wesentliche, Einfache und Grosse zu halten, hart und echt in ihrem Fordern, klar und sicher in der Ablehnung zu sein, sich kämpferisch einzusetzen und den Mut wachsen zu lassen zum Opfer für die Rettung des Wesens und für die Erhöhung der Kraft des Volkes. Nicht »Ideen« dürften die Regeln des studentischen Daseins sein, sondern sein Gesetz sei allein Hitler: »Der Führer selbst und allein ist die heutige und künftige deutsche Wirklichkeit und ihr Gesetz«. (Hitler, soll Heidegger schon vor dem Umsturz geäussert haben, sei unter allen zur Wahl stehenden Reichskanzlern der Einzige, der »ein Gesicht« habe.).*36 Es war Heidegger mit dem »Heil Hitler« stockbieder ernst und selbst private Briefe beschloss er damit. Der deutsche Gruss ging tausendfach aus dem Munde der deutschen Bürger, so wie früher ein »Grüss Gott« oder ein »Adieu«. Man musste schon ein Original wie mein Münchner Schuster sein, um den eintretenden Kunden ihr »Heil Hitler« mit einem »servus« zu erwidern.

Der philosophischen Definition des »Daseins« als eines existierenden factum brutum, welches »ist und zu sein hat« (Sein und Zeit § 29), diesem von allem Inhalt, von aller Schönheit und Liebenswürdigkeit völlig entblössten, finster-energischem Dasein entspricht aufs Genaueste der »heroische Realismus«, der vom N. S. gezüchteten deutschen Gesichter, wie sie uns aus jeder Illustrierten entgegensehen. In Heideggers Hörsaal wurde »mit dem Hammer philosophiert«, wie es Nietzsche in der Götzendämmerung vorgemacht hat, aber ohne den Glanz seines psychologischen Scharfsinns. Und während sich Nietzsche dadurch bewährte, dass er des Bismarckschen Reiches Widerpart blieb, ist die »höchste und freie« Entscheidung von Heideggers Rektoratsphilosophie eine solche, welche dem factum brutum des deutschen Geschehens den erhabenen Namen des Schicksals gibt.

Die kleinbürgerliche Orthodoxie der Partei hat Heideggers Nationalsozialismus verdächtigt, weil die Rassen- und Judenfrage darin keine Rolle spielt. »Sein und Zeit« ist dem Juden Husserl, das Kantbuch dem Halbjuden Scheler gewidmet, und in der Freiburger Zeit haben wir unter Heideggers Leitung Bergson und Simmel studiert. Heideggers Geistesart schien nicht der »nordischen Art« gemäss, welche frei von der Angst vor dem Nichts sei. (A. Hoberg, Das Dasein des Menschen 1937). Umgekehrt hat es der Prof. Naumann (Germanischer Schicksalsglaube, 1934) fertig gebracht, die germanische Mythologie mit den Begriffen von »Sein und Zeit« zu erklären, und in Odin die »Sorge« und in Baldur das »man« entdeckt! Sowohl diese Zustimmung wie jene

Ablehnung kann man nicht ernst nehmen, weil Heideggers Entscheidung für Hitler die Übereinstimmung mit der Ideologie und dem Programm der Partei weit übertrifft. Er war und blieb Nationalsozialist, ähnlich wie es auch E. Jünger ist, am Rande und in der Vereinzelung, die aber keineswegs wirkungslos ist. Er ist es schon allein durch den *Radikalismus*, mit dem er die *Freiheit* des je eigenen oder auch deutschen Daseins auf die Offenbarkeit des Nichts stellt (»Was ist Metaphysik«, S. 30). Und auch heute noch wird Hitlers verwegener Entschluss, wegen Danzig einen Krieg zu riskieren, durch nichts besser bezeichnet als durch Heideggers philosophische Formel vom »*Mut zur Angst*« vor dem Nichts – ein Paradox, in welchem die ganze deutsche Situation im Kerne begriffen ist.

Gegenüber Heideggers substanzieller Zugehörigkeit zur n. s. Stimmung und Denkweise war es unangebracht, seine politische Entscheidung isoliert zu bemäkeln oder auch zu beschönigen, statt sie aus dem Prinzip seiner Philosophie zu erklären. Nicht Heidegger hat »sich selbst missverstanden«, als er für Hitler eintrat (s. den Artikel von H. Kunz in der Zürcher Zeitung vom 3.I.1938), sondern diejenigen haben ihn nicht verstanden, die nicht begriffen, warum er dies tun konnte. Ein Schweizer Dozent (s. die Kontroverse zwischen H. Barth und E. Staiger in der Zürcher Zeitung vom Januar 1936) bedauerte, dass sich Heidegger überhaupt auf den Tag eingelassen habe – als habe eine Philosophie, die das Sein aus der Zeit und dem Alltag erklärt,[*37] nichts mit dem Tag und der Zeit zu tun, in der sie wirkt und entstand. Wenn dieser Verehrer Heideggers sagt, es sei verkehrt, an der »geschichtlichen Zufälligkeit« eines Denkens Anstoss zu nehmen, statt den »weissen Tempel« zu sehen, der sich darüber ins »Zeitlose« erhebt, so muss man ihm gerade als Heideggerschüler entgegnen, dass noch kein Philosoph so wie Heidegger die Philosophie am Zufall der »historischen Faktizität« orientiert hat und ihr eben darum auch notwendig selber verfiel, als der entscheidende »Augenblick« da war. Die Möglichkeit von Heideggers philosophischer Politik entspringt nicht einer Entgleisung, die man bedauern könnte, sondern dem Prinzip seiner Existenzauffassung, welche den »Geist der Zeit« im doppelten Sinne »bestreitet«.

Der letzte Beweggrund dieses Willens zum Umbruch und Aufbruch, zu dieser politisch potenzierten Jugendbewegung aus der Zeit vor dem Weltkrieg, war aber *das Bewusstsein von Verfall und Vergehen*: der europäische Nihilismus. Doch ist es sehr bezeichnend, dass dieser europäische Nihilismus nur von einem Deutschen, von Nietzsche, zum eigentlichen Thema der Philosophie gemacht worden ist und auch nur in Deutschland aktiv werden konnte. »Der Deutsche erst und er allein bekundet den weltgeschichtlichen Beruf des Radikalismus ... So unerbittlich und rücksichtslos wie er ist keiner, denn er stürzt nicht allein die bestehende Welt, um selber stehen zu bleiben; er stürzt – sich selbst ... Bei dem Deutschen ist das Vernichten – Schaffen, und das Zermalmen des Zeitlichen – seine Ewigkeit« (M. Stirner, Kleinere Schriften, 1842, S. 19). Die Deutschen haben keinen Sinn für eine vernünftige Verwendung der Freiheit in den Grenzen des Menschlichen. Ohne diesen Willen zur Destruktion ist auch die Wirkung, welche Heideggers philosophische Konstruktion auf uns ausgeübt hat, nicht zu verstehen. Ich erinnere an seinen Brief von 1920, worin es hiess, dass seine Arbeit unabhängig sei von dem Seitenblick darauf, ob daraus eine »Kultur« entstehe, *oder eine »Beschleunigung des Untergangs«*! Derselbe Gedanke kehrt wieder in »Sein und Zeit« (§ 77) in der Zustimmung zu einem Zitat, welches besagt, dass der moderne Mensch seit der Renaissance »fertig« sei zum Begrabenwerden. Ebenso heisst es 1933 am Schluss der Rektoratsrede, es sei zu spät um alte Einrichtungen abzuändern oder gar neue hinzuzufügen, man müsse vielmehr bis auf die ersten Anfänge bei den Griechen zurückgehen, um in Europa neu beginnen zu können.[16] Die Gefahr sei aber, dass, ehe wir uns dazu entschliessen, die geistige Kraft des Abendlandes versagt und dieses in seinen Fugen kracht, »wenn die abgelebte Scheinkultur in sich zusammenstürzt und alle Kräfte in die Verwirrung reisst«. Damals war Heidegger noch der Meinung, dass, ob solches geschieht oder nicht geschieht, allein davon abhänge, »ob wir uns selbst noch und wieder wollen, oder ob wir uns nicht mehr wollen«, und dass die Entscheidung darüber bereits im positiven Sinne gefallen sei, nämlich durch die Gefolgschaft zum Führer. Drei Jahre später, im Hölderlin-Vortrag von 1936, endet Heidegger wesentlich resignierter. Er verweist mit Hölderlin auf »die Zeit der entflohenen Götter und des kommenden Gottes«. Weil aber die Gegenwart in diesem doppelten Nicht stehe: dem Nichtmehrdasein der Entflohenen und dem Nochnichtdasein des Kommenden, sei sie wesentlich eine darbende und dürftige Zeit und von der »Herrlichkeit« des Aufbruchs von 1933 ist nicht mehr die Rede. Der Dichter dieser Zeit harre aus und halte stand im Nichts dieser Nacht – ein Bild das an den Schluss von M. Webers Vortrag erinnert. »Und wozu Dichter in dürftiger Zeit?« So mag sich auch Heidegger oftmals gefragt haben: wozu Philosophen in dürftiger Zeit? Die Antwort darauf dürfte ihm aber noch schwerer fallen als seinem Dichter, für den die Götter mehr waren als blosse Zeitbegriffe.

Die Faszination, die Heidegger durch seine unbestimmte Entschiedenheit und seine erbarmungslose Kritik auf uns*[38] ausgeübt hat, ist nicht von seiner Person gewichen. Es sind nun 20 Jahre her, dass ich nach Freiburg kam, aber auch heute noch vermag er den Hörer durch das Hintergründige seines intensiven Vortrags zu fesseln und der Einfluss seiner Lehrtätigkeit ist allenthalben zu spüren.

Heideggers Persönlichkeit

Ich habe mir 1926, als ich in Marburg vor der Habilitation stand, den Eindruck, den Heideggers Person auf mich ausgeübt hat, von der Seele geschrieben und füge diese Charakteristik hier mit geringen Ergänzungen ein: H. hatte unter uns den Spitznamen »der kleine Zauberer von Messkirch«. Er war von Natur auffallend klein; er stammte aus kleinsten Verhältnissen aus dem Dorfe Messkirch und er hatte unter schweren Entbehrungen sein Studium durchgesetzt. Das Jesuitenkloster von Feldkirch hatte seine Jugend »zwischen den Mühlsteinen der Theologie« geprägt. Unvergesslich ist mir Geste und Blick, mit denen er mir einmal die Photographie eines Priesters zeigte, mit der Bemerkung: »Der hat uns unter seiner Fuchtel gehabt!« Es war das harte und scharfe Gesicht eines asketischen Priesters auf dem Totenbett. Die Herkunft aus den engen Verhältnissen war auch später nicht zu verkennen. Als ich ihn 1933 in seinem Rektoratszimmer aufsuchte, sass er verloren, mürrisch und unbequem in der Weite des vornehmen Raums, und man fühlte seinen Anordnungen und Bewegungen das Unbehagliche an. Er forderte auch noch selbst diesen Abstand heraus durch das Ungewöhnliche seiner Kleidung: eine Art Schwarzwälder Bauernrock mit breiten Aufschlägen und einem halb militärischen Kragen und dazu Kniehosen, beides aus dunkelbraunem Tuch – eine »je eigene« Kleidung, die das »man« vor den Kopf stossen sollte und die wir damals belächelten, aber noch nicht als eine eigenartige Zwischenlösung zwischen dem bürgerlichen Anzug und der Uniform der S.A. erkannten. Das Braun des Tuches stand gut zu seinem tiefschwarzen Haar und seiner dunklen Gesichtsfarbe. Er war ein kleiner dunkler Mann, der zu zaubern verstand, indem er vor den Hörern verschwinden liess, was

er eben noch vorgezeigt hatte. Die Technik seines Vortrags bestand im
Aufbau eines Gedankengebäudes, das er dann selbst wieder abtrug, um
den gespannten Zuhörer vor ein Rätsel zu stellen und im Leeren zu lassen.[17] Diese Kunst der Verzauberung hatte mitunter höchst bedenkliche
Folgen: sie zog mehr oder minder psychopathische Existenzen an und
eine Studentin nahm sich nach drei Jahren Rätselraten das Leben.

Heideggers Gesicht lässt sich nur schwer beschreiben, denn er konnte einen nie anblicken, mit offenem Blick und auf längere Zeit. Der
natürliche Ausdruck seines Angesichts war: arbeitende Stirn, ver-
hängtes Gesicht und niedergeschlagene Augen, die sich nur ab und
zu mit einem sekundenlangen Aufblick der Situation vergewisserten.
Zwang man ihn im Gespräch zu einem direkten Anblicken, so wurde
sein Ausdruck verschlossen und unsicher, denn die Aufrichtigkeit im
Verkehr mit andern war ihm versagt. Natürlich war ihm dagegen der
Ausdruck eines vorsichtigen, bauernschlauen Misstrauens. Sein Vortrag war, wenn er in sein Manuskript blickend zusammengefasst vor
sich hin sprach, gesten- und phrasenlos. Das einzige rhetorische Mittel
war eine kunstvolle Nüchternheit und die thesenartige Strenge des auf
Spannung berechneten Aufbaus. Sein Gesicht wurde dann sehr ausdrucksvoll durch die offensichtliche Anstrengung der Konzentration
und durch seine unschönen, aber interessanten Asymmetrien. Die von
einer stark hervortretenden Ader durchzogene und [Abb. 49] vorge-
wölbte Stirn nahm die ganze Lebendigkeit in Anspruch, man sah sie arbeiten, für sich, ohne Rücksicht auf den Zuhörer, der mehr aufgerüttelt
als angesprochen wurde. Er stand bewusst vereinzelt auf dem Katheder,
während er Blatt für Blatt mit einer zur Routine gewordenen Sicherheit
vortrug und umwendete. In Heideggers letzter Marburger Vorlesung
hatten die Studenten einen Strauss weisser Rosen auf sein Katheder
gelegt. Er kam wie immer mit zu Boden gesenktem Blick herein und
bestieg das Katheder, um mit bitterem Widerwillen in dem schon sehr
leer gewordenen grossen Hörsaal sein Kolleg zu Ende zu lesen. Nichts
war dazu deplacierter als die Rosen, die er ärgerliche ignorierte.

Gefesselt von dem energischen Ernst dieses kleinen grossen Mannes, den wir seit »Sein und Zeit« den »Zeitweisen« nannten, verbrachte
ich viele Jahre in der unfruchtbaren Bemühung um ein menschliches
Verhältnis zu einem Menschen, dessen Leben sich in der Abwehr persönlicher Verbindlichkeiten verschloss und der nur in seiner Vorlesung,
begrifflich verklausuliert, an »Alle und Keinen« zu adressieren beliebte,
was er dem Einzelnen unter vier Augen nicht sagen konnte und wollte.

Seine Erkenntnis reichte genauso weit wie das Misstrauen, dem sie entsprang. Die Frucht dieses Misstrauens war eine meisterhafte Kritik der
bestehenden Tradition. Seine wissenschaftliche Bildung hatte alles aus
erster Hand. Seine Bibliothek war keine*³⁹ Büchersammlung, sondern
begrenzt auf die klassischen Werke, die er von Jugend auf durchstudiert
hatte. Die Grundbücher der Antike, des Mittelalters und der Neuzeit
waren ihm gleichermassen vertraut, wogegen ihm Soziologie und Psychoanalyse zuwider waren. Seine masslose Kritik an allem Kultur- und
Bildungsbetrieb zog uns an und stiess uns ab, während er selbst arg-
wöhnisch die Ein- und Ausgänge seines Fuchsbaus bewachte, in dem
er sich aber keineswegs wohl befand. Er litt unter seiner selbstgewollten
Vereinzelung und machte des öfteren Versuche zur Erweiterung seines
menschlichen Umgangs, um sich alsbald wieder auf sich selbst zurück-
zuziehen [Abb. 50] und in die Arbeit zu flüchten, die sein im Grunde
weiches und eindrucksfähiges Wesen verhärtete und versteifte.

Seiner Herkunft nach ein einfacher Messnerssohn wurde er durch seinen Beruf zum pathetischen Vertreter eines Standes, den er als solchen
negierte. Jesuit durch Erziehung wurde er zum Protestanten aus Empö-
rung, scholastischer Dogmatiker durch Schulung und existenzieller Prag-
matist aus Erfahrung, Theologe durch Tradition und Atheist als Forscher,
Renegat seiner Tradition im Gewande ihres Historikers. Existenziell wie
Kierkegaard mit dem Systemwillen eines Hegel, so dialektisch in der
Methode wie einschichtig im Gehalt, apodiktisch behauptend aus dem
Geiste der Verneinung, verschwiegen gegen andere und doch neugierig
wie wenige, radikal im Letzten und zu Kompromissen geneigt in allem
Vorletzten – so zwiespältig wirkte der Mann auf seine Schüler, die von
ihm dennoch gefesselt blieben, weil er an*⁴⁰ Intensität des philosophi-
schen Wollens alle andern Universitätsphilosophen weit überragte.

Der umgekehrte Aufbruch O. Beckers

Unter Heideggers frühesten Schülern ragte an Reife und Klugheit Dr.
O. *Becker* hervor. Er hatte schon vor dem Krieg sein Studium beendigt
und war gleichzeitig mit mir 1919 zu Husserl nach Freiburg gekommen, wo er unter Heideggers Einfluss geriet. Persönlich war er aber in
allem das Gegenteil unseres Lehrers: verfeinert, gebrechlich, kränklich
und von der Modernität imprägniert. Der Gegensatz sprang sogleich

in die Augen, wenn man ihre beiden Handschriften sah. Heideggers
Schrift bedeckt mit gleichmässigen, disziplinierten, rechtwinklig klaren
und scharf vereinfachten Zügen ohne jedes Schwanken das Blatt. Bek-
kers Schriftzüge fallen haltlos nach allen Richtungen auseinander und
sind ein Sinnbild mangelnder Willensanspannung und Lebenskraft.
Ebenso entgegengesetzt war auch Beckers philosophischer Nazismus
begründet: Er stand mit seiner wirklichen Existenz in keinem unmittelbaren und direkten Zusammenhang, sein »Aufbruch« war nur die
Reaktion auf das Brüchige seines Wesens.

B. stammte aus einem kultivierten und begüterten Haus – sein Vater
war Gutsherr aus der Nähe von Leipzig gewesen – aber diese altbürgerliche [Abb. 51-52] Überlieferung war in ihm schon zu Ende gelebt.
Seine Heirat, bei der ich als Trauzeuge fungierte, war ein Symbol dafür: er vernachlässigte absichtlich alle bürgerlich-christliche Sitte. Eines Morgens ging er mit mir zum Freiburger Bahnhof, um dort einen
Gepäckträger für 5 Mark als den notwendigen zweiten Trauzeugen zu
bitten. Dieser Dienstmann war der Einzige der beim Standesamt im
Frack erschien, während wir unsere gewöhnlichen Strassenanzüge an-
hatten. Eine kirchliche Trauung unterblieb. Das Hochzeitsfest bestand
einfach darin, dass wir das Mittagessen diesmal nicht in der akademischen Mensa, sondern in einem der besseren Restaurants einnahmen.
Dann zogen die beiden in ihre trübe Zweizimmer-Wohnung und führten jahrelang ein akademisch-proletarisches Leben, bis es B. schließlich
gelang, sich bei Husserl zu habilitieren und nach Heideggers Weggang
nach Marburg dessen Assistentenstelle zu erben und später in Bonn
Professor zu werden, wo er noch heute mit wenig Lust und Antrieb
doziert. Seine Frau war, als er sie kennen lernte, ein »jugendbewegtes«,
expressionistisches, sehr unabhängiges Mädchen,*41 schwer neurotisch
und an der Grenze des Willens zum Leben. Anstatt zu essen, rauchte
sie zahllose Zigaretten und trank schwarzen Kaffee. Auch »Danziger
Goldwasser« gehörte zu unsern philosophischen Sitzungen,*42 wo wir
oft täglich bis spät in die Nacht hinein diskutierten und viele schöne
Stunden in einem kleinen Kreis von Freunden verlebten.

B. fiel auf durch seine lange gekrümmte Gestalt, hängende Schultern
und einen merkwürdig schiefen Gang, mit dem er sich halb seitwärts
und schüchtern die Strasse entlang schob. Auf einem langen Hals sass
ein ausnehmend grosser Kopf mit einer hohen und schönen Stirn, von
der eine schmale Nase zu einem weichen, sinnlichen Mund und einem
kleinen schwächlichen Kinn herabführte. Der Blick seiner milden Au-

gen war nachdenklich und resigniert, die Hände zart und ausdrucksvoll, der ganze Mensch sensibel, skeptisch, amoralisch und intelligent.
Robusten Entscheidungen wich er stets aus. Seine Erscheinung war das
Gegenteil von dem Typus eines S.A. Mannes, der ihn später so sehr
begeisterte, dass er selbst gar nicht merkte, wie komisch das war. – B.
las viel und bevorzugte die erotische Literatur der Franzosen; auch an
Kierkegaard interessierte ihn nur das »Tagebuch des Verführers«. Den
Marquis de Sade und Rétif de la Bretonne hatte er ebenso gründlich
studiert wie Plato und Aristoteles. Seine wissenschaftlichen Interessen
waren sehr vielseitig: er beherrschte die Grundlagenfragen der höheren Mathematik und Physik, die er als eine Art ästhetischen Spieles
auffasste; er hatte umfassende Kenntnisse in der Ästhetik und Kunstgeschichte und Freuds Psychoanalyse kannte er wie ein Fachmann. Er studierte auch Sanskrit und Chinesisch. Sein Interesse an der Rassenlehre
war zuerst unpolitisch. Es stand in Zusammenhang mit seiner Neigung
zur Naturphilosophie, zu allem Unbewussten und Triebhaften, das er
im Gegensatz zu Heideggers »Dasein« als das ursprüngliche »Dawe-
sen« begrifflich zu entwickeln versuchte. An Heideggers Vorlesungen
interessierte ihn nur die wissenschaftliche Seite; ihr persönlicher und
pathetischer Anspruch blieb ihm ganz fremd. Was er positiv von ihm
aufnahm, war die Interpretation der griechischen Philosophie, wogen-
gen ihm die christliche Theologie gleichgültig war. Er war mit mir der
Überzeugung, dass Nietzsche der »letzte Philosoph« sei, denn Spengler
habe »in hässlicher Weise recht – aber eben doch recht«. Nach 1933
hatte B. seine Meinung über Spengler geändert: der N.S. galt ihm als
eine Art »Fröhlicher Wissenschaft« und als Überwindung des Nihilismus: darum sei es nun auch mit dem guten Spengler zu Ende – »wir
haben den Verkünder des blinden Fatums satt bekommen und seine
ewigen Kassandrarufe sind uns langweilig geworden« – ein »wir« und
»uns«, das B. vorher niemals gebraucht hatte und welches besagen sollte: wir, die Partei der Jugend, der die Zukunft gehört und die unter
Hitlers Fahnen marschiert. (B. war ungefähr 45 Jahre alt, als er sich
dieser Jugend anschloss.) Flaubert und Baudelaire, Dostojewski und
Kierkegaard, aber auch die um ihr »Selbst« bekümmerte Existenzphilosophie – das sei nun alles glücklicher Weise vorbei, denn man brauche
sich nicht mehr um seine individuelle »Seele« zu bekümmern! Wenn
ein neuer »Typus«, ein*[43] eidos, als Gestalt des Lebens zur Herrschaft
kommt. Unter dem Leben verstand er vorzüglich Nietzsches dionysi-
schen Lebensbegriff aus dem »Willen zur Macht« und unter dem Ty-

pus das, was E. Jünger in seinem 1932 erschienenen Buch: »Die Gestalt
des Arbeiters« dem bürgerlichen Individualismus entgegengestellt hat.
Zwar sei es verkehrt, Nietzsche in jeder Beziehung für den N. S. in Anspruch zu nehmen, aber die Zeit selbst habe ihn doch so ausgelegt, wie
ihn heute die Jugend verstehe, nämlich als einen neuen Anfang, der
zukunftsvoll ist, weil er aus dem christlichen Bereich endgültig heraus-
führe. Der Rhythmus des ewig wiederkehrenden Lebens in Nietzsches
Dionysos-Dithyramben sei identisch mit dem »Willen zur Macht« als
Grundform des Lebens und »man könnte, auf das Heute bezogen, kon-
kret im Sinne der Jugend sagen: auch identisch mit dem Marschrhyth-
mus der braunen Bataillone«! Diesen Übergang von Nietzsches Ge-
dichten zum Marschtritt der S. A. machte nicht etwa ein junger S. A.
Student, sondern der Philosophieprofessor O. Becker – ein Beweis,
dass selbst die subtilste Bildung nicht vor den gröbsten Geschmacks-
verirrungen bewahren kann, wenn der Geist zugunsten von Blut und
Boden abgedankt hat. Aber auch dafür hatte B. im voraus eine wissenschaftliche Rechtfertigung zur Hand, denn die politischen Bewegungen
und Entscheidungen, schrieb er mir 1932 – vollzögen sich grösstenteils
im »Unbewussten« und daher könne man sich nicht wundern, wenn
selbst sehr vorurteilslose und kluge Leute erstaunlich unlogisch und
begriffsstu[t]zig werden, sobald sie auf Politik zu sprechen kommen.

Ein Brief, den mir B. 2 Monate vor dem Umsturz schrieb, ist ein ge-
treuer Ausdruck der allgemeinen Situation der deutschen Intelligenz
unmittelbar vor ihrer Gleichschaltung. Gemeinsam – schrieb er darin – sei uns doch wohl das Gefühl, dass die »bürgerliche Epoche« zu
Ende gehe und etwas Neues kommen müsse. Jaspers' Philosophie des
»Scheiterns« sei der auf seine Weise geradezu klassische Ausdruck für
das Ende des bürgerlichen Ideals der Sekurität. Inmitten dieser durch
Krieg und Inflation beschleunigten Auflösung aller Begriffe und Ord-
nungen sehe er in Hitlers Bewegung die Zukunft, obwohl er das dritte
Reich nicht »realpolitisch« und in der »ziemlich peinlichen Form der
faktischen Partei« verstehe, sondern als »Idee«. Aber selbst der Missbrauch des politischen »Mythus« sei »nicht ganz« zu verwerfen, denn
er bekunde immerhin eine echte Einsicht in die wirklichen Kräfte des
politischen Lebens eines Volkes. – Im übrigen identifizierte B. getreu
der politischen Propaganda jede Art des »Liberalismus« mit dem sog.
»Marxismus«, den er zwar niemals studiert hatte, aber dafür umso
bestimmter für den eigentlichen Feind der deutschen Erhebung hielt
– als hätte nicht gerade Marx das Ende der bürgerlichen Epoche ver-

kündet und auch die Antimarxismen erst möglich gemacht. Wie fast
alle deutschen Akademiker konnte und wollte er nicht begreifen, dass
in Deutschland der »Marxismus« erst im n. s. Anti-marxismus eine
politische Wirklichkeit wurde. Auf meine Erwiderung, dass der N. S.
eine *kleinbürgerliche* Bewegung und ein Aufstand des proletarisierten
Mittelstands sei und also durchaus nicht das Ende der bürgerlichen
Epoche, sondern deren Verpöbelung durch eine massendemokratische
Diktatur, liess er nicht gelten – denn das sei eine »soziologische« Ka-
tegorie, die von Marx herkomme, Hitler habe aber den Marxismus in
Deutschland für immer erledigt.

Die erste Nachricht, die ich von B. nach dem Umsturz erhielt, den er
»Erhebung« nannte, gab der freundschaftlichen Hoffnung Ausdruck,
dass ich als Kriegsteilnehmer*⁴⁴ von der Universität nicht entlassen
werde. Doch sei freilich nicht zu verhindern, dass bei einem solchen
Umschwung »Porzellan zerschlagen werde«. Das »Porzellan« waren die
deutschen Juden. Auf meine scharfe Erwiderung fühlte er sich zu einer
ausführlichen Erklärung genötigt. Er schrieb, mit dem Porzellan habe
er nicht mich gemeint, sondern die wirklich schon Entlassenen und
auch da »nicht eigentlich die Menschen, sondern ihre (jetzt zum Teil
verloren gehende) Leistung für die deutsche Wissenschaft und Kunst«.
Empört könne er über diese Massnahmen nicht sein, denn wenn er
auch nicht behaupten wolle, dass sie ruhmvoll wären, so seien sie doch
unbedingt nötig gewesen, um den ungeheuren Einfluss des Judentums
in der deutschen Kultur zu beseitigen. Wäre es vermeidbar gewesen,
so hätte Hitler »diese Belastung unsrer Aussenpolitik« gewiss nicht auf
sich genommen. Er persönlich habe keinen besonderen Hass auf die
Juden, halte sie aber für eine objektive Gefahr, an deren Ausbreitung
freilich auch die »deutschen Juden« (damit meinte er die Demokra-
ten des Weimarer Systems) viel Schuld hätten. Die Erhebung dagegen
bedeute einen Bruch mit den ökonomischen Mass[s]täben des Marxismus und Liberalismus und zugleich mit dem fatalistischen Glauben an
die endgültige Entgötterung der Welt und den Nihilismus. Die Zeit der
»Destruktion« sei vorbei und »der Führer« – schreibt der empfindlich-
ste Eigenbrötler, den ich jemals kannte – habe mit Recht gesagt: »Ich
nehme Euch die Vergangenheit und gebe Euch die Zukunft!« Und das
sei alles Porzellan der Welt wert!

Der Geist und das Christentum sind in Deutschland ein Anachronismus

Nachdem ich entlassen worden war und in Rom lebte, schrieb mir B. im Februar 1936, er bedaure sehr, dass ich für immer habe Marburg verlassen müssen, und er finde, man habe mich sehr ungerecht behandelt, denn ich hätte mich doch sowohl im Krieg als Soldat wie im Frieden durch meine wissenschaftlichen Leistungen auch um das heutige Deutschland verdient gemacht. Mit dem letzteren meinte er, dass meine philosophischen Arbeiten über die Entwicklung von Hegel bis Nietzsche aus der Erkenntis entsprangen, dass es seit 1830 mit der bürgerlich-christlichen Epoche vorbei sei. Ich hätte doch selber die Selbstauflösung des Hegelschen »Geistes« zum Thema gemacht und er verstünde darum nicht, wieso ich nun doch noch am »Geist« festhalte. – In der Tat war meine eigene Stellung zu der deutschen Entwicklung noch nicht zur völligen Klarheit gekommen, und erst mein Buch über Burckhardt (1935/36) machte mich frei von Nietzsche und den Folgen des deutschen Radikalismus. Für B. war der Fall bereits im neudeutschen Sinn erledigt. Der *Geist* – schrieb er – sei als letzte Instanz der Philosophie »in Deutschland« ein »*Anachronismus*«, und dies sei legitim als Folge des letzten Jahrhunderts. Erst jetzt sei das klar erkannt. Und ebenso wie mit dem Geist sei es auch mit dem *Christentum* nun offensichtlich zu Ende. Die heutige Jugend »ringe« nicht mehr mit Gott oder um den Glauben, für sie sei Christus überhaupt kein Problem, sie hasse ihn auch nicht, er sei ihr vielmehr völlig gleichgültig; denn das Christentum sei de facto erledigt – was übrigens heute auch Heideggers Meinung ist. Aber auch über Heideggers »Nichts« rege sich ausser »einigen älteren Herrschaften« niemand mehr auf, man erinnere sich der nihilistischen Epoche (B. datierte sie von 1929-33) nur noch wie eines längst Verstorbenen, d. h. selten und ohne Affekt. Der Grund sei, dass ein »neuer Glaube« erkämpft worden sei, und zwar ohne Kontinuität mit dem jüdisch-orientalischen Christentum: der »einfache und schlichte« und darum auch unanalysierbare Glaube an ... Deutschland! Auf dialektische Subtilitäten und Analysen lasse man sich nicht ein – das täten nur solche, die noch immer »zwischen den Zeiten« stehen, schrieb mir voller Zustimmung und Befriedigung O. Becker, dessen ganze geistige Existenz aus solchen »Subtilitäten« bestand. Und wenn ich versuchen wollte, auch heute noch mit den erprobten Methoden der Destruktion die Hörer zu fesseln, so würde ich kein Glück damit haben, denn die

Schlösser der menschlichen Seele seien über Nacht geändert worden und mein Schlüssel würde nicht mehr aufschliessen. Deutschland sei »erwacht« aus der nihilistischen Nacht und die Jugend habe den Sprung aus dem ganzen christlichen Bereich »in irgend etwas Altes, Naturhaftes und Heidnisches« getan. Dieses neue deutsche Heidentum habe auch nicht mehr wie bei Nietzsche ein mythisches Kostüm, sondern die sehr gegenwärtige Uniform des S.A. Mannes mit Stahlhelm und Gewehr. Die reissende Zeit habe seit Nietzsche das Christentum samt dem Geist aufgefressen. – Bedeutsam sei in einer solchen Zeit nicht was der Einzelne tut und denkt, sondern ob er ein Exponent der Bewegung ist, hinter welcher der Glaube der deutschen Jugend steht. Als ich B. meine kritische Besprechung eines neu erschienenen Buches des n.s. Philosophen H. Heyse (Idee und Existenz, 1936) zuschickte, erwiderte er mir, ich dürfe ein solches Buch nicht im einzelnen kritisieren, man müsse es vielmehr als Ausdruck einer veränderten Zeit nehmen, denn auch Heyse sei nur ein »einfacher Soldat« in der deutschen Front. Was ich an solchen Büchern als primitiv empfände, sei vielmehr elementar, und gerade der Verlust an Problemen sei der wesentliche Gewinn der neuen, n.s. Denkweise. Verloren gegangen seien aber vor allem die Fragen nach der individuellen Existenz oder – religiös gesprochen – das Interesse am Seelenheil. Augustins »quaestio mihi factus sum«[*45], das sage heute niemand mehr, wohl aber frage man nach den naturhaften Grundlagen des völkischen Lebens: nach Erde, Rasse, Landschaft und Blut. Auch die philosophische Leistung von Heidegger und Jaspers müsse man nach rassischen Gesichtspunkten betrachten. In Jaspers' Philosophie der »Existenz« und »Transzendenz« lebe als echter Beweggrund »die nordische Einsamkeit und der Zug ins endlos Weite und unermesslich Tiefe«, es sei ihr aber versagt, das zu fassen was die deutsche Gegenwart in erster Linie bewegt. Dies sei erst Heyse gelungen, und ihm, »dem Vorkämpfer nordischen Geistes in der deutschen Philosophie,« widmete B. in einem Heft der Zeitschrift für Rassenkunde eine überschwängliche Rezension, was freilich nicht hinderte, dass die Zeit auch dieses bombastische Machwerk schon in einem Jahre gefressen hatte.[18] Über Heideggers rassische Zugehörigkeit war sich B. nicht recht im Klaren, doch meinte er, dass hier eine unglückliche Vermischung echt nordischer Züge mit einem »vorderasiatisch-dinarischen« Einschlag vorliegen müsse.

Ein Aufsatz von 1938, der in der Zeitschrift »Rasse« über »Nordische Metaphysik« erschien – es war das die letzte Zusendung, die ich von B. erhielt – beginnt mit der kühnen Behauptung: Metaphysik sei »ausschliesslich« eine nordische Möglichkeit und »nordisches Schicksal«, des Einzelnen, der Rasse, des Volks. Metaphysik sei daher nichts anderes als »Ausdruck nordischer Welthabe«. Ihre charakteristischen Eigenschaften sind daher die der nordischen Seele, die B. (im Anschluss an F. Clauss, der gleichzeitig mit uns bei Husserl studiert hatte) folgendermassen beschreibt: »Unendliche Blicktiefe, Ausgriff ins endlos Weite und unergründliche Tiefe. Verabscheuung der platten und glatten Übersichtlichkeit endlich vor uns liegender Gestaltung, Misstrauen gegen alle ›endgültig erledigten Fragen‹. Liebe zum freien Luftraum, dem abgestuften Blau der Ferne, zu Sturm und Sturmflut, die immer von neuem alles aufwühlt und alle Grundmauern untergräbt. Dabei aber einen unbändigen Willen zu klarer Leistung, die sich an der Sache selbst vollzieht und den Klang leerer Worte hasst, an denen sich vielleicht der Mittelländer berauscht. Nicht um ein gewaltiges Schauspiel darzubieten, bauten die grossen griechischen und deutschen Metaphysiker ihre Gedankengebäude, sondern um die ersten und letzten Dinge zu erforschen, wie sie sind.« (Es folgt ein Zitat aus Heraklit, »des alten nordischen Denkers aus frühgriechischer Zeit«.) Am Schluss wird dann das nordische Schicksal mit dem christlichen Sündenbewusstsein verglichen: »Hier Über-Mut (Hybris) und Verblendung (Ate) – dort das Sündigenkönnen (posse peccare), ja das Nicht-anders-als-sündigen-Können (non posse non peccare). Nordisches Schicksal ist: Frevel und Untergang; wissend in den Tod gehen. Wählen des eigenen Geschicks, nach dieser ersten Grundentscheidung unverbrüchlicher Treue zu sich selbst. Ehrenhafter Tod auch für den tapferen Frevler. Vorderasiatisches Schicksal ist gegeben durch ›Prädestination‹. Es ist von Gott vorausbestimmt, wer sündig und verdammt, wer begnadet und gerettet wird. Unentrinnbare ewige Verdammnis, Zerknirschung und vergebliche Reue. Qual ohne Ende und Schande der Verworfenen. – Die Erlösung durch Christus wird erst auf diesem Hintergrunde als Ausnahme sichtbar.« Leider sei es aber den Germanen (man stelle sich O. Becker als frevelnden Germanen[*46] vor!) nicht vergönnt gewesen, ihre Philosophie rein ihrer Art gemäss aufzubauen. Sie erlagen der christlichen Bekehrung und so ist die abendländische Geistesgeschichte erfüllt vom Kampf mit dem »vorderasiatischen (jüdisch-christlichen) Gift«. Aber das Deutsche sei nicht Germanisches in christlicher Prägung, sondern nur unter christlicher Maske, und diese Fassade verblasse nun zum Heile des deutsch-germanischen Wesens, an dem Europa genesen muss

– ob es will oder nicht. Denn entweder gelinge es dem N. S. diese ab-
gestorbene Welt zu erneuern, oder es sei mit Deutschland und Europa unwiderruflich vorbei. Diese typische Alternative der durch Krieg,
Inflation und Revolution radikalisierten heutigen Deutschen habe ich
genau so von dem Germanisten H. Naumann vernommen; auch er
setzte alles auf die *eine* übrig gebliebene Karte, in dem Bewusstsein,
dass andernfalls alles verspielt sei. Desgleichen beteuerte E. Bertram in
seiner Rede »Der deutsche Aufbruch«: wenn *dieser* Kampf missglücke,
den Deutschland nicht nur für sich, sondern für die ganze Europawelt
schlage, so würde das bedeuten »das Ende der weissen Welt, das Chaos oder den Termitenplaneten«. Ebenso heisst es bei Heyse: »Verfehlt
das Reich seine Berufung, so gibt es kein Volk mehr, das den tiefsten
Sinn der Geschichte zu retten vermöchte«. Und mit einer mehr skeptischen Wendung schrieb E. Jünger, man müsse den nihilistischen Akt
des Krieges, dessen Resultat die Auszehrung des Europäischen war, bis
zu seinem notwendigen Endpunkt führen, und nur an das »was übrig
bleibt« sei die deutsche Hoffnung geknüpft. (Das abenteuerliche Herz,
Berlin 1929, S. 186 ff.)
Nicht minder bezeichnend wie Beckers nordische These, die er so
apodiktisch als die neue Weltanschauung vertritt, ist aber, dass er in seinen privaten Äusserungen keineswegs abstritt, dass die ganze Kulturpolitik des dritten Reichs »die schwächste Seite« der deutschen Erneuerung
sei. Es sei – schrieb er mir 1936 – auch wenig Aussicht vorhanden, dass
sich das ändern könne, denn es fehle die überragende Persönlichkeit, die
diese Aufgaben meistern könnte, und alles was über die Organisations-
fragen hinausgehe, bleibe ein ungelöstes Problem. Der Kultus-Minister
Rust sei durchaus »dürftiges Mittelmass«, Krieck ein »süffisanter Idiot«,
der Rassenforscher Günther eine »Scheingrösse« und alles andere als
ein Forscher, Baeumler sei noch der relativ Fähigste. – Sowohl die Zustimmung zum N. S. im Ganzen wie die Ablehnung gerade in dem, was
einen beruflich angehen musste, begegnete mir immer wieder. Man
anerkannte, was der N. S. Positives geleistet, unter Abstraktion von den
»schwächsten Seiten«, für die man selber zuständig war. Frug man etwa
einen Künstler, so hiess es: mit der neuen »arteigenen« Kunst sei es freilich sehr kläglich bestellt – »*aber*« die neuen Autostrassen seien gross-
artig und der wirtschaftliche Aufschwung enorm. Und so tröstete sich
auch die akademische Welt mit den Fortschritten ausserhalb dessen, was
sie allein zu verantworten hatte und beurteilen konnte.
Als 1936 mein Buch über Burckhardt erschien, schrieb mir B. dar-

über, es sei zwar viel Schönes, Amüsantes und Nettes bei Burckhardt
zu finden, aber im Grunde sei er doch nur ein »Meckerer von Format«.
Apolitie und altbürgerliche Kultur, das sei zwar recht sympathisch;
auch er*47 habe manchmal davon geträumt, nicht in Leipzig, sondern
in Basel geboren zu sein, um ein vom Wandel der Ereignisse unberühr-
tes Patrizierdasein zu führen, aber das seien Vergangenheiten und nicht
einmal Wünschbarkeiten. Er selbst habe von seinem 18. bis 25. Jahr
ein ähnliches Leben geführt – bis zum 1. August 1914. Und er müsse
hinzufügen, dass er sich nie so unglücklich gefühlt habe als gerade in
dieser Zeit vor dem Krieg.

Aus diesem Bekenntnis spricht noch am ehesten der echte Becker zu
mir, der freilich nicht weiss, dass das neudeutsche Pathos seiner nach-
hitlerschen Rezensionen aus seinem Munde eine »lebenernährende Illusion« ist, um mit Nietzsche zu sprechen.

Beckers Stellung zur Judenfrage

Was B.s persönliches Verhältnis zu mir betraf, so versicherte er mir wiederholt, dass es sich »natürlich« nicht verändert habe durch die öffentlichen Ereignisse. Er sei stets bereit, »die Tatsache meiner teilweise jüdischen Abstammung nicht weiter zu betonen« (er war irrtümlicherweise
der Ansicht, ich sei nur ein 50 %[ig]er Jude, während ich es faktisch zu
drei Vierteln bin und das arische Viertel wegen der illegitimen Herkunft meines Vaters nicht nachweisen konnte und auch nie nachweisen
wollte.) Er fühlte sich zu dieser liberalen Auffassung berechtigt, weil
ich selber vor Hitler mein Judentum niemals betont hatte und mich als
Deutscher empfand.*48 Mein Vater war seinem ganzen Wesen und Aussehen nach ein urdeutscher Mann, meine Freunde waren zum geringsten Teil Juden, meine Frau eine Deutsche, und ein Zusammenhang
mit den Verwandten meiner Mutter war für mich kaum noch vorhanden. Ich lebte ganz und gar von der »Emanzipation« und mein Instinkt
war gegen Juden empfindlicher als bei vielen naiven Germanen. Becker
aber verneinte gerade das prinzipiell, worauf ich von Anfang an stand:
die Emanzipation der Juden zum Deutschtum. Er wollte zwar das Verhältnis zu mir unverändert bewahren, aber zugleich verneinte er ganz
entschieden jedes Verhältnis zum Juden. Er schrieb mir nach Japan:
»Vielleicht haben auch noch die heutigen deutschen Juden ein, wenn

auch feindliches Verhältnis zum Deutschtum; aber der heutige Deutsche hat gar kein Verhältnis zum Juden, weder ein feindliches noch ein freundliches, sondern sie sind ihm jetzt (d. h. nach der ›Entjudung‹) vollkommen gleichgültig!« Der Kampf gegen das Judentum sei erledigt und könne niemand mehr interessieren. Er werde auch nicht die von mir empfohlenen Bücher von Kahler und Plessner (zwei jüdischen Emigranten) lesen. Sie seien vielmehr mit Recht zu verbieten, denn es sei politisch ganz unsinnig, »Zweifel in die Seele des Deutschen zu tragen!« Das alles schreibe er mir, weil *ich* ja kein »Emigrant« sei, sondern ein von den generellen Gesetzen nur mitbetroffener Halbjude, der als solcher wohl beide Seiten verstehen könne. – So selbstverständlich war dem Gelehrten B. die politische Zoologie der Rassenprozente geworden. Irgendeine allgemein menschliche Überlegung in Bezug auf die Judenfrage liess er nicht aufkommen, denn die sei »trivial«. Es machte ihm nicht die geringsten Schwierigkeiten zu trennen zwischen seinen »persönlichen« Beziehungen zu Juden und den »sachlichen« Notwendigkeiten der n. s. Politik, auf die er sich teils als »Idee« und teils als »Faktum« – je nach Bedarf – berief. Und so konnte er auch niemals verstehen, wieso ich mich nach der deutschen »Erhebung« auf die Seite der Erniedrigten stellte und warum ich eine völlige Gleichgültigkeit gegen das Schicksal der Juden feindlicher als den persönlichen Hass eines Hitler oder Streicher empfand. Das blieb ihm ein Rätsel, das er mit den Prozenten nicht auflösen konnte. Und doch war B. gerade in diesem Punkt nur einer unter Tausenden »schlichten« Deutschen, die ihre prinzipielle Gegnerschaft gegen die Juden mit ihren jüdischen Freundschaften durch eine billige Trennung verbanden. Ein Brief von 1937 beschloss unsere philosophische und freundschaftliche Korrespondenz, wennschon nicht die Erinnerung an jene Freiburger Jahre, in denen wir täglich zusammen waren und einen lebendigen Austausch hatten, der weder für mich noch für B. sich ein zweites Mal wiederholt.

Ich habe in diesen Freiburger Jahren nach dem Krieg einen Lehrer und manche Freunde gewonnen, die ich aus aus meinem heutigen Leben nicht ausstreichen kann. Es war äusserlich eine Zeit der Not, voller Unsicherheit, Bedrängnis und Unruhe, aber zugleich der grössten Aufgeschlossenheit, Zwanglosigkeit und Selbständigkeit, in der sich die jungen Menschen noch selbst ihren Weg suchten und die Individualitäten sich fanden. Man war vom Kriege zurückgekehrt, begierig nach geistiger Nahrung, die wir in den Universitäten, trotz all ihrer Mängel, nach eigenem Ermessen auch fanden. Auch Heidegger bekannte mir später einmal, er habe kein zweites Mal einen solchen Kreis von Schülern gehabt. Wir waren *die letzte freie Studentengeneration*, die noch nicht nivelliert und auf ein rasches Examenmachen eingestellt war. Unsre Väter konnten uns noch ein Studium ermöglichen, das dieses Namens wert war. Mit der Inflation wurde das anders. Die Universitäten bekamen massenhaften Zustrom, weil sie ein relativ billiger, mit vielen Ermässigungen und Unterstützungen gepflasterter Ausweg aus der bevorstehenden Erwerbslosigkeit waren. [Abb. 53] Als ich mich 1928 in Marburg habilitierte, gab es zwar auch noch eine erfreuliche Anzahl Studenten, denen es um sich selbst und die Sache ging, aber die Mehrzahl war schon ein akademisches Proletariat und als solches ein geeigneter Boden für die politische Zwangsnivellierung. Der zahlenmässige Zuwachs wurde ein Gradmesser der Einebnung, weil die Ansprüche der Lehrer an die Studenten proportional der Vermassung des Unterrichts nachliessen.

Mein letztes Wiedersehen mit Husserl in Freiburg 1933 und mit Heidegger in Rom 1936

Als ich 1933 das letzte Mal für zwei Tage in Freiburg war, besuchte ich Heideggers Vorlesung. Er analysierte gerade verschiedene Weisen des Schweigens, auf die er sich selber vortrefflich verstand. Er lud mich zum Abendessen in sein Haus ein; seine Frau war nicht anwesend. Unser Gespräch vermied alle heiklen Punkte und beschränkte sich auf die Frage, ob ich Marburg aufgeben und eine Chance in Istanbul wahrnehmen sollte. Er bot mir an, in seinem Hause zu übernachten und schien sich etwas zu wundern, als ich sein Anerbieten nicht annahm und statt dessen zu einem ehemaligen Studienfreund ging, der Dozent der medizinischen Fakultät war. – Tags darauf besuchte ich Husserl. Heidegger hatte sich völlig von ihm geschieden und war seit dem Umsturz nicht mehr bei seinem »väterlichen Freunde« (das war die stereotype Anrede seiner Briefe gewesen) erschienen. Husserl war milde und gefasst in seine Arbeit vertieft, aber im Innern getroffen durch das[*49] Verhalten seines Schülers, der ihm die Nachfolge auf den Freiburger Lehrstuhl verdankte und nun Rektor der Universität war.

Als ich 1936 in Rom war, hielt Heidegger dort im italienisch-deutschen Kulturinstitut einen Vortrag über den Hölderlin. Er ging nachher mit mir in unsere Wohnung und war dort sichtlich betroffen von der Dürftigkeit unserer Einrichtung. Vor allem vermisste er meine Bibliothek, die noch in Deutschland war. Am Abend begleitete ich ihn zu seinem Absteigequartier in der Hertziana, wo mich seine Frau mit steif-freundlicher Zurückhaltung begrüsste. Es war ihr wohl peinlich sich zu erinnern, wie oft ich früher in ihrem Hause zu Gast gewesen [Abb. 54-56] war. Zum Abendessen hatte uns der Direktor des Instituts ins »Osso buco« eingeladen und man vermied politische Themen. Tags darauf unternahmen meine Frau und ich mit H., seiner Frau und seinen zwei Söhnen, die ich als Kinder oft behütet hatte, einen Ausflug nach Frascati und Tusculum. Der Tag war strahlend und ich freute mich über dieses letzte Zusammensein trotz unvermeidlicher Hemmungen. H. hatte selbst bei dieser Gelegenheit das Parteiabzeichen nicht von seinem Rock entfernt. Er trug es während seines ganzen römischen Aufenthalts und es war ihm offenbar nicht in den Sinn gekommen, dass das Hakenkreuz nicht am Platz war, wenn er mit mir einen Tag verbrachte. Wir unterhielten uns über Italien, Freiburg und Marburg und auch über philosophische Dinge. Er war freundlich und aufmerksam, vermied aber gleich seiner Frau jede Anspielung auf die deutschen Verhältnisse und seine Stellung zu ihnen. Auf dem Rückweg*⁵⁰ wollte ich ihn zu einer freien Äusserung darüber veranlassen. Ich brachte das Gespräch auf die Kontroverse in der Zürcher Zeitung (siehe Seite 49 [= hier S. 42]) und erklärte ihm, dass ich sowohl mit Barths politischem Angriff wie mit Staigers Verteidigung nicht übereinstimmte, weil ich der Meinung sei, dass seine Parteinahme für den N. S. im Wesen seiner Philosophie läge. H. stimmte mir ohne Vorbehalt bei und führte mir aus, dass sein Begriff von der »Geschichtlichkeit« die Grundlage für seinen politischen »Einsatz« sei. Er liess auch keinen Zweifel über seinen Glauben an Hitler; nur zwei Dinge habe er unterschätzt: die Lebenskraft der christlichen Kirchen und die Hindernisse für den Anschluss von Österreich. Er war nach wie vor überzeugt, dass der N. S. der für Deutschland vorgezeichnete Weg sei; man müsse nur lange genug »durchhalten«. Bedenklich schien ihm bloss das masslose Organisieren auf Kosten der lebendigen Kräfte. Der destruktive Radikalismus der ganzen Bewegung und der spiessbürgerliche Charakter all ihrer »Kraft durch Freude«-Einrichtungen fiel ihm nicht auf, weil er selbst ein radikaler Kleinbürger war. – Auf meine Bemerkung, dass ich zwar Vieles an seiner Haltung verstünde, aber eines nicht, nämlich, dass er sich an ein und denselben Tisch (in der »Akademie für deutsches Recht«)

setzen könne mit einem Individuum wie J. *Streicher*, schwieg er zunächst. Schliesslich erfolgte widerwillig jene bekannte Rechtfertigung (K. Barth hat sie in seiner »Theologischen Existenz heute« vortrefflich zusammengestellt), die darauf hinauslief, dass alles »noch viel schlimmer« geworden wäre, wenn sich nicht wenigstens Einige von den Wissenden dafür eingesetzt hätten. Und mit bitterem Ressentiment gegen die »Gebildeten« beschloss er seine Erklärung: »Wenn sich diese Herren nicht zu fein vorgekommen wären um sich einzusetzen, dann wäre es anders gekommen, aber ich stand ja ganz allein«. Auf meine Erwiderung, dass man nicht gerade »fein« sein müsse, um eine Zusammenarbeit mit Streicher abzulehnen, antwortete er: über Streicher brauche man kein Wort zu verlieren, »der Stürmer« sei doch nichts anderes als Pornographie. Warum sich Hitler nicht von diesem Kerl befreie, das verstünde er nicht, er habe wohl Angst vor ihm. – Diese Antwort war typisch, denn nichts fällt dem Deutschen leichter als in der Idee radikal zu sein und in allem Faktischen[51] indifferent. Sie bringen es fertig, *alle einzelnen Fakta* zu ignorieren um an ihre[m] *Begriff vom Ganzen* umso entschiedener festhalten zu können und die »Sache« von der »Person« zu trennen.[19] In Wirklichkeit war aber das Programm jener »Pornographie« im November 1938 restlos erfüllt und eine deutsche Realität und niemand kann leugnen, dass Streicher und Hitler gerade in diesem Punkt eins sind.

Auf die Übersendung meines Buchs über Burckhardt erhielt ich ebensowenig wie auf das ein Jahr zuvor erschienene Nietzschebuch je eine Zeile des Dankes oder gar eine sachliche Äusserung. Von Japan aus schrieb ich noch zweimal an Heidegger, das erste Mal wegen einer ihn selbst betreffenden Übersetzung von »Sein und Zeit« ins Japanische, das zweite Mal wegen einiger seltener Schriften[52], die ich ihm in Freiburg geschenkt hatte und nun vorübergehend benötigte. Auf beide Briefe[53] antwortete er nur noch durch Schweigen. So endete meine Beziehung zu dem Mann, der mich 1928 als den ersten und einzigen seiner Schüler in Marburg habilitiert hatte.

1938 starb Husserl in Freiburg. Heidegger bezeugte die »Verehrung und Freundschaft«, mit der er 1927 Husserl sein Werk gewidmet hatte, dadurch dass er kein Wort des Gedenkens oder der Teilnahme verschwendet oder gewagt hat, weder öffentlich noch privat, weder mündlich noch schriftlich. Desgleichen hat sich Becker, der seine ganze philosophische »Existenz« – von der Habilitation bis zur Berufung nach Bonn – Husserl verdankte,[54] der Verlegenheit durch Nichtreagie-

ren entzogen, aus dem »schlichten« Grund, weil sein Lehrer ein entlassener Jude war und er ein*⁵⁵ beamteter Arier. Dieser Heroismus war
seit Hitler zum üblichen Verhalten der Deutschen geworden, die ihre
Position einem deutschen Juden verdankten.*⁵⁶ Wahrscheinlich haben
aber Heidegger und Becker selbst ihr Verhalten nur als »ehrlich« und
»folgerichtig« empfunden, denn was sollten sie auch in ihrer Verlegenheit anderes tun?

Meine Freunde aus der Freiburger Studienzeit

Die Verbindung mit den in Freiburg gewonnenen Freunden – die meisten waren jünger als ich und nicht im Kriege gewesen – ist, im Laufe der Zeit und mit der Entfernung immer dünner geworden. Ich bin
jetzt nur noch mit zweien davon in Korrespondenz: mit W. Marseille
und Afra Geiger, die beide nicht mehr in Deutschland sind. *Marseille*, der bei Heidegger promoviert hatte und Psychoanalytiker wurde,
hat Deutschland aus freien Stücken – er war weder rassisch noch politisch belastet – schon 1933 verlassen. Er ging nach Wien und heiratete
dort,*⁵⁷ höchst unzeitgemäss, eine Jüdin. Ich habe ihn das letzte Mal
1934 auf dem Prager Kongress gesehen. Wir waren in Freiburg beide
mit *Afra Geiger* befreundet, die ihr Studium nicht vollenden konnte
und in einem Berliner Geschäft eine Anstellung [Abb. 57-58] fand. Da
ihr Chef Jude und sie Halbjüdin war, mussten sie Deutschland verlassen
und das Geschäft nach Holland verlegen, wo sie zahlreiche emigrierte
Verwandte zu unterstützen haben. – *G. Walther*, ein leidenschaftliches
Mädchen von dänischer Herkunft, war 1919 bei Husserl Privatsekre-
tärin. Sie hat sich später der Parapsychologie, dem Mediumismus und
Horoskopstellen ergeben. Sie ist mir seit 1931 nicht mehr begegnet. –
Der*⁵⁸ Pietist *M. Thust*, der ebenfalls bei Husserl studierte, ist nach der
Veröffentlichung eines ausgezeichneten Kierkegaardbuches in Schlesi-
en Pfarrer geworden. – *H. Besseler* hat sich in Freiburg für Musikwis-
senschaft habilitiert und wurde Professor in Heidelberg. Ich sah ihn
zuletzt 1935 in Rom. Er ist nicht der vielversprechende Jüngling geblieben und auch nicht gereift, sondern in seiner Entwicklung stecken
geblieben durch Ehrgeiz und frühzeitige Einordnung in den Betrieb.
Sein Gespräch mit mir über die deutschen Verhältnisse war konventio-
nell und verantwortungslos, er glitt über alle ernsteren Fragen hinweg

und ich habe damals die schöne Zeit unseres fast täglichen Austausches für immer ad acta gelegt. – *F. Kaufmann*, ein älterer Husserlschüler, der sich in Freiburg habilitiert hatte, war Jude und hat Deutschland verlassen. Er war der Typus des rigoros ethischen, naturfremden Juden, sehr gebildet, diszipliniert und gepflegt. – *Ch. Grosser* hat schon vor 1933 ihre schöne, aber gebrochene Seele im Glauben der katholischen Kirche geborgen. Ihre letzten Nachrichten kurz nach dem Umsturz deuteten an, dass ihre »Papiere in Ordnung« seien, das sollte wohl heissen, dass ihre halbjüdische Abstammung offiziell unbekannt war. Sie ist am Ende ihres leidvollen Weges, der sie von Buschor und der griechischen Archäologie zur Theologie K. Barths führte, vermutlich im stillen Dunkel eines Klosters für weltliche Augen verschollen. Die Geschichte ihres innern Lebens war eng mit den Nöten der Zeit verbunden.

Die äusseren Ereignisse von 1919 bis 28 lassen sich kurz durch das Universitätsstudium, die Promotion 1923, durch die Inflation und die Annahme einer Hauslehrerstelle auf einem Gut in Mecklenburg (1923/24), die Flucht aus der Zeit nach Italien (1924/25), die Rückkehr nach Marburg (1925) und die Wartezeit bis zur Habilitation (1928) festlegen.

Die Auszehrung alles Bestehenden durch die Inflation

Als ich 1922 meine Doktorarbeit in Angriff nahm, war Heidegger noch Privatdozent, weshalb ich nicht bei ihm promovieren konnte. Ich ging nach München und reichte meine Arbeit bei M. Geiger ein. Deutschland stand damals im Zeichen einer allgemeinen Entwertung, nicht nur des Geldes, sondern sämtlicher Werte, und die n. s. »Umwertung« ist eine Folge davon. Die Inflation war nach dem Kriege das zweite grosse Geschehen, das die Bedingungen für den Umsturz schuf: durch die Auszehrung alles Bestehenden und die daraus folgende Radikalisierung des sozialen und politischen Lebens. Sie war das Ende der bürgerlichen Sekurität und der Verlust des bürgerlichen Besitzstandes, in einem Vabanquespiel, bei dem nur der Staat gewann. Es gab kaum eine deutsche Familie, deren Fundamente nicht unterhöhlt oder weggeschwemmt wurden. Mein Vater verlor in wenigen Monaten die Ersparnisse von vier arbeitsreichen Jahrzehnten, in denen er sich vom hungernden Stipendiaten zum bürgerlichen Wohlstand heraufgearbeitet hatte. Er verlor den Erlös für die nach dem Kriege verkaufte Villa am Starnber-gergsee, die Mitgift seiner Frau, die Lebensversicherung für sie (weil er nicht mehr in der Lage war, die Prämien weiter zu zahlen) und die deutsche Kriegsanleihe, für die er grosse Beträge gezeichnet hatte. In seinem Nachlass fand ich ein Päckchen, das 30 Stück der braunen Tausendmarkscheine enthielt; er hatte sie aufgehoben in dem naiven Glauben, dass sie vielleicht doch noch einmal ihren nominellen Wert haben würden. Ich brachte sie zu einer Bank, die sie mir für je 10 Pfennige Sammlerwert abnahm. Ich selbst hatte von meinem Grossvater 30 Tausend Mark geerbt, die in Aktien angelegt waren, welche am Ende der Inflation noch ganze 3 Mark wert waren. Mein Monatsgehalt als Hauslehrer in Mecklenburg betrug einen Zentner Roggen, [Abb. 59] dessen Geldeswert sich aber schon kurz nach der Auszahlung auf etwa fünf Zigarren belief. – Zugleich hatten sich die sozialen Verhältnisse völlig verändert. Alte und wohlsituierte Familien waren mit einem Schlage verarmt und junge Habenichtse waren durch Bankspekulationen zu grossen Vermögen gekommen. Die Käufer der Bilder meines Vaters waren nicht mehr die reichen Kommerzienräte der wilhelminischen Aera, sondern Grossindustrielle, Spekulanten und Schuhfabrikanten, die ihr Geld in Sachwerten anlegen wollten. Selbst der vierjährige Krieg hat weniger auflösend auf die Moral und das gesamte Leben gewirkt als dieser rasende Wirbel, der die Menschen täglich von neuem bodenlos machte und bei den jüngeren einen verzweifelten Wagemut und die Skrupellosigkeit grosszog. Erst in diesem grotesken Ereignis wurde auch die wahre Bedeutung des Kriegs offenbar: die völlige Verausgabung und Destruktion, deren Resultat die Nullen der Inflationszeit und des 1000jährigen Reiches sind. Ich erinnere mich eines W.C., wo Billionenscheine anstelle von Klosettpapier hingen. Die Tugenden des deutschen Bürgertums wurden damals hinweggeschwemmt und dieser schmutzige Strom trug die Bewegung, die sich um Hitler formierte.

Als Hauslehrer in Mecklenburg

In dieser Zeit bewarb ich mich, um meinem Vater nicht weiter zur Last zu fallen, um eine Hauslehrerstelle im Norden. Einige Erfahrungen besass ich schon, denn ich hatte meine Freiburger Studienzeit ein Semester lang unterbrochen, um im nahegelegenen Baden-Baden im Hause eines jüdischen Grossindustriellen dessen zwei Söhne zu unterrichten.

Jetzt gab mir Schloss Kogel*⁵⁹ zum ersten Mal einen Einblick in die Verhältnisse des norddeutschen Landadels. Man lebte dort noch wie vor hundert Jahren im Stil einer kleinfürstlichen Hofhaltung, mit vielen livrierten Dienern und einem zahllosen Küchenpersonal. Die Zeit verging mit einem perpetuum mobile von gegenseitigen Einladungen aus allen benachbarten Gütern. Die Anlässe zu diesen Festlichkeiten waren Geburten [Abb. 60-61] und Todesfälle, Verlobungen, Heiraten und Taufen, Jagden und Reittourniere. Die Geschäfte besorgte ein Gutsdirektor. Er, seine Sekretärin und ich waren die einzigen Bürgerlichen, ausser uns gab es nur Fürsten und Barone, Grafen, Kammer- und Freiherren, mit ihren diversen Hausorden. Vor den Mahlzeiten dankte man Christus für das »tägliche Brot«, was aus Honigwaben, Aalen, Gänsebrust, riesigen Karpfen, Braten und Torten bestand. Die Bibliothek des Schlosses war weniger reich: der Gothaer Adelskalender und einige Ullsteinromane nebst einem Band Schiller und Körner war alles, was ich vorfand. Zum eisernen Bestand eines jeden Gastzimmers gehörte ein protestantisches Gesangbuch und die Kreuzzeitung. Merkwürdigerweise hatte man an meinem jüdischen Namen beim Engagement keinen Anstoss genommen, es genügte, dass ich nicht aus Berlin, der verhassten Judenstadt, und von protestantischer Konfession war. Für Hitler hatte man nur ein sehr distanziertes Interesse, in der Hauptsache war man monarchistisch und antikatholisch. Vormittags unterrichtete ich einen 13jährigen Knaben, im übrigen war ich ganz frei und genoss die Schönheit des Gutes, wo man inmitten der Inflation im Überfluss lebte und die Steuern eines Jahres mit dem Verkauf eines Ochsen bestritt. Als ich Kogel nach dreiviertel Jahren verliess, fuhr ich nach München und ordnete dort meine Sachen für die Reise nach Rom.

Die Flucht aus der Zeit nach Italien

Mit dem Besteigen des Zugs nach Verona liess ich Deutschland, die Inflation und die Politik hinter mir. Ich lebte auf und kam im Süden im »anno santo« zu mir. Ch. Grosser hatte mir ihre Stelle in einem Buchladen vererbt, so dass ich fürs nächste auskommen konnte; später schickte mir ein freundlicher Onkel Geld. Ich genoss in vollen Zügen das anspruchslose und heitere Leben in Rom, wo ich in einer kleinen Pension nahe bei St. Peter im »Borgo pio« wohnte. Deutschen Verkehr

fand ich im archäologischen Institut, dessen erster Assistent, Dr. Lehmann-Hartleben, ein ausgezeichneter Kenner von Rom, Pompei und
[Abb. 62-65] Ostia war. Sein gastliches Haus stand allen anwesenden
und durchreisenden Deutschen offen. Ich habe ihn nach Hitler abermals mit seiner Familie in Rom getroffen, wo er nun ein Mittelpunkt
der emigrierten Akademiker war. Er hatte 1924, dank seiner Energie
und Tüchtigkeit im deutschen Institut eine glänzende Rolle gespielt,
1934 konnte er die Bibliothek und die Räume des Instituts nur noch
dank der besonderen Grosszügigkeit des Direktors L. Curtius benutzen.
– Im April 1925 reiste ich nach Sizilien, wo ich in Palermo die Freude
hatte, den italienischen Arzt G. Naccari wiederzusehen, der mir zehn
Jahre zuvor im Kriegslazarett von Tai di Cadore das Leben gerettet hatte. Dann übersiedelte ich nach Florenz und mietete mir ein Zimmer bei
einem Steinmetz in Settignano. Von meinem Fenster aus sah ich über
die Olivenhügel und Zypressen hinab auf die schöne Kuppel des Doms
und den schlanken Campanile. Neben meiner Arbeit für die Habilitation genoss ich täglich von früh bis abends die Schönheit des Daseins in
dieser toskanischen Umwelt, wo alles klar, bestimmt und durchsichtig
war. Mittags ass ich im katholischen Pfarrhaus des Priore Don Rossi
mit dessen englischen Pensionären zusammen. Dieser treffliche und
witzige Mann wurde später aus seinem hübschen Hause vertrieben.
Seine Feinde hatten ihm den Verdienst an den ausländischen Gästen
missgönnt und ihn beim Erzbischof denunziert. Als ich ihn 1930 gelegentlich einer Ferienreise wieder besuchen wollte, fand ich ihn als einen
alten und gebrochenen, über der Wut und dem Kummer halb verrückt
gewordenen Mann. Er verbrachte den traurigen Rest seines Lebens zusammen mit seiner Hexe von treuer Haushälterin gänzlich verkommen
in einer Art Hühnerstall. Mit R. Oboussier, einem jungen Komponi-
sten und Musiker, dessen Mutter in Rovezzano für deutsche Töchter
eine Pension unterhielt, wanderte ich in vielen Gesprächen über die
toskanischen Hügel. Bei ihm traf ich auch Wolfskehl, mit dem wir an
einem herrlichen Sommerabend das Dilettantentheater von Settignano besuchten. Es wurde als Hauptstück »La gran' via« gegeben, mit einem [Abb. 66-67] Temperament, Geist und Witz, wie ich es nie wieder
sah. Der Advokat des Ortes dirigierte vom Klavier aus die Aufführung,
deren Darsteller die Burschen und Mädchen aus den Geschäften des
Ortes waren. Don Rossis Küchenmagd gab im Abendkleid einer englischen Pensionärin eine Baronin, als wäre sie nie etwas anderes gewesen.
Zehn Jahre später war der Saal in ein Versammlungslokal des Fascio

verwandelt und meine Wirtsleute erzählten mir flüsternd, dass es aus sei mit den heiteren Zeiten, seitdem auch bei ihnen der Fascio regiere.

Rückkehr nach Marburg und Habilitation

Nach meiner Rückkehr nach Marburg traf ich dort wieder mit meinem Freund Marseille zusammen. Er hatte mir am Rotenberg ein Zimmer besorgt im Hause einer Familie, bei der ich die nächsten Jahre aufs angenehmste als Untermieter verbrachte. Ich habe an Frau de Boor eine ebenso kluge wie herzliche Freundin gewonnen, die ihre Zuneigung auch auf meine Frau übertrug. Sie war ein eifriges Mitglied der anthroposophischen Christengemeinde, aber nicht von der bleichen und ätherischen Art, sondern eher derb, tüchtig und vorurteilslos. Sie war vor allem ein Mensch. Sie hat uns nach 1933 mit Vertrauen, Verständnis und Hilfsbereitschaft durch trübe Tage begleitet, und an sie denke ich noch heute vor allem bei dem Wort »Marburg«. Später lebte ich zwei Semester lang mit Marseille in einem Häuschen in Ockershausen zusammen. Wir verkehrten beide bei Gadamers, deren gastliches Haus für mich eine Art Wiederholung von Beckers Freiburger Wohnung war. Frida G. hatte um sich einen Freundeskreis, der sich fast täglich bei ihr versammelte. Ihre Lebhaftigkeit, Wärme und Grosszügigkeit waren ein Anziehungspunkt für die verschiedensten Charaktere. Es war bei G. wie ein Taubenschlag, der auch nachts seine Türen nicht schloss; während der eine ging, kam schon ein anderer. Man war immer willkommen und blieb meist zum Essen da. Als Heidegger einmal den Einfall hatte, von 7 bis 8 Uhr früh zu lesen, veranstalteten wir das Frühstück gemeinsam in ihrer aus nur 2 Zimmern bestehenden Wohnung. Man kaufte unterwegs dafür ein und [Abb. 68-70] endlose Diskussionen dehnten die Sitzung bis Mittag aus. Abends wurde oft aus den grossen Romanen von Balzac, Tolstoi und Dostojewski, Gogol und Gontscharoff vorgelesen, am besten von Krüger, dessen trockene und doch lebhafte Art dafür besonders geeignet war. Heidegger kam nur selten. Er sah mit Misstrauen auf unsere Zeitverschwendung und war nicht mehr wie in Freiburg geneigt, auch ausserhalb des Kollegs mit uns umzugehen. Wenn wir ihn in seiner Wohnung besuchen wollten, liess uns seine Frau meistens nicht bis zu ihm vordringen, sie wies uns ab oder bestellte uns auf ein andermal. Auch fehlte Marburg die freie Luft der Freiburger Jahre, alles war muffiger und verfilzter und vorwiegend durch die Theologen bestimmt, unter denen Bultmann unserm Lehrer am nächsten stand, wogegen R. Otto die dialektische Theologie und die Existenzphilosophie »Inflationserscheinungen« nannte und seine eigene Unzeitgemässheit mit stolzer Würde ertrug. Natorp war gestorben und N. Hartmann wurde nach Köln berufen, wodurch er den boshaften Angriffen von uns Heideggerschülern und dem Leerwerden seines Hörsaals entging. Heidegger zog an, während die anderen Professoren ihre Schüler verloren. 1928 war es endlich so weit, dass er meine Habilitationsschrift gelesen hatte und annahm. Meine Kriegsteilnahme, und vielleicht auch meine protestantische Konfession, liessen ernstliche Widerstände gegen die Habilitation eines Juden nicht aufkommen, und Heideggers Position war zu stark, als dass sie hätten laut werden können. Im Juni hielt ich vor der Fakultät meine Probevorlesung über »Feuerbach und der Ausgang der klassischen deutschen Philosophie« und dann meine öffentliche Antrittsvorlesung über »Jacob Burckhardts Stellung zu Hegels Geschichtsphilosophie«, zu der auch meine Eltern gekommen waren. Seitdem war mein Vater mit meinem brotlosen Studium ausgesöhnt und über meine Zukunft beruhigt.

Heidegger, dessen Werk inzwischen erschienen war, hatte in diesem Semester den Ruf zurück nach Freiburg auf Husserls Lehrstuhl [Abb. 71-74] bekommen. Die beiden andern Philosophieprofessoren – Mahnke und Jaensch – waren noch an seinem Lehrerfolg krank und mussten sich erst erholen. Heideggers Nachfolger Frank war noch nicht da. So kam es, dass ich unter besonders günstigen Umständen zu dozieren begann und in meiner ersten Vorlesung an die 150 Hörer hatte. Nicht einem von ihnen wäre es damals eingefallen, mich als einen »artfremden« Eindringling anzusehen, von dem man die Universität zu »säubern« habe. – Ein Jahr später verlobte ich mich mit einem deutschen Mädchen, deren Vater*60 Direktor des Berliner Arndtgymnasiums war. Die Frage meiner jüdischen Herkunft wurde von seiner wie meiner Seite unausdrücklich gelassen. Als Christ und Protestant war mein Schwiegervater damit zufrieden, dass ich protestantisch getauft war und auf meinen Wunsch wurden wir in Dahlem kirchlich getraut. – Meine Marburger Lehrtätigkeit entwickelte sich so normal wie erfreulich. Es fehlte mir nie an interessierten und intelligenten Studenten, von denen ich einige näher heranzog, und unter den jüngeren Dozenten waren begabte und aufgeschlossene Menschen, mit denen der Umgang fruchtbar und anregend war. Wie gern würde ich mit Deckert und

Fahrner wieder einmal ein gemeinsames Seminar abhalten! In wenigen Jahren hatte ich mir eine feste und angesehene Position geschaffen und ein staatlicher Lehrauftrag erleichterte seit 1931 das Leben, das bescheiden, aber auskömmlich war und selbst grössere Ferienreisen in den Süden erlaubte. Einem besonderen Zusammenhalt mit den Juden als Juden war ich abgeneigt, ich verkehrte mit ihnen nicht anders als mit meinen arischen Kollegen und Freunden, nach persönlicher Sympathie und Wahl. – Ich las über Nietzsche und Dilthey, Hegel und Marx, Kierkegaard und Existenzphilosophie, philosophische Anthropologie, Soziologie und Psychoanalyse. Gegenüber den politischen Verhältnissen war ich indifferent, auch las ich all die Jahre hindurch keine Zeitung und erst sehr spät nahm ich die drohende Gefahr von Hitlers Bewegung wahr. Ich war politisch so ahnungslos wie die meisten meiner Kollegen.

Der 70. Geburtstag und der Tod meines Vaters

1931 hatte ich noch die Freude, meinen Vater kräftig und heiter im Münchner Künstlerhaus zu seinem 70. Geburtstag geehrt zu sehen. Der [Abb. 75-77] bayrische Kultusminister und der Bürgermeister von München*61 waren nebst vielen hervorragenden Persönlichkeiten der Stadt zu diesem Fest erschienen. Er war geschätzt, beliebt und hoch angesehen, als Maler, Charakter und Organisator der deutschen Künstlerschaft, deren berufliche Interessen er seit mehr als einem Jahrzehnt als erster Vorsitzender erfolgreich und selbstlos vertrat. Die Rede, mit der er die Gratulationen erwiderte, war schlicht und herzlich, lebendig und prägnant. – Wer ihn kannte, weiss dass ihm nichts fremder war als die »jüdische Intelligenz« oder gar das »Zersetzende«. Er war ganz und gar Deutscher und sogar Bayer, obwohl er aus Mähren gebürtig war und seine Jugend in Wien verlebt hatte. Als mittelloser Jüngling war er aus freiem Entschluss nach München gegangen, um sich dort zu beheimaten, weil er diesen Boden als unverdorben und ihm angemessen empfand. Er liess sich naturalisieren und wurde konfessionslos. Ein und einhalbes Jahr nach der Feier seines 70. Geburtstags ist er im Oktober 1932 gestorben. Noch ein Jahr später und er wäre nicht mehr auf dem »Ehrenfriedhof der Münchner Künstler« begraben worden. (Als meine Mutter aus dem Nachlass noch einige seiner Bilder verkauf-

te, war unter den Interessenten auch ein n. s. Gauleiter. Er liess sich von
dem vermittelnden Kunsthändler pro forma schriftlich bescheinigen,
dass mein Vater nicht jüdischer Konfession war.)

Drei Vorzeichen des Umsturzes

Vor dem Umsturz ereigneten sich in meinem nächsten Umkreis drei eigenartige Dinge, die mir jetzt als ein Vorspiel des Kommenden erscheinen. Ich erwähne sie wegen ihrer symptomatischen Bedeutung. 1) Der
Kultusminister Dr. Becker, ein bekannter Orientalist, war 1930 nach
Marburg gekommen, um den versammelten Professoren und Studenten
die neue Universitätsverfassung zu überreichen. Er war ein kluger und
energischer Mann, der kein Blatt vor den Mund nahm. Die reaktionären
Verbindungsstudenten liebten ihn nicht und hassten die Regierung, deren Vertreter er war. Eine Gruppe von ihnen sammelte sich auf dem Weg
vor dem Eingang zur Universität, pfiff den Minister bei seinem Kommen
aus [Abb. 78-79] und machte sich dann feig aus dem Staub. Der Rektor
war in einer peinlichen Lage und entschuldigte sich mit dem Argument,
dass der »bessere Teil« der Studenten nicht hinter dieser »Minorität«
stünde. Ich erklärte in meiner nächsten Vorlesung, dass dieses Argument
sehr dürftig gewesen sei, denn der bessere Teil müsse sein Bessersein eben
dadurch beweisen, dass er auf den schlechteren Einfluss nehme und einen
solchen Unfug zu verhindern suche, statt beiseite zu stehen. Ausserdem
benutzte ich den Vorfall, um einige grundsätzliche Bemerkungen über
das Verhältnis von Wissenschaft und Politik zu machen, die sich ebenso
sehr gegen die Politisierung wie gegen die Sterilisierung der Wissenschaft
wandten. Die Marburger Zeitung brachte meine Erklärung verdreht und
missbraucht, so dass ich eine Anfrage vom Rektor erhielt. Glücklicherweise hatte ich einen unverdächtigen Zeugen, einen nationalgesinnten
Dozenten in meiner Vorlesung gehabt, der dem Rektor meine Aussage
bestätigen konnte. 2) Ich las als einziger der Marburger Dozenten im Zusammenhang mit der Geschichte der deutschen Philosophie nach Hegel
auch über Marx. Auch hatte ich eine kritisch-vergleichende Abhandlung
über M. Weber und Marx publiziert. Der Marxismus interessierte mich
dabei nicht als ökonomische und sozialistische Theorie, sondern als eine
radikale Kritik der bürgerlich-christlichen Welt überhaupt. Zu diesem
Zweck wollte ich die Studenten in die philosophischen Frühschriften von
Marx einführen. Ich kündigte dieses Thema als einführende Vorlesung

für »Hörer aller Fakultäten« an, um auch einige Juristen und Nationalökonomen in die Vorlesung zu bekommen. Das Vorlesungsverzeichnis
erschien, ohne dass meine Ankündigung unter der Rubrik der allgemeinen Vorlesungen aufgenommen worden war. Auf meine Anfrage
bei dem dafür verantwortlichen Professor N. erhielt ich die Antwort,
dass Marx ohne allgemeines Interesse sei, für Mediziner und Naturwis-
senschaftler z. B. hätte er gar kein Interesse. Ich erklärte in einem zweiten
Brief, warum ich der Meinung war, dass Marx – selbst abgesehen von seiner Bedeutung für Russland – [Abb. 80-82] die Studenten allgemein interessieren sollte und es ihnen nichts schaden könnte, mit einigen seiner
Schriften bekannt zu werden, ehe sie vom »Marxismus« reden. Mit Bezug auf das gedruckte Vorlesungsverzeichnis fügte ich noch hinzu, dass
mir eine Vorlesung über den Begründer des Sozialismus zum mindesten
»allgemeiner« erschiene als »das Leben Mohammeds«, »die Entwicklung
des christlichen Kultbaus«, »die gotische Plastik in Frankreich« oder »die
Musik im Barock« – lauter Themen, die unter der Rubrik der allgemeinen
Vorlesungen für Hörer aller Fakultäten aufgenommen worden waren.
Darauf kam die folgende Antwort: ... »Allgemeine Vorlesungen wie etwa
über das Leben Mohammeds können Sie nicht zum Vergleich heranzie-
hen. Hier handelt es sich um die grossen führenden Männer der Weltgeschichte, über die ein abgeschlossenes Urteil vorliegt und die darum
(sic!) auch weite Kreise interessieren und keinesfalls bloss die Fachleute
oder eine bestimmte Gruppe ...« Dieses sonderbare Argument war aber
nicht etwa auf den Orientalisten Prof. N. beschränkt, sondern ein Muster
der akademischen Denkweise: eine geschichtliche Kraft muss schon »his-
torisch« geworden sein, d. h. niemanden mehr etwas angehen, um von
allgemeinem Interesse zu sein! Wer mag sich bei dieser Geistesverfassung
noch wundern, wenn unsere deutsche Intelligenz vor den wirklichen
geschichtlichen Grössen kapitulierte und ihre allgemeine Kenntnis von
Marx in der Tat erst durch Hitler bekam.[*62] Vielleicht ist aber jetzt – 1940
– einigen doch noch ein Licht aufgegangen über die innere Konformität
der russischen und der deutschen Revolution. 3) Der Kunsthistoriker D.,
einer unsrer begabtesten jungen Dozenten, war in eine peinliche Sache
verwickelt worden, die ihm den Vorwurf einer Unterschlagung zuzog.
Grosszügig, locker und unökonomisch wie er war, hatte er für seine Verlobte ein Schmuckstück besorgt, das er trotz wiederholter Mahnungen
weder bezahlte noch zurückgab. Der Händler wandte sich direkt an die
Universität und es gab ein langwieriges Verfahren. Anstatt D. zu helfen,
wurde er in endlosen Verhören gehetzt und in die [Abb. 83] Enge getrie-

ben, bis ihn die Fakultät schliesslich preisgab – aus dem einzigen Grund, weil der ihn beschuldigende Geschäftsmann ein bekannter Nazi war und gedroht hatte, die Angelegenheit der Partei anzuzeigen, falls die Universität D. nicht aus seinem Lehramt entferne. Dazu kam, dass D. sehr freie und demokratische Ansichten hatte und einen Lehrerfolgt, den ihm seine Feinde missgönnten, wobei sie in ihm zugleich seinen Lehrer Hamann bekämpften, dessen souveräne Art ihnen unbequem war. D. wurde zum Scheine »zu Studienzwecken beurlaubt«, in Wirklichkeit aber für immer entlassen und damit seiner geistigen und materiellen Existenzgrundlage beraubt. Die Universität verlor mit ihm einen ihrer besten Dozenten. Wenige haben wie er die Denkmäler deutscher Kunst aus solcher Vertrautheit gekannt und sie wissenschaftlich lebendig zu machen verstanden. Er lebte ganz in seinem Beruf und gab sich in seinen Vorlesungen und Führungen mit Leidenschaft aus. Er war nie um sich selber besorgt und stets bereit, den Dingen und Menschen wohlwollend etwas abzugewinnen – recht im Gegensatz zu meinem andern Freund F., dessen sparsame Lebenskunst im Sichnichtverschwenden bestand. D.s Preisgabe war ein Sieg der moralisch entrüsteten Mediokrität und der akademischen*[63] Feigheit. – Ein Jahr später schrieb mir D. einen Dankesbrief (ich war an den Verhandlungen beteiligt gewesen), von dem ich einen Abschnitt hier einfüge, der sich auf den Umsturz bezieht.

»... Mein Interesse war zu sehr gefesselt und gequält von den Ereignissen des ›Aufbruchs der Nation‹. Ich brauche Ihnen kein Wort darüber zu sagen, wie ich denke. Meine Ausschaltung zum Privatmann hat mir vielleicht den Vorteil gebracht, dass ich nicht die gütige Schutzhaft des Staates kennen gelernt habe, obwohl ich besonders in den Haupttagen der Judenhetze sie riskierte. Wenn der Blut- und Rassenwahn nur dumm wäre, so könnte man ihn als Symptom des neuen Geistes vielleicht interessiert betrachten, so aber – doch es widerstrebt mir, Ihnen, der persönlich unter diesen bodenlosen Gemeinheiten und Beschimpfungen leiden muss, etwas zu sagen, was doch dem Zorn und der Verachtung nicht entspricht, die mich täglich umtreiben. Auch kann ich den Zynismus, mit dem man lügt und betrügt, verleumdet und Recht bricht, nicht ruhig und ohne Scham ertragen, weil er als im Namen des Deutschtums auftretend mich als Deutschen beleidigt. – Ich bin doch nicht gleichmütig genug und nicht so zum Zuschauen geeignet, dass ich das Schauspiel bloss hinnehmen kann. Ganz abgesehen davon, dass unter der ›sittlichen Erneuerung‹ gerade die am meisten leiden, die mir am liebsten sind und die ich für die Wertvollsten halte. Eher könnte der Historiker in mir auf seine Kosten kommen, der in geradezu erstaunlicher Weise vordemonstriert bekommt, was er genau so als ›Reaktion‹ beschrieben hat. Als Historiker weiss ich auch um die ›Notwendigkeit‹ solcher Ereignisse, sogar darum, dass gerade die Reaktion wider Willen das Neue fördern muss. Aber das zu wissen ist kein Trost, ebensowenig wie das banale ›es kann ja nicht immer so bleiben hier unter dem wechselnden Mond‹. Dass alles seinen Gang weiter geht und die Geschichte ihre monströse Gestalt weiterbaut, wissen wir alle; aber mir ist der kleinbürgerliche Optimismus: ›das sind halt Auswüchse‹ und ›alles renkt sich ein‹, der doch selbst Menschen wie H. und in ganz andrer Weise wohl auch J. erfüllt, einfach unverständlich. Überhaupt verstehe ich nicht, wie ein geschichtlich denkender Mensch davon reden kann, dass sich wieder etwas einrenke, als gäbe es einen behaglichen Normalzustand, den immer wieder zu erreichen die Welt verpflichtet sei, während es doch nur die Menschen sind, die einzelnen Menschen, die es immer wieder fertig bringen, auf den Leichenhaufen der andern mit gutem Wissen und bei materiellem Auskommen behaglich sich einzurichten. – Soweit möglich suche ich meine Betrachtungen von den notwendigen Täuschungen durch das beteiligte Gefühl freizuhalten. Es gibt doch ein ›spernere mundum‹, das ohne Askese ist und höchst interessiert zusieht. Vieles an sich Widerwärtige, was in Marburg gewiss nur abgeschmackt ist, ist in einer Stadt wie Hamburg doch beobachtungswürdig, wie z.B. die Formen, in denen der Sieg des Kleinbürgerlichen sich abspielt, in denen das Proletariertum sich umlügt. Die sonderbarsten Erfahrungen sind aber die, welche die Besinnung auf das eigene Verhältnis zur Zeit einem geben. Ich glaube, dass da der Unterschied zwischen einer mehr kontemplativen Natur, wie Ihrer, und einer mehr aktivistischen, propagandistischen, wie meiner, geringer wird, weil einem nicht-reaktionären Menschen ein Wirken in reaktionärer Zeit nicht nur äusserlich unmöglich wird. Nur ein wirklich Selbständiger und Genial-Losgelöster könnte vielleicht gegen die Zeit etwas leisten – ist man das nicht, wie ich, so wird man in eine Rolle gedrängt, die einem nicht liegt: Tradition zu wahren.«

Vor dem Umsturz

Ich greife zurück auf die Zeit unmittelbar vor dem Umsturz, um noch einige charakteristische Einzelheiten nachzuholen. Anfang 1932 war als 1000. Goeschenbändchen von K. Jaspers »Die geistige Situation der Zeit« erschienen. Diese Schrift wurde massenhaft gekauft, gelesen und diskutiert – ein Jahr später war sie bereits ein historisches Dokument. Jaspers' Analyse der Zeit kam gerade zur rechten Zeit, nämlich kurz bevor die Reflexion auf vielerlei »Möglichkeiten« durch eine sehr handgreifliche Wirklichkeit ihres gebildeten Bodens beraubt wurde. Jaspers' geistreiche Analyse der Krisis hat aus der Not eine Tugend gemacht, die Tugend des »echten Scheiterns«.*[64] Auf die Frage, was wirklich sei, antwortet J.: »das Bewusstsein von Gefahr und Verlust«. Das Wahre scheine im unwiederbringlichen Verlorenen, die Substanz in der Ratlosigkeit, die Wirklichkeit in der Maskerade, und wer zum Ursprung zurückfinden wolle, müsse diese Ratlosigkeit durchmessen, um zur Entscheidung über sich selbst zu kommen. Die Philosophie könne und dürfe darum nur bis zu dem Punkte hinführen, wo der Mensch als Einzelner sich selber helfen muss, wenn überhaupt Menschen bleiben sollen, und nicht nur ein mechanischer Daseinsapparat. Im Hinblick auf eine »mögliche« Entscheidung des Einzelnen verneint J. alle vorhandenen Alternativen. Er glaubt z. B. weder an das nationale »Volk« noch an die demokratische »Masse«, weder an den Adel des Standes noch an den der Rasse, wohl aber an den Adel des »Selbstseins«, d. h. an den Menschen »überhaupt« – »in der Möglichkeit seines Aufschwungs«! In dieser Abwehr aller sich bietenden Entweder-Oder, oder Sowohl-als-Auch, philosophiert J. mit vornehmer Überlegenheit in der Form eines Weder-Noch. Alle bestehenden Wirklichkeiten werden von seiner »Existenz« »transzendiert«, um bei einem »philosophischen Leben« zu landen, das nirgends und überall ist. Sein Denken »umgreift« alles und erfasst nichts. – In Wirklichkeit hat bald darauf Hitler die Situation der Zeit mit weniger Geist entschieden und die »Einzelnen« zogen sich in ihre vier Wände zurück. Aber auch damals noch meinte J., man könne und müsse wie eine kristallene Kugel durch alle Lagen hindurch unangefochten bei sich bleiben.

Hitler war auf seinen Propagandaflügen durch ganz Deutschland auch nach Marburg gekommen. Der Zutritt zu dem Zelt, in welchem er sprach, war wie üblich Juden verboten. Die älteren Dozenten waren meist zu Hause geblieben. Ich liess mir von F. seine Eindrücke erzählen. Er meinte, in seiner österreichischen Art, Hitler sei zwar gewiss nicht der kommende Führer (dieses Wort hatte bei ihm einen Georgeschen Klang), aber vielleicht ein »magischer Blödel«, der die Massen in Bewegung setzt, bis der richtige Herrscher kommt. Andere Kollegen waren teils unsicher, teils enttäuscht und die Überzeugten kannte ich nicht. Mein Hauswirt, ein vom Krieg beschädigter Kleinbürger, zog Ludendorff vor, und Viele verschwiegen ihre wirkliche Meinung, weil es noch unklar war, ob Hitler sein Spiel gewinnen würde. Das eine aber ist sicher: die deutsche Intelligenz war dumm genug, um den Ernst der Situation zu verkennen. – Im katholischen Bayern war die Abneigung gegen Hitlers Partei so stark, dass ich erwog, mich im Notfall nach München umzuhabilitieren. Ich erkundigte mich darüber bei einem mir nahestehenden Mitglied der philosophischen Fakultät. Man antwortete mir sehr zuversichtlich, ich [Abb. 84] solle, wenn nötig, nur kommen. Denn dass Bayern den Wahnsinn der »Preussen« mitmache, sei vollkommen ausgeschlossen! Eine Trennung Bayerns vom Reich im Zusammenschluss mit Österreich, dieser Gedanke war seit dem Ende des Kriegs niemals aus den süddeutschen Gemütern und Dickschädeln verschwunden, was freilich nicht hinderte, dass Bayern über Nacht einen n. s. Statthalter bekam und enger wie je mit dem Reiche verbunden wurde.

In den Winterferien 1932/3 – es waren die letzten, in denen man noch nicht ein Arier sein musste, um in einem deutschen Hotel aufgenommen zu werden – machten wir Skitouren im Arlberg zusammen mit dem Physiker T. Von Geburt war er Tscheche, seine erste Frau war eine Jüdin gewesen, seine zweite war eine russische Emigrantin:*65 frisch und ungeniert, sportlich und kultiviert. Sie hausten schon vor ihrer offiziellen Verheiratung im physikalischen Institut zusammen, ohne sich um die sauren Gesichter der Kollegen zu kümmern. Ihr Lebensstil war für Marburger Verhältnisse sehr modern und beinahe herausfordernd. Sie hatten auch einen eigenen Wagen, der ihnen die gewünschte Bewegungsfreiheit gab. Die Frau hatte schon als Mädchen das Fliegerexamen gemacht, ohne durch ihren sportlichen Ehrgeiz an weiblichem Reiz zu verlieren. Sie waren beide »patente« Leute, ebenso faul und geniessend wie tätig und unternehmend und man konnte sich bei ihnen von der schon reichlich verbrauchten Luft unseres philosophischen Zirkels aufs Angenehmste erholen. – Als wir mit ihnen in Lech zwei schöne Wochen im selben Bauernhaus wohnten, tobte in Deutschland der letzte Wahlkampf um Hitler. Da Lech im Österreichischen lag, wurden Autobusse

zur Verfügung gestellt, welche die deutschen Feriengäste zur Wahlbe-
teiligung an die Grenze fuhren. T.s dachten so wenig wie wir daran,
auch nur eine Stunde der Politik zu opfern. Wir unternahmen eine Ski-
tour und moquierten uns über die wenigen Bürger, die zur Wahl fuhren. Wenige Wochen darauf vernahm ich in Marburg, dass sich T. eifrig
im Dienste der Partei betätige. Er vermied seitdem den [Abb. 85–86]
Verkehr mit uns, nur seine Frau kam uns noch einmal zu besuchen; sie
war von dem Umschwung und seinen Folgen für mich einigermassen
betroffen. Er selbst propagierte von nun ab, wie sein Lehrer Lenard, in
Vorträgen und Aufsätzen den arischen Standpunkt. Die jüdische Physik und Mathematik sei zu beseitigen, denn ihre Denkweise widersprä-
che der deutschen Art. Als Tscheche, der mit einer Russin verheiratet
war, hatte T. besondern Anlass, sein Deutschtum zu betonen. Ich habe
ihn vor meinem Weggang aus Marburg nicht wieder gesprochen. Die
Schnelligkeit, mit der er den Anschluss fand, lag zum Teil in dem Um-
stand begründet, dass er schon seit Jahren eine ordentliche Professur
anstrebte, die er nun in Dresden bekam, z. T. aber auch in einem welt-
anschaulichen Technizismus, für den er in E. Jünger die geistige Anregung fand. Was ihn am N. S. anzog, war weder das Nationale noch das
Soziale, sondern dasselbe, was ihn auch für die russische Umwälzung
einnahm: die radikale Rationalisierung des Lebens durch die politische
Anwendung aller technischen Möglichkeiten, an denen er als Physiker
interessiert war.

Die deutsche »Erhebung« von 1933
und meine letzte Marburger Vorlesung

Die deutsche Erhebung äusserte sich in Marburg wie überall zunächst
durch die Entlassungen und die Judenhetze. Der jüdische Assistent[*66]
eines medizinischen Instituts wurde von S. A. Männern gezwungen,
vor ihnen her durch die Stadt zu marschieren mit einer Tafel, auf der
geschrieben stand: »Ich habe ein deutsches Mädchen geschändet«. Die
Passanten haben sich bei diesem Schauspiel halb neugierung und halb
beschämt auf die Strassenseite verdrückt – ich habe dies nicht selber
gesehen, aber eine Photographie davon gezeigt bekommen. Das war
die deutsche Zivilcourage, für die der Deutsche kein Wort hat, weil
ihm die Sache fehlt. – Mein Hauswirt, der mich als Kriegsverwundeten

respektierte, benahm sich anständig und zurückhaltend. Einige ältere Professoren besuchten mich, um mir ihre Sympathie zu bekunden. Ein biederer Theologe*[67] war so naiv, dass er allen Ernstes im Unklaren war, ob ich oder meine Frau der volksfremde Teil sei. Er war bis 1933 Herausgeber einer blutroten, christlich-marxistischen Zeitschrift gewesen und befürchtete, deshalb entlassen zu werden. 1935 hatte er aber den Anschluss gefunden, indem er sich für den National*sozialismus* [entschied] und nach aussen den *National*sozialismus betonte. Das »Proletariat« verwandelte sich ihm zum »Volk«, und sein 1936 erschienenes Buch »Evangelische Ethik des Politischen« beruft sich auf C. Schmitts Theorie vom totalen Staat, die er vorher wütend bekämpft hat. – Meine jüngeren Kollegen waren mehr oder minder verlegen, denn sie hatten ihrer Ablehnung des N. S. positiv nichts entgegenzustellen. Einen entschiedenen und fürs erste geschlossenen Widerstand gab es nur bei den protestantischen Theologen, denen der Arierparagraph aufgedrängt werden sollte. Nach kurzer Zeit war aber auch diese von aussen erzielte Einheit zerbrochen. Im Dozentenzimmer hörte ich einmal folgendes Gespräch zwischen zwei Theologieprofessoren mit an: A.: »Der Arier-§ ist vom christlichen Standpunkt aus nicht zu rechtfertigen«. B.: »Warum nicht? Die Neger in New York sind doch auch nicht den Amerikanern gleichberechtigt.« – Ein Teil ging zu den »deutschen Christen«, ein anderer lavierte mit Kompromissen, nur Bultmann und v. Soden blieben fest und hielten sich zur Bekenntniskirche. Den Diensteid auf Hitler verweigerte von den deutschen Theologieprofessoren m.W. ausschliesslich K. Barth – der ein Schweizer war. – Ein Protest von Professoren der verschiedensten Fakultäten gegen die Entlassung ihrer jüdischen Kollegen kam nie an die Öffentlichkeit. Nur der Berliner Rektor Kohlrausch, der Psychologe Koehler und der Philosoph und Pädagoge Spranger wagten eine öffentliche Missbilligung. Sie bezog sich vor alle[m] auf einen Aufruf der allgemeinen deutschen Studentenschaft »Wider den undeutschen Geist«, der u. a. folgende Thesen enthielt: ... 4) Unser gefährlichster Widersacher ist der Jude und der, der ihm hörig ist. 5) Der Jude kann nur jüdisch denken. Schreibt er deutsch, dann lügt er ... 6) Wir wollen die Lüge ausmerzen, wir wollen den Verrat brandmarken, wir wollen für den Studenten nicht Stätten der Gedankenlosigkeit, sondern [Abb. 87] der Zucht und der politischen Erziehung. 7) Wir wollen den Juden als Fremdling achten und wir wollen das Volkstum ernst nehmen. Wir fordern deshalb von der Zensur: jüdische Werke erscheinen in hebräischer Sprache. Erscheinen sie in deutsch, sind

sie als Übersetzung zu kennzeichnen ... Deutsche Schrift steht nur den
Deutschen zur Verfügung. Der undeutsche Geist wird aus öffentlichen
Büchereien ausgemerzt ... 10) Wir fordern vom deutschen Studenten
den Willen und die Fähigkeit zur Überwindung des jüdischen Intellektualismus und der damit verbundenen liberalen Verfallserscheinungen
im deutschen Geistesleben. 11) Wir fordern die Auslese von Studenten und Professoren nach der Sicherheit des Denkens im deutschen
Geiste«. Inkonsequent war darin nur das eine, dass man vorgab, den
Juden dennoch als Fremdling »zu achten«. Dieser Aufruf war auch in
der Marburger Universität, in der ausser mir noch vier jüdische Dozenten lehrten, angebracht worden. Keiner der arischen Kollegen hatte
den Einfall und Mut zu verlangen, dass er entfernt würde. Der Aufruf
ging sie ja selbst nichts an. Als ich K. bat, dem Dozentenschaftsführer
zu sagen, er möge für die Entfernung des Aufrufs sorgen, erhielt ich
die Antwort: das lasse man besser bleiben, denn es könne in der gegenwärtigen Lage die Unruhe der Studenten noch steigern. Man wartete
allgemein ab, wie sich die Dinge entwickeln würden und vermied jede
eigene Bloss[s]tellung. Auch hatte ein jeder genug mit sich selber zu
tun, weil ja fast keiner in der Partei war und sich daher unsicher fühlte.
Die »Gleichschaltung« machte sich dadurch von selbst, und es fehlte
nicht viel, dass selbst die jüdischen Professoren bei den Universitätsfeiern das Horst-Wessel Lied mitsingen sollten!
    Ein junges bleiches Bürschchen, ein ausgesprochener Psychopath, der
auch bei mir in der Vorlesung gewesen war, entpuppte sich plötzlich als
»Führer« der gesamten Studentenschaft.*⁶⁸ Er präsidierte mit der Ha-
kenkreuzbinde auch unsere erste Dozentenversammlung nach Hitler.
Neben ihm sass bescheiden der neue Dozentenschaftsführer*⁶⁹, dessen
Parteinummer jünger war. Die Punkte der Tagesordnung wurden in
militärischer Eile erledigt und am Schluss forderte man uns auf, dem
eben gegründeten n. s. Lehrerbund beizutreten. Ein Formular wurde
herumgereicht und einer nach dem andern unterzeichnete seinen Bei-
tritt, bis ein schüchterner Theologe die Hand erhob und sich die Frage
erlaubte, ob man nicht vorher die Satzungen dieses Lehrerbundes ein-
sehen könne, um zu wissen, was man denn unterschreibe. Unser Führer
war etwas verlegen und bedauerte, die Satzungen noch nicht aus Berlin
erhalten zu haben und sie also auch selbst nicht zu kennen. Daraufhin
zögerten einige mit dem weiteren Unterschreiben. – Und das waren
dieselben Menschen, die einen Monat zuvor um jeden Quark auf stundenlangen Diskussionen bestanden, ehe ein Beschluss gefasst werden

konnte. (Einige Wochen später kam übrigens ein Befehl des Ministers, dass die Universitätslehrer *nicht* im Lehrerbund sein dürften und, soweit schon eingetreten, wieder austreten müssten!) – Nicht weniger kläglich war die allgemeine Anbiederung an die politische »Weltanschauung«. Das neue Vorlesungsverzeichnis wimmelte von Titeln, die den »Staat« angehängt hatten: »Die Physik und der Staat«, »Kunst und Staat«, »Philosophie und Politik«, »Plato und der Nationalsozialismus« usw. Die Folge war, dass im nächsten Semester vom Minister ein Schreiben kam, welches den Dozenten die politischen Themen verbot, soweit sie ihrem Fach nach nicht dafür zuständig waren. Zwei Jahre später war die Entwicklung soweit gediehen, dass der Minister auf Grund der miserablen Prüfungsergebnisse erklärte, er werde keine politisierenden Professoren mehr dulden. Die Resultate der »volksnahen« Wissenschaft führten zu einer Entpolitisierung, und zwar aus politischen Gründen, und der totale Staat wurde paradoxer Weise wieder zum Befürworter der Neutraltität in geistigen Dingen! – Wir empfanden es schon 1933 als eine wahre Befreiung, als R. Guardini zu einem Vortrag nach Marburg kam und über Pascal sprach, ohne die Aktualitäten der Zeit auch nur mit einem Wort zu erwähnen. Aber das blieb nicht ungerügt. Der n. s. Psychologe Jaensch, der inzwischen den »Gegentypus« zum Deutschen erfunden hatte, war über diesen Vortrag sehr aufgebracht und erklärte, es sei eine Schande, dass sich die Universität von einem »landfremden« Gelehrten (G. war von Geburt Italiener) im gegenwärtigen Augenblick einen Vortrag über einen Franzosen angehört habe.

Im ersten Durcheinander der sich überstürzenden Befehle und Gegenbefehle untersagte mir der neueingesetzte Dozentenschaftsführer die Fortsetzung meiner Vorlesungen. Ich liess mich nicht darauf ein, fuhr nach Berlin und erwirkte durch die Vermittlung eines im Ministerium amtierenden Kriegskameraden eine Unterredung. Der zuständige Herr riet mir, mich nicht darum zu kümmern, sondern weiter zu lesen. Ich rechnete beim Wiederbeginn meiner Vorlesung mit einem Skandal, der aber nicht eintrat. Bald darauf gratulierte mir der Dozentenschaftsführer zu meiner »Berufung« nach ... Amerika – ein Gerücht, das sich beharrlich wiederholte und dessen Aufkommen für die Situation sehr bezeichnend war. Es sollte den Stein des Anstosses in glücklicher Weise beseitigen und zugleich das schlechte Gewissen der Gesicherten und Arrivierten entlasten: der Jude war anderweitig versorgt und bei sich selber war man ihn los.

Einer der ersten mir befreundeten Professoren, der entlassen wurde, war der Romanist L. Spitzer. B. Croce hat ihm zur Erinnerung daran seine Schrift über Goethe gewidmet. Er war Wiener Jude, der sich mit Enthusiasmus seiner Lehrtätigkeit hingab und weit über Deutschland hinaus ein anerkannter Gelehrter war. Er schrieb mir im April 1933: »Ich bin wie Sie der Ansicht, dass Deutschland immer noch das schönste Land für einen Lehrend-Lernenden ist – aber man ist auch Vater und kann nur blutenden Herzens daran denken, dass den Schuldlosen der Aufstieg zur Bildung verwehrt werden kann. Was sich augenblicklich ereignet, ist eine bolschewistische Primitivierung auf kleinbürgerlichromantischer Grundlage, die deutsche Form des Mittelstands-Bolschewismus. Die grössten Vorwürfe muss man der bourgeoisen Behäbigkeit aller Arrivierten machen, die gerade in diesen Tagen zeigen, dass es keine Märtyrergestalten unter ihnen gibt. Keine Stimme erhebt sich – unter den ›Andern‹. Ich frage mich natürlich selbst, ob ich nicht etwas märtyrerhaftes tun könnte oder sollte – aber an den ›andern‹ ist es jetzt. Ich habe neulich die Matthäuspassion gehört, sie ist sehr aktuell, wenn sie die Einsamkeit des Verfolgten schildert. Ich will damit nicht sagen, dass es nicht hier wie anderswo gute Herzen und mitfühlende Gemüter gibt, aber es herrscht eine fundamentale Verständnislosigkeit und Miteinanderlosigkeit zwischen den Gesicherten und Ungesicherten, denen, die etwas nur wissen und denen, die es im Blute haben.« Es gab aber auch andere jüdische Professoren, die sich zu distanzieren versuchten. Sie wussten im entscheidenden Augenblick nicht, wohin sie gehörten, weil ihr Deutschtum so schwach wie ihr Judentum war. Auf sie – aber auch nur auf sie – trifft in der Tat der Vorwurf der »Mimikry« zu, den Antisemiten wie Zionisten gegen den verdeutschten Juden erhoben. Beide entledigten sich dabei des Problems, welches für mich und wohl auch an sich das entscheidende war: dass man Deutscher und Jude sein kann, obschon das Verhalten der Deutschen verbot, sich ihnen in diesem Augenblick auch nur von fern an die Seite zu stellen. – Auch Spitzer war längst nicht mehr überzeugter Jude, aber er wusste, wo er zu stehen hatte, und bezeichnete seine Situation sehr richtig als ein »atavistisches Solidaritätsgefühl im Augenblick der Not«. Er hat auch die tatsächliche Lage der deutschen Juden von Anfang an richtig erkannt, als er uns noch im Amte Verbliebenen schon 1933 voraussagte, dass wir nur die »Späteren« seien, die den ersten nachfolgen würden, während sich viele (und auch ich selber) noch jahrelang darüber täuschten und an eine Mässigung der antijüdischen Massnahmen glaubten. Ein gutmütiger arischer Kollege sagte mir noch 1935 in Rom:

»Warten Sie nur noch ein Jahr, und man wird Sie wieder zurückholen«. Desgleichen schrieb mir der Kollege T.: »Ich freue mich, dass Sie den Kopf hochhalten und Ihre Position wahren. Dass Sie an der deutschen Universität festhalten, ist richtig und eines Tages wird man das auch wieder sehen.«

Als Spitzer nach Istanbul berufen worden war, versuchte er dort für mich eine Lektorenstelle zu finden, aber ich selber hatte Bedenken, Marburg ohne Not zu verlassen. Schon vor Hitlers Machtantritt hatte ich auf Vorschlag des deutschen Comitees ein Stipendium von der Rockefeller-Foundation für Italien erhalten, das ich 1933 hätte antreten sollen. Die Unsicherheit aller Verhältnisse nach dem Umsturz veranlassten mich nun damit bis zum Frühjahr 1934 zu warten. Auch Heidegger riet mir zu dieser Verschiebung, damit nicht der Anschein entstehe, als würde ich meine Stellung in Deutschland freiwillig aufgeben.

Der persönliche Umgang in Marburg bröckelte schon in dieser Zwischenzeit ab. Er war belastet durch die Unvermeidlichkeit schiefer und unwahrer Situationen, da es weder erträglich war, nur geduldet am Rand der Universität zu leben, noch sich wie ein Patient mit besonderer Sorgfalt »behandelt« zu sehen und selbst darauf Rücksicht nehmen zu müssen, ob man etwa bei einem Besuch seiner arischen Freunde mit einem der »Andern« zusammentraf und seine Freunde in Verlegenheit brachte. Doch blieb mir der grösste Teil meiner Hörer treu und es gab auch manches Gespräch, bei dem sich zeigte, dass man nur scheinbar allein stand. Es bildete sich schon damals eine Emigration innerhalb Deutschlands und der Staatsdespotismus mauerte die Menschen in ihr Privatleben ein, in dem sie sich dann umso offener gaben. – Die letzten Sommerferien verbrachten wir in Nidden (Litauen) an der kurischen Nehrung,*[70] weil man in deutschen Seebädern riskieren musste, als Jude nicht aufgenommen zu werden. Ein Königsberger jüdischer Arzt sprach uns bei einer Wagenfahrt an. Er versuchte dort sein Gleichgewicht wieder zu finden. Er war schwer durch den Umsturz betroffen, denn seine erwachsenen Söhne hatten sich stets als Deutsche gefühlt und ohne ihr rassisches Hindernis wären sie zu den Nazis gegangen. Tausende von menschlichen Verhältnissen und Existenzen wurden auf diese Weise vernichtet oder zerbrochen, und die Zeitungen brachten alltäglich eine lange Liste von Selbstmorden.

Der leidliche Fortgang meiner Lehrtätigkeit konnte mir den Riss zwischen dem glanzvollen Anfang mit einer Vorlesung über Nietzsche und dem trüben Ende wieder mit Nietzsche nicht übertünchen. Ich

war nicht mehr ein junger Dozent, der zum Kern des akademischen
Nachwuchses zählte, sondern ein wegen seiner Kriegsteilnahme gedul-
deter Nichtarier, der vor S.A. Studenten dozierte, in einer Atmosphäre
des unüberwindlichen Abstands. In dieser schwer zu atmenden Luft
hatte ich mich noch zwei Semester lang zu behaupten und durch mein
Noch-dasein ein Anstoss zu sein für die gleichgeschalteten Andern. –
Ich hatte mit Absicht nochmals Nietzsche zum Thema gewählt, weil er
mir ein Prüfstein der Gegenwart schien, die sich zumeist mit ihm aus-
legte. Ich wollte den Studenten klarmachen, dass Nietzsche ein Wegbereiter der deutschen Gegenwart ist und zugleich ihre schärfste Verneinung, »Nationalsozialist« und »Kulturbolschewist« – je nachdem man
ihn wendet. Entgegen dieser der Zeit gemässen oder auch ungemässen
Verwendung versuchte ich, als den Mittelpunkt seiner Philosophie
den Gedanken der Ewigkeit festzustellen. – Im Vorgefühl, dass diese
Vorlesung meine letzte in Deutschland sein werde, riskierte ich in der
letzten Stunde eine direkte Äusserung über die Rassenfrage und meine
persönliche Stellung dazu. Ich schloss die Vorlesung mit dem Wunsch,
man möchte bei mir gelernt haben, dass man nicht notwendig »arisch«
sein müsse, um mit Anstand dozieren zu können, und dass es nicht
darauf ankomme, was einer sei, sondern wer einer sei. Damit hatte
ich nicht nur Beifall, sondern auch jene ernstere Wirkung erzielt, um
die es mir nicht nur persönlich, sondern auch als Exponent der Ausgeschalteten ging. Vielleicht [Abb. 88-90] war mein Entschluss dazu
überhaupt nur dem Wunsche entsprungen, die Ehre meines Vaters zu
retten, dem die Kränkung nicht mehr als Deutscher zu gelten durch
einen rechtzeitigen Tod erspart worden war. Nach der Vorlesung verab-
schiedete sich von mir der S.S. Student v. K., und B. schenkte mir eine
schöne van Gogh Zeichnung. Es war mir eine Genugtuung, dass sich
dieser jüdische und jener deutsche Student durch ihren gemeinsamen
Besuch meiner Vorlesung auch persönlich gefunden hatten und in den
Pausen zwischen meinen 2 Stunden einträchtig auf dem Korridor ihre
Gedanken austauschten. Sie waren ihrem Aussehen nach ein merkwür-
diges Paar: B. von gelblicher Hautfarbe, dunklen Augen und schwarzem
Haar, v. K. rosig, hell äugig und blond.*71

1934 – 1936

Mein Abschied von Marburg

Der Theologe Bultmann lud uns zusammen mit meinen nächsten Kollegen (Gadamer, Krüger und Frank) am Abend vor meiner Abreise zum Abschied ein: ein Vertreter protestantischer Christlichkeit war bezeichnender Weise der einzige Gastgeber eines hinausgeworfenen Juden, der in seinen Vorlesungen den Studenten der Theologie den Verfall des Christentums*[72] dargestellt hatte! Von den übrigen Bekannten und Freunden, von Haendly und de Boor, von Birtner und Jacobsthal, hatten wir schon vorher Abschied genommen. Das Verlassen des Hauses am Kirchhainerweg vollzog sich ohne jede Anhänglichkeit, die Ablösung machte sich nach einem Jahr N. S. wie von selbst. Ich reiste am folgenden Morgen nach München zu meiner Mutter und von dort weiter nach Rom. Das Einpacken unserer Sachen, die vorerst in Marburg blieben, besorgte meine Frau mit der freundlichen Hilfe meiner zwei liebsten Studenten, B. und M. – An der Grenzstation Kufstein wurde ich in der Nacht von einem deutschen Beamten aus dem Wagen geholt. Ich musste [Abb. 91-93] mit meinem Gepäck ins Stationsgebäude, wo man mir alle Taschen umkehrte und mich bis aufs Hemd untersuchte. Die paar hundert Lire, die ich über die erlaubte Summe hinaus mit mir hatte, blieben unentdeckt; sie ruhten währenddessen im Wagenabteil auf dem Boden einer Zigarettenschachtel. Ich habe seitdem durch die deutschen Devisengesetze manches hinzugelernt und bedaure nur, dass es keine grösseren Summen waren, um die ich den Staat hätte betrügen können.

In Rom fand ich in der Via Gregoriana bei einer trefflichen Frau ein schönes Zimmer und es begann, dank der Rockefeller Stiftung ein freies Leben. Zunächst arbeitete ich meine Nietzsche Studien aus und auch meine letzte Seminarübung über C. Schmitts »Begriff des Politischen«. Das Nietzsche-Buch konnte noch mit einigen Weglassungen in Deutschland erscheinen, die Kritik an Schmitt gab ich unter einem Pseudonym [i. e. Ugo Fiala] in einer internationalen Zeitschrift heraus.

Italiener und Deutsche

Italiens Politik hatte sich damals noch nicht auf die Achse versteift, im Gegenteil: Mussolini machte mit Österreich gemeinsame Politik gegen den Anschluss an Deutschland, und die deutschen Emigranten waren infolgedessen wohlaufgenommen, wenigstens machte man ihnen keine besonderen Schwierigkeiten. Die politische Verwandtschaft des Faschismus und Nationalsozialismus reichte niemals bis zu den Wurzeln der eigentlichen Lebens- und Denkweise. In beiden Ländern herrschte zwar ein uniformiertes Kleinbürgertum, das mit Inbrunst nachsprach, was man ihm vorsagte, aber wann hätte man je aus Hitlers Munde eine so illusionslose Äusserung wie die von Mussolini gehört, der seine Diktatur einmal damit rechtfertigte, dass die Menschen »der Freiheit müde« seien und darum froh, wenn ihnen jemand befiehlt, was sie tun sollen. In Deutschland haben die Professoren und Journalisten entdeckt, dass die »wahre« Freiheit der ... Zwang ist. Und welch ein Unterschied im Charakter des Volkes! Der Deutsche nimmt den N. S. als eine Doktrin, mit der es ihm blutiger Ernst ist; der Italiener betrachtet seinen Faschismus als Mittel zum Zweck und lässt sich als Individuum durch nichts imponieren. Der Deutsche ist pedantisch und intolerant, denn er nimmt die Sache stets prinzipiell, indem er sie von dem Menschen trennt; der Italiener ist auch im schwarzen Hemd noch human, weil er einen natürlichen Sinn für die menschlichen Schwächen hat. Er ist im Grunde ein Skeptiker, der die Dinge des Lebens nicht gewichtiger nimmt als sie sind. Der kategorischen Behauptung der Deutschen entspricht ein lässiges »chi lo sa?«[*73], der gentilezza eine unliebenswürdige Tüchtigkeit, die sich Respekt, aber keine Freunde verschafft. Auf die Frage »wie geht's?« antwortet der Deutsche »Ausgezeichnet!«, der Italiener »non c'è male«[*74]. Für den durchschnittlichen Italiener ist der faschistische Wahlspruch »Credere, obbedire, combattere«[*75] ein rhetorischer Spruch, an dem er lächelnd vorbeigeht; für den Deutschen ist Hitlers Ausspruch »Mein Wille ist euer Glaube« ein tiefsinniges und verpflichtendes Diktum, das er sich mit Hilfe seiner gebildeten Germanisten als »Gefolgschaft«, »Treue« und »Opfermut« auslegt. Der Italiener kennt aus Erfahrung die Welt, der Deutsche legt sich eine »Weltanschauung« zurecht. Deutsche Tugenden machen sich leicht verhasst, eine italienische furberia kann selbst das Herz des Betrogenen gewinnen. (Ein Gepäckträger im Hafen von Neapel verlangte von mir mit der ehrlichsten Miene den dreifachen Betrag des Tarifs. Auf meinen

Protest erwiderte er: »Mein Herr, Sie irren sich, wenn Sie glauben, wir seien noch immer die ›ladri‹ von früher. Seit Mussolini sind wir ›molto disciplinati‹« – und dabei, versteht sich, betrog er mich.) Der Duce hört sich gerne reden, der Führer hält stundenlange »Kulturreden«. Unübertrefflich charakterisierte mir nach Hitlers missglücktem Besuch in Venedig (1934) ein Matrose seinen Duce und unsern Führer: »Questo qui« mache doch immer eine »bella figura«, »questo qua« habe eine »faccia stravolta e meschina«.*[76]

Ich lernte in Rom viele Italiener kennen, vom Senatore Gentile bis zu unsrer Wirtin Candeli, die ihrer sozialen Stellung nach gewiss sehr verschieden waren, aber alle waren durchdrungen von einer angeborenen umanità, die sich mit Zynismus und Skepsis besser verträgt als mit der anspruchsvollen Korrektheit und Anmassung, welche die Deutschen den Italienern oft unleidlich macht. Italiener mögen unzuverlässig sein und auch treulos, aber sie sind immer sie selbst, während die Deutschen etwas vertreten – ein Amt, einen Titel, eine Weltanschauung oder sonst was. – Als ich nach Rom kam, war dort das am meisten gelesene Buch ein Roman von Moravia mit dem bezeichnenden Titel »Gli Indifferenti«. Und eben jetzt lese ich in einer amerikanischen Zeitung den neusten römischen Volkswitz; er bezieht sich auf eine Trambahn, die sogenannte Circolare, die von der Porta Pia ausgeht, durch die der faschistische Einmarsch erfolgte, dann über die Piazza del Popolo und den Palazzo della Giustizia zur Piazza della Libertà fährt, bei einer Kirche vorbei, deren Fassade den offnen Mund einer Maske – »Bocca della Verità« – zeigt, um schliesslich beim alten Forum zu enden. Der Witz illustriert an diesen Stationen den Werdegang des Faschismus: »Comincia alla Porta Pia, va verso il popolo, lascia indietro la giustizia, taglia la libertà, chiude la bocca della verità e finisce nelle rovine«.*[77] – Und als ich am Tag nach Mussolinis Proklamation des Impero mit Antoni zusammentraf, meinte dieser lakonisch, das habe nicht viel zu besagen, denn Abessinien habe ja schon vorher einen Kaiser gehabt, »soltanto il Negus ha cambiato«.*[78]

Die andere Seite dieser Freiheit sich selbst gegenüber ist der Opportunismus mit gutem Gewissen, der aber sehr verschieden von der deutschen Gleichschaltung ist. Ein typisches Beispiel war dafür das Verhalten des Direktors des Italienisch-deutschen Kulturinstituts. Gabetti machte alle Schwankungen der italienischen Politik im Verhältnis zu Deutschland hemmungslos mit. 1934 liess er die Gedenkrede auf George noch von dem jüdischen Emigranten Wolfskehl halten, 1936 vermied er es, den Literaturhistoriker Kommerell einzuladen, nur weil er wusste, dass dieser bei der deutschen Partei nicht beliebt war. Er zog es von da ab vor, erprobte nationalsozialistische Professoren sprechen zu lassen wie Haushofer, Heidegger, Heyse, Naumann und C. Schmitt. Das Prinzip seiner Direktion war sehr einfach: um das Institut in Betrieb zu halten und die vom Staat bewilligten Gelder zu verausgaben, musste man jedes Semester einige »pezzi grossi« zu Vorträgen einladen; die automatische Folge waren die Gegeneinladungen, welche dem Direktor zu Gute kamen. Im Grunde wusste er aber recht gut, wie es mit den Professoren des Reiches bestellt war und privatim moquierte er sich, dass die deutsche Wissenschaft ausverkauft sei und bald niemand mehr da »per mettere in giro«.*[79]

Interessant war eine Rede Gentiles nach der Eroberung Abessiniens. Er entwickelte eine Philosophie des italienischen Imperialismus, die Macchiavelli, Mazzini und Mussolini in den einen faschistischen Topf warf. Der Faschismus, hiess es auf einmal, habe von Anfang an nie etwas anderes zum Ziele gehabt als das Imperium mit Abessinien. Und dies sagte derselbe Senatore Gentile, der ein halbes Jahr vorher, als ich ihn in Forte dei Marmi besuchte, kein Hehl daraus machte, dass er den abessinischen Krieg entschieden missbillige. Er hatte damals dies ganze Unternehmen von Herzen verwünscht, denn es sei ein Wahnsinn, sich England zum Feinde zu machen. Als die Sache jedoch geglückt war, sprach er strahlend und lächelnd von »Wir« (die wir Abessinien erobert haben), obgleich weder er noch seine Söhne am Krieg im geringsten beteiligt waren. Als mich Gabetti beim Verlassen des Saales über meine Meinung befrug und ich ihm sagte, ich könne G.s Rede nicht ernst nehmen, denn ihr geschichtsphilosophischer Anstrich sei nur als eine nachträgliche Rechtfertigung des faktischen Erfolgs zu verstehen, hinter dem nun die Bildung herläuft, entgegnete er mir ärgerlich und gereizt: »Was wollen Sie da mit wissenschaftlichen Zweifeln, col scetticismo non si conclude niente«*[80]. Und doch war der Opportunismus dieser Menschen nicht unerträglich, weil sie sich selber nichts vormachten.

Nur in Italien ist es auch möglich, dass ein Croce noch bis heute seine »Critica« publiziert, in der er allmonatlich ausspricht, was andere nur denken. In der Nummer vom 20. Juli 1939 steht ein Artikel über »La Fine dello Stato Etico«, der an Gentiles Adresse geht. Es heisst darin: jetzt, nach 15 Jahren faschistischer Staatstheorie, könne der aufmerksame Beobachter mit Sicherheit sagen, dass uns der sog. stato etico von seiner »goffa presenza« befreit habe, »se n'è andato con Dio, forse a felicitare altri popoli più creduli«. »Una quindicina di anni fa, all'udire un professore italiano, che meritava di essere dantescamente chiamato l'amoroso drudo della fede statale e governamentale, il quale con grandi pugni sul tavolo, gridando come un ossesso, vociferava che lo stato è il dovere ed è Dio ... che celebrando lo stato si celebra la vera libertà«,*81 – da konnte man meinen der Staat sei das Sittliche selbst. Aber die Hegelkenner lachten und wussten, dass »codesto dionisiaco delirio statale«*82 nur ein Abfall aus Hegels schlechtester Theorie war, übertrieben und aufgeblasen. Allmählich bekam man Langeweile am stato etico angesichts des Schauspiels, das die Welt heute bietet, in der man täglich sieht wie die Staaten nichts anderes als Politik machen, und zwar »la più cruda, la più dura, la più spregiudicata politica«*83, die alles niederschlägt und mit sich reisst. Der Mann, der dies schrieb, ist zwar äusserlich isoliert, aber noch immer die geistige Autorität aller gebildeten Italiener. Selbst die Schüler seines Feindes Gentile sind mehr als durch diesen durch Croce erzogen, und wenn sie es auch nicht wagen, ihm in der Öffentlichkeit zu begegnen, und selbst Telefongespräche mit seinem Hause vermeiden, so lesen sie doch jede neue Nummer der Critica, während sie für Gentiles Zeitschrift Artikel schreiben, in denen sie Croce verschweigen. Ich hatte das Glück, Croce einmal zusammen mit einigen seiner Freunde in seinem Hause zu treffen. Er ging mit uns noch bis Mitternacht in den Gassen Neapels spazieren, und wenn wir Jüngeren auch seiner Beurteilung der epochalen Veränderungen nicht immer zustimmen konnten, das eine ist sicher: er ist im heutigen Europa einer der ganz wenigen frei gebliebenen Geister und im Besitz eines Wissens und einer Bildung, die alle Jüngeren beschämt.

Nationalsozialistische Professoren in Rom

Die Professoren des dritten Reiches, welche nach Rom zu Vorträgen kamen, waren, ausser Heidegger, der Germanist H. Naumann, der Philosoph H. Heyse, der Staatsrat C. Schmitt, der Geopolitiker K. Haushofer und der Soziologe H. Freyer. Ausserdem kam der Jurist H. Frank, der den Italienern die Notwendigkeit der deutschen Rassengesetze beibringen sollte, was damals noch keinen Erfolg hatte. – Heyses fachlicher Vortrag war farblos und unbedeutend. Wer nur sein Buch kann-

te, konnte schwerlich vermuten, dass der Verfasser dieses pangerma-
nischen und antichristlichen Anspruchs ein milder, zurückhaltender
und schüchterner Mensch war. Da er als Rektor der Reichsuniversität
Königsberg und Leiter der ersten »Dozentenlager« sehr einflussreich
war, benutzte ich die Gelegenheit, um mit ihm über meine Lage zu
sprechen, die damals noch ungeklärt war, denn gesetzlich war ich noch
immer Dozent, obschon mir der Lehrauftrag schon faktisch entzogen
war. H. missbilligte dieses Verfahren und versprach mir, sich nach seiner Rückkehr mit den zuständigen Stellen in Verbindung zu setzen und
mir mitzuteilen, was er erreicht habe. Ich habe von ihm nie eine Zeile
erhalten. – Interessanter war Naumann, ein schon ziemlich mitgenom-
mener Herr, dessen Thema die »Germanische Weltanschauung«, das
sollte heissen: der »heroische Pessimismus« war. Er hatte schon 1933
eins seiner Bücher »Hitler und George, dem Führer und Dichter des
dritten Reiches« gewidmet, eine Kombination, für deren Geschmack-
losigkeit und Lächerlichkeit nur er selbst kein Gefühl hatte. Neuerdings
versuchte er sich den N. S. und das germanische Wesen mit Heideggers
»Sein und Zeit« auszulegen. Die Italiener amüsierten sich über diese
Begriffsverwirrung, aber N. war tief überzeugt, dass ihm Heideggers
halbverständliche Kategorien die Tiefen des germanischen Mythus
erschlossen und er war schwer beleidigt, als man beim Essen seinen
heroischen Pessimismus[*84] ein wenig verspottete. – Als einer der nächsten kam C. Schmitt, über dessen »Dezisionismus« ich einen kritischen
Aufsatz veröffentlicht hatte, hinter dessen Pseudonym er G. Lukács
vermutete, ohne zu ahnen, dass der Verfasser unter seinen Hörern sein
werde und[*85] mit dem Italiener befreundet war, der sowohl diese Kritik wie Schmitts politische Schriften ins Italienische übersetzt hatte.
Sch.s persönlicher Eindruck entsprach nicht meinen Erwartungen. Der
Staatsrat war keineswegs ein selbstgewisser Diktator[*86], sondern ein pe-
tit bourgeois mit rosigem glatten Gesicht. Nach Beendigung seines Vortrags blickte er im Gespräch unsicher[*87] nach allen Seiten umher, weil
ihm sein Publikum nicht ganz geheuer war. Die Pointe seines Vortrags
war ebenso konsequent wie verrucht: der »totale Staat« entsprang dem
»totalen Krieg«; zu einem totalen Krieg gehört aber auch ein »totaler
Feind« und die »Unsittlichkeit« (sic!) des letzten Krieges habe darin
bestanden, dass er ohne totalen Feind geführt worden ist. Ob Sch. unter
dem »totalen Feind« damals den »Bolschewismus« verstand, und heute wohl England, blieb unausgesprochen. Gegenüber Katholiken wie
meinem Freunde Peterson pflegte er seinen Staatsgedanken autoritär-

katholisch zu färben. Er stammte auch selbst aus dem neukatholischen Kreis, der sich früher um Scheler gebildet hatte, jedoch mit dem Unterschied, dass sich bei Scheler die innere Unsicherheit in einem beständigen Wechsel der Positionen kundgab, bei Schmitt und Peterson aber in einer Entscheidung, sei es für die Kirche oder den Staat. Ein Jahr später hat Sch. sein Schicksal ereilt: »Das schwarze Korps« brachte einen Artikel, der seine früheren Beziehungen zu Juden bloss[s]tellte, worauf er sich auf seine Professur zurückziehen musste und aus allen übrigen Ämtern ausschied. – Freyers Vortrag handelte vom »Geschichtlichen Selbstbewusstsein des 20. Jahrhunderts«. Die Geschichte soll danach nicht mehr als »Entwicklung« und »Fortschritt« begriffen werden, sondern unter den Kategorien »Aufbruch«, »Entscheidung«, »Augenblick«, »Existenz«. Ranke, Mommsen und Dilthey, das sei alles über Nacht alte Generation geworden, wogegen die neue des 20. Jahrhunderts die Geschichte mit »verbalen, aktiven und militanten« Ausdrücken interpretiere. Die Kraft zum geschichtlichen Handeln komme aus Blut, Rasse und Glauben. Wer diesen nicht hat, sei »freischwebende Intelligenz«, der gegenüber sich Freyer – er war der Typus des ausgewachsenen »Jugendbewegten« – als der Bodenständige wähnt. »Tempi di grossezza di semplicismo e credulità«*[88], hat Croce im Epilog seiner Geschichte des 19. Jahrhunderts diese neuen Zeiten genannt.

Zwei deutsche Institutsdirektoren

Freyers Vortrag fand in der neugegründeten »Kulturabteilung« der Bibliotheca Hertziana statt, in den Räumen, die das Reich einer jüdischen Stiftung verdankte. Im Zimmer des Direktors Paul *Hoppenstedt* stand noch Thorwaldsens Humboldtbüste, an der Wand hingen nun Photographien von Hitler und von S.A. Gruppenführern, mit denen Herr Hoppenstedt persönlich bekannt war. Dieser nervöse ältere Herr, der aus einer guten Familie stammte, wurde seines femininen Wesens wegen allgemein »Tante Paula« genannt. Er war beim Münchner Hitlerputsch aus der Ferne beteiligt gewesen, im übrigen war er bis 1933 ein berufsloser Schöngeist, der viel in Italien gereist war und darum dieses nicht zu verachtende Pöstchen erhalten hatte. Später wurde er sogar »Kulturgauleiter« für ganz Italien. Seine Bibliothek, die ich benutzen durfte, befand sich noch »zwischen den Zeiten«: sie enthielt neben der obligaten N. S. Literatur viel Liberales und Jüdisches, z. B. alle Schriften von Freud und erotische Seltenheiten. Obwohl er von mir wusste, dass ich Emigrant war, lud er uns eines abends zu sich in seine hübsche Wohnung im obersten Stock der Hertziana ein. Die eigentliche Aufgabe des Instituts, die Pflege des geistigen Austauschs zwischen Italienern und Deutschen, beschränkte sich auf eine splendide Bewirtung, die man sich gern gefallen liess, und auf einige Vorträge, zu denen auch ich regelmässig Einladungskarten erhielt. Unglücklicherweise hatte H. aber nicht bedacht, dass die Grenze zwischen Deutschen und Juden doch schärfer gezogen war als es sein weiches Gemüt wahrhaben wollte, und er selbst musste sich gefallen lassen, dass ihn sein radikalerer Assistent E. überwachte und denunzierte. Und so geriet H. eines Tages in die peinliche Lage, seinen Assistenten zu mir schicken zu müssen, um seine schon ergangene Einladung wieder rückgängig zu machen, wobei er sich nicht entblödete, uns zu bitten darüber zu schweigen, weil das Bekanntwerden dieser Sache für das Institut recht peinlich sein würde. – 1936 war die Situation bereits wesentlich klarer, und als Heidegger in der Hertziana sprach, durfte ich nicht dabei sein.

Der einzige deutsche Gelehrte in offizieller Stellung, in dessen Hause man auch als Jude verkehren konnte, war *L. Curtius*, der Direktor des Archäologischen Instituts. Ich hatte ihn schon in meiner Studentenzeit als Teilnehmer an Husserls Seminar in Freiburg kennen gelernt. Er war ein Charakter und eine Persönlichkeit, welche die von ihm verlangte Beschränkung seines privaten Verkehrs nicht duldete. In seiner vornehmen Wohnung am Corso Umberto trafen sich Italiener, Deutsche und Juden. Er war ein Mittelpunkt des geselligen Lebens und repräsentierte eine Kultur, die noch in der Goethezeit wurzelte. Seine glänzenden Führungen durch die Museen von Rom versammelten einen Kreis von Menschen, für die der Geist und das Geistreiche noch mehr als die Rasse wog. Er scheute sich auch nicht, seine Kinder einer Haustochter anzuvertrauen, die von jüdischer Herkunft war und ihnen von einem Emigranten Musikunterricht erteilen zu lassen. Die Vorträge der prominenten n. s. Kollegen besuchte er prinzipiell nicht, und auch Heidegger, der ihm aus Freiburg bekannt war, lud er mit Absicht nicht ein. Ohne diesen humanen und grenzenlos aufnahmefähigen Mann, der in seiner Wissenschaft, in der europäischen Literatur, in Musik und Philosophie gleichermassen beschlagen war, wäre mein römischer Verkehr auf Italiener und Emigranten beschränkt gewesen. Nur ein Exilierter kann die Wohltat ermessen, welche nach Hitler in

dem Genuss eines gleichgestimmten Verkehrs mit einem wahrhaft gebildeten Deutschen lag. Mit freundlicher Teilnahme verfolgte C. auch
die Niederschrift meines Burckhardtbuchs, und manchen Abend hielt
er mir frei, um mit mir auf der Dachter[r]asse seines gastlichen Hauses
darüber zu sprechen. Ich wünschte ihm diese Arbeit zu widmen, aber
es kam nicht dazu: die politische Hetze gegen ihn hatte seine Stellung
bereits so gefährdet, dass er eine Widmung vonseiten eines Emigranten
nicht annehmen konnte. Wenige Monate, nachdem ich Italien verlassen, hatten seine Feinde ihr Ziel erreicht: er wurde vorzeitig von seiner
Stelle entlassen und pensioniert. Seine Standhaftigkeit hatte ihn zu Fall
gebracht, und das Institut, welches ein Jahrhundert zuvor unter W. v.
Humboldt und Bunsen entstanden war, geriet in die Hände eines jungen Burschen, dessen einziges Verdienst seine Tätigkeit für die Partei
war.

Die deutschen Emigranten in Rom

Die deutsche Propaganda hat es fertig gebracht, dass man sich unter einem »Emigranten« eine Existenz vorstellt, die ungezwungen das Land
verlässt, um im Ausland durch »Greuelpropaganda« Rache zu nehmen.
Eine deutsche Zeitung forderte aus Anlass von Einsteins Berufung ins
Ausland den Passentzug für alle entlassenen deutschen Hochschullehrer, d.h. sie sollten nicht nur ihre Existenz in Deutschland verlieren,
sondern gezwungen werden, in Deutschland weiter zu vegetieren.[20]
Diese sadistische Forderung stand nicht etwa im »Stürmer«, sondern
in der von Zehrer herausgegebenen »Täglichen Rundschau«, die 1933
eine der wenigen, noch halbwegs anständigen Zeitungen war, und
darum auch noch im gleichen Jahr ihr Erscheinen einstellen musste.
– Wie selbstverständlich auch den Gebildeten die eben erwähnte Vorstellung vom Emigranten war, zeigte mir eine Äußerung Beckers, der
mir schrieb: *mich* rechne er nicht zu den Emigranten, denn darunter
verstehe er Leute wie den Schriftsteller Heinrich Mann oder den Redakteur der Pariser Emigrantenzeitung. In ähnlicher Gesinnung haben
mir Birtners beim Abschied den freundschaftlichen Rat gegeben, ich
solle in Rom nicht mit Emigranten umgehen, ein Rat, der – selbst abgesehen davon, dass es *die Deutschen* waren, die nicht mehr mit Juden
umgehen wollten – um so komischer war, als ihr intimster Hausfreund

ein typischer Frankfurter Jude war, der bei mir antisemitische Gefühle
erregte und dem ich in Rom aus dem Wege ging. Geschichtlich mag
an der Idee vom Emigranten noch die Erfahrung beteiligt sein, die Europa während der französischen Revolution mit den émigrés gemacht
hat. Wir waren aber keine politischen Flüchtlinge, sondern für uns
selbst seit Generationen Deutsche und für die andern neuerdings Juden, deutsche Juden, die nur deshalb ins Ausland gingen, weil ihnen
Deutschland die materielle und moralische Existenzmöglichkeit nahm.
Die deutsch-jüdischen Emigranten waren zum aller grössten Teil *Exi-
lierte*, d.h. wider Erwarten und Wollen Vertriebene. Ich traf noch 1935
in Italien einen deutschen Juden, der das ihm übrig gebliebene Reisegeld wieder brav nach Deutschland zurückbringen wollte, um nicht
gegen die »Pflichten des deutschen Staatsbürgers« zu verstossen, und
dieser Mann hatte in seinem Frankfurter Geschäft Dinge erlebt, die jeder Rechtlichkeit spotteten. – Die Rassenprozente spielten für die vertriebenen Juden, Halbjuden und Mischehen keine Rolle, denn es fehlte
dazu die Voraussetzung, welche die Gesetzgebung unterschob: keiner
von uns empfand sich mit den andern als eine *ethnische* Einheit, als
»jüdisches Volk«, wohl aber verstärkte gerade das gemeinsame Schicksal die Empfindlichkeit für die persönlichen Unterschiede in der Art
und Weise der deutsch-jüdischen Existenz. So bevorzugten wir in Rom
den Verkehr mit denjenigen Juden und Halbjuden, die sich gleich uns
als Deutsche fühlten und wir vermieden nach Möglichkeit jene allzu
jüdischen Juden, die unter sich eine Art Ghetto bildeten. Diese Kreise
stärkten sich gern durch die Illusion eines raschen Zusammenbruchs
von Hitlers Regierung. Die weitaus meisten waren jedoch durchaus
unpolitisch gesinnt. In Prag, Zürich und Paris mag es anders gewesen
sein.

Der Maler *Sandstein* war ein richtiger Münchner und schon durch
seinen freien Beruf so unpolitisch wie möglich. Er versuchte es zuerst
mit einem Photoladen und seine Frau gab Gesangstunden. Später haben sie eine kleine Pension aufgemacht, um sich mit ihrem erwachsenen Sohn, der im fascio war und italienischer Offizier werden wollte,
recht und schlecht durchzubringen. *Frankl*, der Sohn eines entlassenen
Professors der Kunstgeschichte, war seinem Wesen und Aussehen nach
gänzlich unjüdisch; er hatte eine kleine (arische) Schwäbin zur Frau. Sie
hausten mit ihrem Kind in einer ausgebauten Garage so proletarisch,
dass sie sich selbst ihre paar Möbel zimmerten. Er arbeitete als Archi-
tekt bei einer italienischen Firma. *Kuttner* stammte aus einer gebilde-

ten und reichen Berliner Familie. Er war schon vor Hitler katholisch geworden und erhielt als Jurist für kanonisches Recht eine Anstellung am Vatikan. Er und seine Frau vermieden eine allzu enge Berührung mit ihren Schicksalsgenossen und setzten nach Möglichkeit unter neuen Verhältnissen ihre frühere Existenz*[89] fort. Strauss, ein entlassener Privatdozent der Kunstgeschichte, der von Pinder habilitiert worden war, hielt sich an seine musikalische Begabung. Er studierte fleissig am römischen Konservatorium und gab Klavierstunden und genoss dabei seine Freiheit in Rom. Fräulein *Jastrow*, die Tochter eines bekannten entlassenen Nationalökonomen, war von Beruf Archäologin. Sie hatte ein amerikanisches Stipendium und bearbeitete griechische Tonscherben. Sie verkehrte zurückhaltend und ängstlich mit einigen Fachgenossen. *Fraenkel*, ein studierter Jurist und Meineckeschüler, verheiratet mit einer arischen Professorentochter, war bis 1933 langjähriger Korrespondent der D.A.Z. in Rom gewesen. Er litt sehr unter seiner Ausschaltung, verstand es auch nicht, die Konsequenzen aus seiner berufslosen Lage zu ziehen und sich einzuschränken, verzehrte seine Ersparnisse, und erst als diese zusammenschmolzen, versuchte er bei österreichischen, tschechischen und Pariser Zeitungen Aufträge zu bekommen. Die deutschen Dinge beurteilte er mit einer rührenden »historischen Objektivität«. Er war dankbar für jeden Anstandsbesuch, den ihm seine deutschen Berufskollegen noch hier und da machten. Auf Wunsch einer italienischen Fachzeitschrift schrieb er 1936 einen Artikel »Il Trattamento degli Ebrei nella Legislazione del 3° Reich«*[90], einen sachlich informierenden Aufsatz ohne jede polemische Note – ahnungslos, dass er zwei Jahre später von seinen Italienern dasselbe »trattamento« erfahren werde – eine wahre Tragikomödie! Der Altphilologe *Walzer*, verheiratet mit einer Tochter des Verlegers Cassirer, war ein Schüler von W. Jäger gewesen und ist nach dem Verlust seiner Privatdozentur nach Rom gekommen, um sich bei Gentile mit Energie, Geduld und Ausdauer eine neue akademische Existenz aufzubauen. Sowohl er wie seine Frau waren stark jüdische Typen, nicht zuletzt durch die Zähigkeit, mit der sie sich unter allen Umständen behaupteten und neue Beziehungen knüpften. P. *Kristeller*, der bei Heidegger studiert und in Heidelberg promoviert hatte, arbeitete an einer Edition von Ficinus und erhielt durch Gentile eine Lektorstelle an einer Schule in Pisa. *Loewald*, den ich von Freiburg her kannte, heiratete in Rom eine Jüdin. Er arbeitete für das italienische medizinische Staatsexamen, das er in Deutschland schon längst bestanden hatte. Später bekam er eine Assistentenstelle an einer italienischen Klinik. Die Ärzte *Behrens* und *Fleischmann* hatten ebenfalls zum zweiten Mal ihr Examen gemacht und eröffneten eine Praxis, deren Patientenkreis aus Italienern und Emigranten bestand. Sie waren ganz von ihrem beruflichen Vorwärtskommen erfüllt und schon dadurch frei von der Reflexion auf Vergangenes. Lilli *Gradenwitz*, ein sehr hübsches und ernstes halbarisches Mädchen, deren Vater in Kiel vor dem Umsturz Bürgermeister gewesen war, hätte an sich in Deutschland bleiben können, zog es aber vor, die Halbheit durch eine ganze Entscheidung zu lösen. Sie war mittellos nach Italien gekommen, wo sie zunächst eine Stelle als Haustochter fand. In Rom, wo wir sie kennen lernten, war sie Angestellte in einem Reisebüro. Im November 1938 wurde ihr alter Vater in Kiel um 4 Uhr morgens aus dem Bett geholt und in ein Konzentrationslager verbracht, ohne dass ihre Mutter wusste wohin. Ein italienisierter Tiroler, der in Mailand Techniker war, heiratete sie wenige Tage vor dem Inkrafttreten der italienischen Rassengesetze. Sie war der reine Typ eines norddeutschen Mädchens, aber so oft die Rede auf die deutschen Geschehnisse kam, erschrak sie zutiefst und wollte am liebsten all diese Dinge vergessen. *Brendel*, ein ausgezeichneter Schüler von Curtius und Assistent des archäologischen Instituts, war mit einer Jüdin verheiratet und musste deshalb seine Stelle aufgeben. Er ging 1936 nach England. Der Romanist *Dieckmann* war in einem ähnlichen Fall, aber weniger seiner Lage gewachsen. Spitzer verschaffte ihm eine Assistentenstelle in Istanbul, die ihn aber wenig befriedigte, so dass er sie wieder aufgab. – *91 Eine eigentliche Emigrantenpsychologie lernte ich nur bei Dreien kennen: dem ehemaligen Heidelberger Romanisten *Leo Olschki*, dem schon erwähnten Archäologen *Lehmann-Hartleben*, dessen Frau arisch war, und bei *Krautheimer*, der am Marburger Kunstinstitut Dozent gewesen war. O. gehörte zu einer Familie, die in der Tat internationales Ostjudentum war; »Leonardo da Olschki«, wie wir ihn scherzhaft nannten, war in Italien geboren, sein Bruder hatte wie sein Vater die italienische Staatsbürgerschaft erworben. Er war ein kenntnisreicher Gelehrter, klug, scharf und penetrant. Da er aus Deutschland damals noch seine Pension bezog und in Rom eine unbezahlte Gastprofessur eingerichtet bekam, konnte er unbeschwert leben. Lehmann war in einer wesentlich übleren Lage, weil er drei Jungens hatte und erst nach zwei sorgenvollen und mühsamen Jahren in Amerika unterkam. Beide hielt ihre geistige Regsamkeit oben, aber die politischen Verhältnisse liessen sie nicht vom Gewesenen loskommen und es war unmöglich mit ihnen zusammen zu sein, ohne dass die Rede sofort auf das deutsche oder jüdische Thema kam. Stolz und auch Bildung liessen sie glauben, dass, wie einst die antike Kultur durch griechische Emigranten fortgepflanzt wurde, es nun die Mission der aus Deutschland vertriebenen Juden sei, in Amerika die europäische Kultur vor dem Verfall zu bewahren. Krautheimer*[92] lebte in beständiger Unruhe und Aufregung wegen Geldsorgen. Er hatte in Deutschland ein beträchtliches Vermögen zurücklassen müssen, das er mit vielen Manipulationen und Reisen nach Palästina, Paris und London soweit als möglich zu retten versuchte. Alle drei sind jetzt in Amerika. Als letzter verliess O. Rom, nachdem er auch an der dortigen Universität nicht mehr lesen durfte und ihm Italien verleidet war. Nicht wenige Emigranten wurden während Hitlers Besuch in Rom in Haft genommen, andere entgingen dem und sind noch jetzt, trotz der Rassengesetze, in Rom.

Eine Art Emigranten waren auch *R. Michels, E. Peterson* und Fräulein *Hagemann*. *Michels*, der bekannte Soziologe, hatte Deutschland schon vor Jahrzehnten aus politischen Gründen verlassen. Er war Professor in Perugia und wohnte in Rom. In seinem winzigen, von Raritäten vollgestopften salotto versammelte er um sich eine sehr bunte Gesellschaft, bei der er mit grosser Gewandtheit aus dem Italienischen ins Französische oder Englische überging und nötigenfalls auch ins Deutsche. [Abb. 94] Er war Italiener und Faschist geworden und liebte es, in der Öffentlichkeit so zu tun, als verstünde er kaum noch seine Muttersprache. Am Telefon meldete er sich als »Roberto Mikels«, aber die Italiener trauten Roberto nie recht. Er war eine interessante Persönlichkeit mit einem zerwühlten Gesicht, das mich an Strindberg erinnerte. Im übrigen war er ein Vielwisser sondergleichen und ein unermüdlicher Publizist. 1936 ist er in Rom gestorben. – *Peterson* hatte in umgekehrter Richtung wie K. Barth die letzten Konsequenzen aus dem Verfall des liberalen Protestantismus gezogen, indem er katholisch wurde und nach Rom ging, wo er mit 43 Jahren eine junge hübsche Italienerin heiratete, die ihm alljährlich ein Kind gebar. Sie lebten zurückgezogen am Aventin, wo ich ihn des öfteren besuchte und von ihm eine stets freundschaftliche Aufnahme und manche Anregung empfing. Er litt unter seiner Entfernung von Deutschland und war sich bewusst, dass der Riss, welcher seit 1933 durch das deutsche geistige Leben ging, auch seine eigene theologische Arbeit in Mitleidenschaft zog. Er sah in Deutschland vor allem die Zerstörung der christlichen Erziehung vor sich und wollte dem seine Kinder nicht aussetzen. So blieb er in Rom,

obwohl ihn der italienische Katholizismus wenig befriedigte. Sein Kon-
vertitentum unterschied sich nicht wesentlich von dem der Romanti-
ker, obschon es dogmatisch gefestigter war. Ich hatte des öfteren den
Eindruck, dass ihm Baudelaire näher lag als die Kirchenväter, über die
er an einem päpstlichen Institut Vorlesungen hielt. Die Judenfrage war
ihm ein theologisches Problem, das nur christlich gelöst werden könne,
und seine geistvolle Schrift über »Die Kirche aus Juden und Heiden«
entbehrt nicht eines christlich-antisemitischen Tons. Dass ich weder
auf die Seite des Judentums noch des Christentums trat, war ihm ein
Rätsel, das ihn beunruhigte, weil es zu seiner eigenen Lebensentschei-
dung in genauem Gegensatz stand. – Fräulein *Hagemann* wollte ebenfalls nicht mehr nach Deutschland zurück, obwohl sie weder politisch
noch rassisch belastet war. Sie war eine der wenigen Deutschen, welche
die n. s. Barbarei und der Antisemitismus so in der Seele verletzt hatte,
dass sie es vorzog, in der Fremde zu bleiben. Als wir sie kennen lernten,
war sie Erzieherin bei den Töchtern von Curtius.

Russische Emigranten in Italien und Japan

Ein Fall für sich war der russische Emigrant *J. Schor*, der erst aus Russland und dann aus Deutschland vertrieben worden war, und in Rom
mit seiner Frau als Schriftsteller lebte, ehe er weiter nach Palästina
zog. Dank seiner russischen Philosophennatur war er gegenüber den
Wechselfällen des Lebens in einer viel gründlicheren Weise gesichert
als die mir bekannt gewordenen Emigranten aus Deutschland, die fast
alle an ihrer bürgerlichen Lebensart festhielten. Seine feine, kluge und
gewinnende Art machte ihn zu einem sehr angenehmen Gesellschaf-
ter. Durch ihn lernte ich den schon 70jährigen Schriftsteller *W. Iwanow*
kennen, der sich mit französischen und russischen Unterrichtsstunden
durchschlug. Die Eigenart der russischen Emigranten bestätigte sich
mir auch in Japan, wo ich im Sommer 1939 einen Herrn kennen lernte
– er nannte sich *Monsieur de B.* – dem gewiss niemand angemerkt hätte,
dass er bis 1924 Diplomat am Heiligen Stuhl, dann Inhaber eines Da-
menwäschegeschäfts in Paris und nun Gymnasial-Lehrer für Deutsch,
Russisch und Französisch in einem japanischen Nest war. Er fühlte sich
moralisch sehr wohl mit seinem Nansenpass, verkehrte mit Engländern
und Italienern, mit Nazis und Juden, und blieb stets »M. de B.«, mit ei-

nem aparten Spazierstock und einem seltenen Fingerring. – Im selben Sommer entdeckte ich in Yokohama nach 20 Jahren einen Freiburger Studienfreund wieder, den Musiker *K. Schapiro*. Er hatte sich einen alttestamentarischen Bart wachsen lassen und lebte auf seine eigenwillige Art sehr zufrieden in einem Häuschen am Meer. Seine anmutige, ebenfalls jüdische Frau hatte ihm [Abb. 95] schon fünf Söhne geboren und gab Klavierstunden. Da der Tag, an dem ich ihn besuchte, gerade ein jüdischer Festtag war, den er streng einhielt, kam das Gespräch auf unser Judentum, von dem in Freiburg niemals die Rede gewesen war. Er erklärte mir, dass er früher geglaubt habe, ein »Europäer« zu sein, bis er schliesslich entdeckt habe, dass er nicht ein deutsch und französisch gebildeter Russe sei, sondern eben ein Jude, den die andern mit Recht von sich unterschieden. Er war enttäuscht, dass ich mich nicht auch für das orthodoxe Judentum interessierte und betrachtete mich von da ab als »Christen«. Seine private Philosophie war so ausgefallen, dass sie auch kein Boden für gute Gespräche war. Er war ein kompletter Sonderling geworden, der sich mit allen veruneinigte, und damit sein Selbstbewusstsein bestärkte. Seine Familie war durch die russische Revolution völlig zerstreut worden, nach Japan, Paris und Afrika.

Die Vertreibung der Juden aus Italien

Die meisten unserer römischen Bekannten und Freunde wurden 1938 durch die italienischen Rassengesetze aufs Neue vertrieben, nachdem sie sich in fünf mühsamen Jahren eine dürftige Existenz erarbeitet hatten. Sechs Monate hatten sie Zeit, um sich für irgendeinen Teil der weiten Welt, die noch nie so eng war, ein Visum zu erkämpfen und sich einen Schiffsplatz zu sichern. Sandsteins verkauften ihre Pension an Parterreakrobaten, um sich das Reisegeld zu verschaffen; sie wanderten zu einem Freund nach Bolivien aus. Die Meisten gingen nach USA und einer nach England. – Ein Jahr später, als Deutschland den Russenpakt schloss, waren die italienischen Gesetze überflüssig geworden, denn die Achse hatte an Zugkraft bereits sehr verloren. Diese Gesetze waren trotz etwas gelinderer Formen im Grunde noch schmählicher als die deutschen, denn Italien hatte ja selbst den Emigranten eine Zuflucht gewährt, ehe es sie wieder des Landes verwies. Selbst von den legal aus Deutschland transferierten Vermögensteilen durften die deutschen

Emigranten nur 2000 Lire (= 500 RM) mit sich nehmen. Alle Mühe und Arbeit, Aufwendungen und Hoffnungen waren mit einem Schlage vernichtet. Als ich mich von Japan aus bei unserm italienischen Freund A. nach dem Schicksal unserer gemeinsamen Bekannten erkundigte, war ihm das peinlich und er bat mich, über »solche Fragen« in Briefen lieber zu schweigen: »minora canamus!«[*93]

Ich spreche nicht für mich selbst, wenn ich behaupte, dass alle diese Emigranten – und es waren in Rom verhältnismässig sehr wenige – harmlose und anständige Menschen waren, ausschliesslich um ihre Selbstbehauptung besorgt und sehr fern von jeder propagandistischen Tätigkeit gegen Deutschland oder das faschistische Régime in Italien. Von den Allermeisten habe ich nie ein gehässiges Wort gegen Deutschland gehört; sie schwiegen darüber und versuchten den erlittenen Verlust in der täglichen Arbeit der Gegenwart zu vergessen, sich in das neue Leben einzugewöhnen und dabei zu geniessen, was noch geniessbar und aufheiternd war – und dessen war in Italien gar nicht wenig. Der Notwendigkeit, in der Fremde heimisch zu werden, entsprach ihre Fähigkeit sich zu assimilieren, dagegen ist mir der Jude, als Einheit des Blutes und Glaubens, überhaupt nicht begegnet.

Eine japanische und eine deutsche Naivität

Ich selbst empfand zunächst auch mehr das Besondere meiner persönlichen Lage als das Allgemeine des jüdischen Schicksals. Das war natürlich nach meiner ganzen Erziehung und Wahl, die beide auf der Emanzipation des Juden zum Deutschtum beruhten. Wer aber seine innere und äussere Existenz einmal darauf gestellt hat, der wird besonders empfindlich gegen bestimmte jüdische Eigenschaften, die den Juden vom Deutschen in Abstand halten, und welche er darum an sich oder in andern bekämpft. Allmählich habe ich aber verstanden, dass das Besondere nicht das Wichtigste ist, wenn ein allgemeines Geschick die Juden in ihrer Gesamtheit bedrängt. Was ich in Rom bewusst unterliess, ist mir in Japan ein selbstverständliches Anliegen geworden: die durch die deutsche Propaganda belogenen Fremden im gegebenen Fall über das Verhalten der Deutschen aufzuklären. Nur wenige Deutsche vermögen die Frage: was jüdisch und deutsch ist, richtig zu stellen, und wie sollten gar Fremde, die es nichts angeht, darüber urteilen können?

Meine japanischen Kollegen waren dazu ausserstande, mochten sie noch so oft darüber in Zeitungen lesen. Die meisten waren völlig naiv und ein Teil sagte »Juden« und meinte*⁹⁴ England und das amerikanische Kapital, das ihnen in China so nötig wie unbequem war. – Ein klassisches Beispiel für den ersten Fall war mir der Mathematiker K., ein freundlicher und gebildeter Professor der Sendaier Universität, der eines Tags zu mir kam wegen der Korrektur eines deutsch geschriebenen Aufsatzes. (Dass ich Jude war, wusste er). Er hatte von einem deutschen Mathematiker die Einladung erhalten, sich an einer Publikation zu beteiligen, die je einen deutschen, italienischen und japanischen Beitrag enthalten und in Deutschland erscheinen sollte. Herr K. fühlte sich sehr geehrt und schrieb ein Vorwort, worin er die Hoffnung aussprach, dass die Zusammenarbeit der drei Mathematiker das politische Dreieck zwischen Japan, Deutschland und Italien auch von der Wissenschaft her bekräftigen möge. Im selben Atem bekundete er seine höchste Verehrung für Einstein, ohne dessen Forschungen auch die moderne Algebra hilflos sei. Am Schluss des Vorworts dankte er mir für die Hilfe der Korrektur. – Als ich ihm beizubringen versuchte, dass er meinen Namen besser weglassen solle, und dass es seinem deutschen Kollegen erhebliche Schwierigkeiten bereiten dürfte, seinen Satz über Einstein zu drucken, stand diesem harmlosen Mann der Verstand plötzlich still, so fern lag ihm der Gedanke, dass in Deutschland selbst die »reine« Mathematik nationalsozialistisch beengt sein könnte. Es war ihm zwar wohlbekannt, dass Einstein nicht mehr in Deutschland lehrte, aber er hatte noch niemals realisiert, was Einsteins Name im heutigen Deutschland bedeutet. Er hatte auch nie sein Buch »Mein Weltbild« gelesen, in dem die Entlassungsgeschichte dokumentarisch dargestellt ist. Er lebte in seinen Zahlen und im übrigen las er die Zeitung, aus der er entnahm, dass nur Italien und Deutschland ein tiefes »Verständnis« hätten für Japans neue »Ordnung« des Ostens. – Weniger harmlos war der Anatom F., der mit mir die Mittel und Wege besprach, wie er einem jüdischen Freunde aus Deutschland heraushelfen könnte, und gleichzeitig in den Vorstand des deutsch-japanischen Kulturbundes eintrat, welcher der antisemitischen Propaganda der Nazi in Japan, und nun auch in Sendai, einen Boden bereiten sollte.

Wenn ich in solchen Fällen die nötige Klarheit zu verbreiten suchte, so tat ich das in dem Bewusstsein des naheliegenden Einwands, dass ein Emigrant zu befangen sei, um diese ihn selbst betreffenden Dinge objektiv beurteilen zu können. Dieses billige Scheinargument hielt mir in

Rom auch Herr Naumann entgegen, als er nichts mehr zu sagen wusste. Ich erwiderte ihm, ob er etwa meine, nur deshalb weniger »befangen« zu sein, weil er N. S., Germanist und Arier war? An Vorurteilen fehlt es gewöhnlich wohl keinem, weder Herrn N. noch mir, aber die Frage ist, ob man gewillt ist, durch sie hindurchzusehen, oder ob man sein Vorurteil als »rassisches Erbgut« zum Dogma erhebt und damit jedem andern, der nicht dieses »Erbe« hat, die Möglichkeit des Verstehens von vornherein und endgültig abspricht. Ich kenne viele ausgewanderte Juden – E. Kahler sei nur genannt – die auch heute noch willens und fähig sind, zu verstehen was deutsch ist, aber keinen einzigen n. s. Deutschen, der sich selbst gegenüber jene Kritik aufbringt, ohne die man einem Andersgearteten niemals gerecht werden kann. Die besondere Gabe des Juden, sich andern zu assimilieren und auch zu verstehen, was gegen ihn spricht (die besten und schärfsten Witze über Juden wurden stets noch von Juden erfunden), beruht auf der ihm eigentümlichen Selbstdurchschauung und Selbstkritik. Die Juden wissen sehr genau, wer sie sind. Und darum befinden sich der Deutsche und der Jude in dieser Frage niemals im Gleichgewicht: ein deutscher Jude ist immer noch eher imstande zu verstehen, was deutsch ist, als ein moderner Pseudogermane zu begreifen, was jüdisch ist, selbst wenn er noch so viel Institute zur »Erforschung der Judenfrage« begründet. Wenn aber der heutige Deutsche den ausgewanderten Juden vorwirft, dass sie »Greuelpropaganda« betrieben, so ist darauf zu erwidern: ihr selbst habt uns zu euren Feinden gemacht, die Englands Sieg wünschen müssen, und was die Greuel betrifft, so stehen sie ja gedruckt in jeder deutschen Zeitung, wennschon unter anderm Titel als in der übrigen Welt. Als Goering ein halbes Jahr vor der 20 %[ig]en (neuerdings 25 %[ig]en) »Sühneleistung« den Bestand des jüdischen Vermögens für die geplante Beraubung aufnehmen liess, stand im Völkischen Beobachter als Überschrift: »Die wirtschaftliche Stellung der Juden wird klar umrissen«.

Jüdische und arische Schicksale der Marburger Universität

Die Schicksale der Marburger Kollegen waren folgende: Als erste haben der Nationalökonom Röpke und der Orientalist Götze, beide arisch, Deutschland aus politischen Gründen verlassen und im Ausland ihnen angemessene Stellen gefunden. Spitzer wurde nach Istanbul berufen

und von dort an die Johns Hopkins Universität. Er brachte bei seinem
Weggang Auerbach an seine türkische Stelle. Krautheimer fand von
Rom aus eine kleine Stelle an einem amerikanischen College. Rohde,
der seine Dozentur wegen seiner jüdischen Frau aufgeben musste, ist
in Ankara untergekommen. Jacobsthal hatte einen englischen Fachkol-
legen zum Freund, der ihm eine Stelle in Oxford verschaffte. Er schrieb
mir so lakonisch wie treffend, »die ganze Angelegenheit« sei eine Sache
»des gescheiten Trainings und der Selbsthygiene«, ohne die man ner-
vös werde und vor die Hunde gehe. Frank und Friedländer waren in
Deutschland geblieben und haben sich erst nach der Judenverfolgung
im November 1938, die Friedländer ins Konzentrationslager brachte,
zur Auswanderung entschieden. Beide sind jetzt in USA. Von den jüngeren [Abb. 96-100], noch nicht habilitierten Bekannten, sind Strauss
und Klein zuerst in England gewesen, ehe sie Stellen in Amerika fanden. Der Student Boschwitz konnte 1933 gerade noch promovieren,
dann zog er mit seiner Familie nach Palästina, wo er sich aber nicht
einzuleben vermochte, und strebt nun nach Amerika. Sein Freund De-
kuczynski war wegen einer brieflichen Äusserung 9 Wochen in einem
der berüchtigsten Konzentrationslager, ehe er nach England ausreisen
und mit Hilfe von Verwandten dann in Amerika einwandern konnte.
Marseille ist von Wien nach New York gegangen, wo er gegenwärtig im
Elend sitzt und von Schulden lebt.

Gadamer ist trotz fehlender »politischer Verdienste« nach vielen
Quertreibereien Professor in Leipzig geworden. Seine spärlichen und
durch Reflexion belasteten Briefe vermochten trotz ihrer guten Gesinnung den Abstand, der uns temperamentsmässig schon in Marburg getrennt hatte, nicht zu verringern. Mein[en] Entschluss, ihm
mit Rücksicht auf die politische Trennung von Deutschen und Juden
die Patenschaft aufzusagen, die ich vor mehr als 10 Jahren bei seinem
Kind übernommen hatte, liess er nicht gelten. Leider hatten wir keine
Gelegenheit, uns noch einmal mündlich auszusprechen, denn als die
Marburger auf den Gleisen der deutsch-italienischen Achse endlich
Italien bereisten, war ich bereits in Japan. G. Krüger, den ich als Dozent
und Charakter schätzte, ohne ihm jemals nahe zu stehen, hat sich auf
die Seite der Bekenntniskirche geschlagen und seiner Standhaftigkeit
wegen viele Schikanen erduldet, ehe er den Professortitel bekam. Bultmann ist unverändert bei seiner theologischen Arbeit geblieben und
hat dank seines festen Charakters und seiner trockenen Sachlichkeit die
Gefahren der Zeit überstanden. Lisa de Boor, die uns im Sommer 1935

mit Goebel in Rom besuchte, ist dieselbe herzhafte und kluge, tüchtige und teilnehmende Freundin geblieben, die sie uns von jeher war. Sie hat ihre drei nun schon erwachsenen Kinder trefflich herangezogen und pflegt trotz aller Schwierigkeiten ihre ausländischen Beziehungen zu den Anthroposophen in Dornach, den Freunden in Schweden und Frankreich und den Geschwistern in Amerika. Zugleich ist sie mit ihren Kindern an dem deutschen Geschehen und den n. s. Organisationen in positiver Weise beteiligt, ohne durch ängstliche Vorsicht und Nichtriskieren ihre innere Freiheit gegenüber den deutschen Dingen zu schmälern. Eine solche freimütige Haltung ist allerdings eine Ausnahme und eher bei Frauen als bei Männern zu finden.

Die Marburger Universität ist im selben Masse zusammengeschrumpft wie der Kasernenbau fortschritt, und die Theologiestudenten sind von 700 auf etwa 120 zurückgegangen. Im betriebsamen Vordergrund herrscht E. Jaensch, ein etwa 50jähriger Junggeselle mit einem stark psychopathischen Einschlag. Er hatte sich mit Begeisterung in die Bewegung gestürzt, um sich im »Aufbruch der Jugend« mit zu erfrischen. Seine zahllosen Vorträge handelten alle vom »deutschen Menschen«. Im letzten Führer der Marburger Universität für 1939/40 wird unter der Philosophischen Fakultät die sog. Marburger Schule (Cohen, Natorp, Cassirer) als eine jüdisch-liberale Angelegenheit nicht mehr erwähnt.[21] Um so mehr werden die volksnahen Fachwissenschaften betont, die den neuen deutschen Menschen durch Wehrwissenschaft, Rassenkunde und Anthropologie hervorbringen sollen. Von meinen ehemaligen Kollegen sind die jüngsten Mediokritäten am raschesten o. [rdentliche] Professoren geworden. Ausser dem Bild des[*95] Rektors enthält der Universitätsführer noch das eines etwa 20jährigen Jungen, des Herrn Studentenführers und »Stellvertretenden Gaustudentenführers«. In den voran gedruckten n. s. »Lebensgesetzen« des deutschen Studenten ist viel von Führung und Auftrag, Einsatz und Zucht die Rede. Die Gesetze lauten: »1) Deutscher Student, es ist nicht nötig, dass du lebst, wohl aber, dass du deine Pflicht gegenüber deinem Volke erfüllst! Was du wirst, werde als Deutscher. 2) Oberstes Gesetz und höchste Würde ist dem deutschen Mann die Ehre. Verletzte Ehre kann nur mit Blut gesühnt werden. Deine Ehre ist die Treue zu deinem Volk und zu dir selbst. 3) Deutsch sein heisst Charakter haben. Du bist mitberufen, die Freiheit des deutschen Geistes zu erkämpfen. Suche die Wahrheiten, die in deinem Volk beschlossen liegen. 4) Zügellosigkeit und Ungebundenheit sind keine Freiheit. Es liegt im Dienen mehr Freiheit als im eigenen Befehl. Von deinem Glauben, deiner Begeisterung und deinem kämpferischen Willen hängt die Zukunft Deutschlands ab. 5) Wer nicht die Phantasie besitzt sich etwas vorzustellen, wird nichts erreichen, und du kannst nicht anzünden, wenn es in dir nicht brennt. Habe den Mut zu bewundern und ehrfürchtig zu sein. 6) Zum N. S. wird man geboren, noch mehr wird man dazu erzogen, am meisten erzieht man sich selbst dazu. 7) Wenn etwas ist, gewaltiger als das Schicksal, dann ist es dein Mut, der es unerschüttert trägt. Was dich nicht umbringt, macht dich nur stärker. Gelobt sei was hart macht. 8) Lerne in einer Ordnung zu leben. Zucht und Disziplin sind die unerlässlichen Grundlagen jeder Gemeinschaft und der Anfang jeder Erziehung. 9) Als Führer sei hart in deiner eigenen Pflichterfüllung, entschlossen in der Vertretung des Notwendigen, hilfreich und gut, nie kleinlich in der Beurteilung menschlicher Schwächen, gross im Erkennen der Lebensbedürfnisse anderer und bescheiden in deinen eigenen. 10) Sei Kamerad! Sei ritterlich und bescheiden! In deinem persönlichen Leben sei Vorbild. An deinem Umgang mit Menschen erkennt man das Mass deiner sittlichen Reife. Sei eins im Denken und Handeln. Lebe dem Führer nach!«

Dieser deutsche Student, der an erster Stelle wissen muss, dass es unnötig ist, dass er lebt, hat alle Tugenden »des deutschen Menschen« schlechthin. Nur an einer Stelle fällt die Formulierung der Lebensgesetze aus dem n. s. Rahmen heraus, im 9. Gesetz, das eine mit allem übrigen dissonierende Erinnerung an ein Goethewort ist. [Abb. 101]

Der Reflex der deutschen Ereignisse in Italien

Die äusseren Ereignisse, die mich von 1934 bis 36 während meines Aufenthalts in Italien angingen, waren folgende. Wenige Monate, nachdem ich Deutschland verlassen hatte, hielt der Vicekanzler v. Papen in der Marburger Universität seine berühmt gewordene Rede über die innerpolitische Lage, die vermutlich aus dem Kreise um Hindenburg inspiriert war. Ihre Veröffentlichung wurde von Goebbels sofort unterdrückt. Sie war ein Vorzeichen der kommenden Krise, die im Juni 1934 zum Ausbruch kam und die Ermordung von Papens Sekretär, des Generals Schleicher, des Hauptmanns Röhm, G. Strassers und von etwa 150 prominenten Persönlichkeiten der Partei zur Folge hatte. Der

Eindruck, den dieses Ereignis in Italien machte, war eindeutig: man erschrak zutiefst über die völlige Skrupellosigkeit und die düstere Gewalt dieser Untaten, über welche sich die Deutschen binnen weniger Wochen beruhigten, während in Italien noch nach 10 Jahren die Erinnerung an die Ermordung des einen Sozialisten T.*96 die Gemüter aufkochen liess. Besseler, dem ich in Rom erzählte, wie abstossend der Juni 1934 auf das Rechtsempfinden der Italiener gewirkt hatte, konnte das gar nicht begreifen. Denn es sei doch eine blosse Sache der »Form«, ob man dem Staat gefährlich gewordene Leute durch einen gerichtlichen Spruch beseitige oder ohnedem. Diese völlige Unempfindlichkeit gegen Recht und Rechtsformen ist sehr bezeichnend für alle durch*97 den N.S. erzogenen Deutschen. Genau dasselbe naive Erstaunen kam in Hitlers Reichstagsrede vom Oktober 1939 zum Ausdruck, worin er nach der Zerschlagung Polens sein »Friedensangebot« machte. Es kam darin ein Passus vor, in dem es hiess, man werfe Deutschland seine »Methoden« vor, aber das sei englische Heuchelei, und letzten Endes entscheiden »nicht die Methoden, sondern der nützliche Erfolg«. In diesen Sätzen offenbart sich der ganze Gegensatz, nicht bloss zwischen Deutschland und England, sondern zwischen Barbaren und Zivilisierten, der aber für die Deutschen auch nur ein Unterschied in der Form ist, obwohl sie schon von 1914 bis 18 durch [Abb. 102-105] ihre souveräne Verachtung von Verträgen und Normen die Erfahrung hätten machen können, dass Formen nichts bloss Formales sind. Hitler hat in derselben Rede die erstaunlich naive Bemerkung gemacht, dass ihm die Feindschaft der britischen Staatsmänner »unerklärlich« sei und ihn persönlich »geradezu erschüttere«. Die Deutschen werden sich niemals erklären können, warum man ihre Methoden hasst. 1916 gab es noch einen Philosophen, M. Scheler, der den Deutschen inmitten des Kriegs die »Ursachen des Deutschenhasses« zu erklären bemüht war, während die gegenwärtigen Philosophen des Reichs genau so wie ihre Führung denken, weil schon die »Lebens«- und »Existenz«-Philosophie jede Rechtsphilosophie verunmöglicht hat. Wenn Recht ist, was einem Volke nützt, dann ist es nutzlos, überhaupt noch von Recht zu sprechen.

Den Sommer 1934 verbrachten wir in Pozzetto bei Rapallo im Hause Stellamare bei deutschen Emigranten*98, die davon lebten, dass sie eine Pension unterhielten. Die von ihnen gemietete Villa lag bezaubernd schön zwischen Olivenhügeln, und von der Dachter[r]asse übersah man die Bucht bis Portofino. Im Herbst fuhren wir von dort nach Genua und ich weiter über Venedig nach Prag zum Internationalen

Kongress. Erst hier im fernen Osten lernt man ermessen, was europäische Städte sind und zumal solch wunderbare Verdichtungen der europäischen Kultur und Geschichte. Vor der Weiterreise machte ich noch einen Abstecher hinauf zu den alten Festungen auf den Bergen oberhalb Genuas und nach Finalmarina, wo ich 20 Jahre vorher als Kriegsgefangener gesessen hatte. Die schweren Türen der meterdicken Mauern standen offen, die Fenster waren zerbrochen und die Räume leer. Alle Spuren unserer Gefangenschaft waren verschwunden und die paar Leute, die ich unterwegs traf, wussten nichts mehr davon.

Auf dem Prager Philosophiekongress (1934)

Das Hauptthema des Kongresses, den Dr. Benès präsidierte, war die »Krisis der Demokratie«, um die sich vor allem Franzosen und Tschechen ereiferten, während die wenigen Delegierten aus Deutschland [Abb. 106] (Heyse, Hellpach und Emge) sich im Hintergrund hielten und wenig behaglich fühlten in diesem allen deutschen Grundsätzen widersprechenden internationalen Milieu. N. Hartmann sprach mich freundlich an und hatte meinen Austritt aus seinem Marburger Seminar scheinbar vergessen. Aus Italien war u. a. der bekannte faschistische Rechtslehrer G. del Vecchio entsandt worden. Zufällig kam mir hier kürzlich ein Brief von ihm zu Gesicht, in dem er sich bitter über seine Entlassung wegen seiner jüdischen Herkunft beklagte, und sich mit peinlichem Eifer bemühte, eine japanische Übersetzung seiner Bücher zustande zu bringen, um sein verletztes Selbstbewusstsein ins Ausland zu retten. Ich lernte auch den Verleger F. Meiner kennen und bot ihm das Manuskript meines Nietzschebuches an. Er war aber aus politischen Gründen zu ängstlich um darauf einzugehen.

Den Rest des Sommers und einen Teil des Herbstes verbrachten wir zusammen mit Lehmanns in St. Agnello di Sorrento. Unsere gemeinsame Wirtschaft war so primitiv wie köstlich und die Pracht des Wetters und der Zauber der Landschaft liessen keinen Tag nach. Ein Ausflug nach dem Kloster »Il Deserto« und eine Fusswanderung vor Anbruch des Tages von Ravello hinab nach Amalfi und dann von Positano zurück nach Sorrent war trotz der flimmernden Hitze einer jener Genüsse, die Jahre der Trübsal erhellen und die man für immer behält. Im Winter schrieb ich in Rom mein Nietzschebuch fertig, für das ich in

Dr. R. K. einen persönlich interessierten Lektor und an B. einen äusserst
entgegenkommenden Verleger fand.

Die Entziehung des Lehrauftrags und meine Reise
nach Deutschland

Im Frühjahr 1935 wurde mir der Lehrauftrag entzogen, obwohl ich
dem Gesetz nach noch immer Dozent war und eine rechtliche Hand-
habe für den Entzug nicht bestand. Ich fuhr deshalb im Mai nach Berlin, wo man mir am Ministerium sagte, dass der Marburger Dozentenschaftsführer diese Massnahme veranlasst habe, ohne dass jedoch
besondere Gründe gegen mich vorlägen. Mit diesem Bescheid fuhr ich
nach Marburg, um [Abb. 107] eine letzte und direkte Auseinandersetzung um meine Existenz in Deutschland herbeizuführen. Ich suchte
den Dekan auf, der über meine Umgehung des üblichen Instanzenwegs
etwas verblüfft war, mir aber bald zu verstehen gab, dass er nicht auf
der Seite der Dozentenschaft stünde. Er war ein rechtlicher Mann, der
seine tägliche Plage mit den Einsprüchen der Parteistellen hatte und
dem es im Grunde willkommen war, gegen sie etwas durchzusetzen. Da
ich nichts mehr zu verlieren hatte, gewann ich moralisch und auch ma-
teriell: In dreimaligen Sitzungen mit dem Dozentenschaftsführer M.,
seinem Vertreter und dem Dekan, zeigte sich folgendes: das Ministerium hatte die Entscheidung auf die Dozentenschaft abgeschoben, diese
redete sich vor mir auf das Ministerium und den Dekan hinaus, und
schliesslich stellte sich auf mein Drängen heraus, dass ein Hintermann
der Dozentenschaft die Entziehung des Lehrauftrags*[99] indirekt durchgesetzt hatte. So sah die »freie Verantwortung« aus. Ich erklärte diesen
Ehrenmännern, dass es erbärmlich sei, den Front-§ anzuerkennen und
ihn hinterrücks zu umgehen und für ihre Handlung nicht einzuste-
hen. Sie sollten doch wenigstens so konsequent sein, den gesetzlichen
Schutz der Kriegsteilnehmer öffentlich aufzuheben, dann sei alles in
Ordnung und ich würde kein Wort mehr mit ihnen verlieren. Sie ver-
langten darauf, ich solle die Beschuldigungen ihres Charakters zurück-
nehmen, worauf der Dekan ihnen erwiderte, das könnten sie nicht von
mir fordern. Er ging dann mit mir zum Kurator, der wie immer, korrekt
und gewissenhaft war. Ihm und dem Dekan verdanke ich es, dass mir
noch für ein halbes Jahr monatlich 200 Mark nach Italien ausgezahlt

wurden, wogegen der Führer der Dozenten die Stirn hatte, selbst diese kleine Erleichterung meiner Lage verhindern zu wollen.

In diesen drei Tagen, während derer ich meine Freunde nur flüchtig sehen konnte, lernte ich einen Japaner kennen*[100], der, um bei mir zu studieren nach Marburg gekommen war, ohne zu wissen, dass ich [Abb. 108] bereits in Italien war. Ich war betroffen über soviel herzliches Wohlwollen eines mir gänzlich Fremden. Er überhäufte mich mit Geschenken und riet mir, nach Japan zu gehen, wo ich durch meine Habilitationsschrift mehr als ich wusste bekannt war. Auf seine Veranlassung habe ich später an den Baron Kuki geschrieben, den ich von seiner Marburger Studienzeit her flüchtig kannte und der nun Professor der Philosophie in Kyoto war.

Rückkehr über Paris nach Italien

Von Marburg reiste ich mit den erlaubten 10 Mark über Basel nach Paris, um meine Lage mit dem Direktor der Rockefeller Foundation zu besprechen. Ich war wegen der Verlängerung meines fellowships um ein zweites Jahr in grosser Bedrängnis, weil dieses Stipendium zur Voraussetzung hatte, dass man nach seinem Ablauf in seine frühere akademische Stellung zurückkehren werde, was nun für mich nicht mehr möglich war. Dadurch entstand die absurde Lage, dass ich wegen des Verlustes meiner Stellung in Deutschland auch das Stipendium für das Ausland einbüssen sollte. Zum Glück war der Direktor verständnisvoll und fand einen Ausweg durch die Bewilligung eines »grant-in-aid«, mit dem ich noch ein weiteres Jahr auskommen konnte. In Paris besuchte ich unsern Marburger Lektor der französischen Sprache, B. Groethuysen und A. Koyré, der mir von Husserls Seminar her bekannt war. Die Pariser Cafés waren voll von jungen deutschen Emigranten. Als ich mir einige Zeitungen kaufte, war ich sehr erstaunt: ich war von Italien und Deutschland her bereits so sehr aller freien Äusserung und Kritik entwöhnt, dass es mir höchst überraschend war, in drei verschiedenen Zeitungen drei verschiedene Stellungnahmen zu den Massnahmen der Regierung zu finden und nicht nur ein »Eintopfgericht«.

In Poveromo bei Massa Carrara traf ich wieder mit meiner Frau zusammen, wo wir in der Casa Venturi ein idyllisches Leben führten. Das Haus lag mitten in einem lichten Pinienwald zwischen dem herr-

lichen weiten Strand und den apuanischen Marmorbergen. Schon am
frühen Morgen brachten uns braune Mädchen in Körben, die sie auf
den Köpfen trugen, Früchte, Gemüse und Fische vor die Tür. Auch an
Gesellschaft fehlte es nicht, Dora M. und Frau von G., die eine Pension
betrieb, wohnten ganz in der Nähe. In dieser heiteren Umgebung begann ich den Plan für mein Burckhardtbuch festzustellen. Eine andere
noch in Marburg geschriebene Abhandlung über das Verhältnis von
Marx und Kierkegaard zu Hegels Vollendung der Philosophie, welche
die Grundzüge meines erst in Japan ausgearbeiteten Buches über die
deutsche Entwicklung »von Hegel bis Nietzsche« enthielt, wurde mir
von den Kantstudien nach einem Jahre Wartens zurückgeschickt, mit
der Begründung, dass es aus »technischen Gründen« unmöglich sei,
meine Arbeit, wie versprochen, zu drucken. Die technischen Gründe
bestanden darin, dass Marx in Deutschland tabu war und der Verfasser
nicht arisch. Der Redakteur bat mich in einem kläglichen Brief um Verständnis für seine schwierige Lage. Ich erwiderte ihm, dass die meine
noch etwas schwieriger sei. Bald darauf war der arme Mann selbst von
der Redaktion entlassen; es lag nicht an ihm, dass er seine Zusage von
1934 ein Jahr später nicht mehr hatte einhalten können. – Im Sommer
1935 blieben wir trotz der grossen Hitze in Rom, weil uns W.s, die in
den Ferien nach Deutschland reisten, ihre hübsche Wohnung bei San
Pietro in Vincoli in der Via delle Sette Sale zur Hütung überliessen. Ein
paar Wochen wohnte auch die krankgewordene Frau Frankl bei uns. Ich
arbeitete am Burckhardt und im September besuchte uns Frau de Boor.
Als mein Buch fertig war, konnte Herr B. vom Runde-Verlag in Berlin
die Herausgabe nicht mehr übernehmen, wenn er nicht seinen Verlag
riskieren wollte. Nach vielen Mühen gelang es mir, 1936 durch Prof.
Kaegis Empfehlung den Basler Verlag B. Schwabe dafür zu gewinnen.
Dem Vita Nova Verlag in Luzern sagte ich nach einigem Schwanken ab,
weil mir der ältere Schwabe-Verlag für die Verbreitung des Buches in
Deutschland günstiger schien. – Im Herbst zogen wir in eine Zweizim-
merwohnung in Monteverde, Via [Abb. 109-110] Giovanni Pantaleo.
Die Betten und allernötigsten Möbel lieh uns ein deutscher Bildhauer,
der sich in Rom eine Wohnung hielt, aber damals in Deutschland lebte,
ehe auch er endgültig auswanderte. Es eröffneten sich Aussichten an
der südamerikanischen Universität von Bogotá, und wir nahmen deshalb spanischen Unterricht bei zwei liebenswürdigen Schwestern aus
Bogotá, die schon seit 6 Jahren in Rom lebten.

Im Flugzeug nach Istanbul

Im Dezember flog ich von Brindisi über Athen nach Istanbul, um auf Spitzers Einladung dort einen Vortrag zu halten und meine dortigen Chancen zu sondieren. Ein Telegramm meiner Frau meldete mir, dass die Verhandlungen mit Bogotà inzwischen gescheitert waren und in Istanbul waren die Aussichten äusserst gering. In D.s Begleitung durchstreifte ich das alte Konstantinopel und in Spitzers Wohnung in Pera war ich für den Rest des Tages aufs angenehmste zu Gaste. Ich lernte R. v. Mises, A. Rüstow, Reichenbach und andere deutsche Professoren kennen, die ihre Stellen in Deutschland verloren hatten und nun an der türkischen Universität unterrichteten. Auch mit Röpke gab es ein Wiedersehen; er war derselbe »sunny boy« wie in Marburg geblieben. Das Beste waren einige Gespräche mit Sp. und der prachtvolle Blick über den Bosporus vom Turm vor der Universität. Das war nicht mehr der mir vertraute mittelländische Süden von Marseille, Genua und Palermo; man witterte hinter den schwarzblauen und grünlichen Wellen und der öden Weite des Hinterlandes schon das russische und orientalische Element. Auf dem stürmischen Rückflug mussten wir abermals in Athen notlanden. Ich bestieg sogleich die Akropolis. Sie lag da in trockener, geistreicher Schönheit und der gelblich getönte Marmor der Tempel hob sich wunderbar ab vom klarsten und reinsten Himmelsblau. Das Museum zeigte seine köstlichen Schätze; einige Japaner, welche hindurchgingen und sich gegenseitig photographierten, wirkten in dieser Umgebung wie ein physischer Misston. Als wir am nächsten Morgen im Auto zum Flugplatz fuhren, stiessen wir mit einem Bauernwagen zusammen und der Pilot verletzte sich das Bein, [Abb. 111-113] so dass wir dem Weiterflug mit gemischten Gefühlen entgegensahen. Als wir aber hoch über den Wolken waren und die griechischen Inseln verschwanden, zog er vergnügt den »Marc Aurelio«, ein römisches Witzblatt, aus seiner Rocktasche und las es am Steuer, als sässe er beim Frisör.

Berufung nach Japan und Abschied von Deutschland und Europa

Inzwischen war der Krieg mit Abessinien in Gang gekommen und nach einigen Monaten zog man mit motorisierten Kolonnen die Strasse nach Addis Abeba hinauf. Ein Film, der in Rom gezeigt wurde, machte sehr anschaulich, dass die gloriosen Heldentaten maschineller Natur waren. – Ostern 1936 unternahmen wir zusammen mit einem deutschen Katholiken noch eine schöne Autofahrt nach Volterra, San Gimignano und Siena. Verhandlungen wegen einer Stelle an der Universität von North Carolina waren erfolglos verlaufen, in Italien war es unmöglich, auch nur ein Lektorat für Deutschunterricht zu bekommen und die geplant gewesene Berufung nach Bogotà war, wie gesagt, nicht zu Stande gekommen. Da erhielt ich im Juni 1936 ein Telegramm aus Japan, dass ich*[101] an die Universität von Sendai berufen sei. Vermittelt hatte diese Berufung Prof. Kuki. Wie ich später erfuhr, hatte die deutsche Gesandtschaft und das deutsche Kulturinstitut meine Berufung aus rassenpolitischen Gründen zu verhindern versucht, aber ihr Ziel nicht erreicht. – Wir flogen im Juli in drei herrlichen Stunden von Rom über die Alpen nach München, wo wir bei meiner Mutter, in Rösls gemütlicher Wohnung, eine ungestörte Unterkunft fanden. Mit vieler Mühe erreichte ich die Bewilligung eines Kreditbriefs von 1000 Mark für Italien und die Herausgabe von 200 Mark aus meinem gesperrten Bankguthaben für die Bestreitung der Aufenthaltskosten in München. Alles übrige, was ich von der Erbschaft meines Vaters in Deutschland zurücklassen musste, war von da ab für immer verloren. – Zwei schöne Wochen arbeitete ich noch in Basel am Burckhardtarchiv, während meine Frau ihren Vater und ihre Schwestern besuchte, um von ihnen Abschied zu nehmen. Dann gingen wir für einige Tage nach Ambach am Starnbergersee, [Abb. 114-118] wo wir in einem mir seit Jahrzehnten bekannten Gasthof ohne Beanstandung wohnen konnten. Dr. P., einer meiner Lehrer, mit dem ich seit der Schulzeit befreundet war, verbrachte dort seine Ferien und war eine angenehme Gesellschaft. Er war völlig unberührt von dem »Aufbruch« seiner Nation. Er erzählte mit viel Witz von seinen Erfahrungen mit der heranwachsenden Generation, deren »Charakterbildung« darin bestehe, dass sie sich in ihren Schulaufsätzen und überall, wo es nötig ist, gleichschalten, aber auch wieder umschalten können, je nachdem. Ich ging noch einmal an unserer ehemaligen Sommervilla in Seeheim vorbei und zu dem hübschen Kirchlein von

Holzhausen hinauf, vor dem eine riesige Linde steht – Erinnerungen
an die sorglosen Tage einer längst entschwundenen Zeit vor dem Krieg.
Kaum ein Haus unserer damaligen Bekannten ist noch in denselben
Händen, nur Rösls haben ihr schönes Besitztum in Ammerland durch
Krieg, Inflation und Revolution hindurchkonserviert. – In München
nahm ich dann Abschied von Sigrid Christensen, die ich in Kopenhagen
kennen gelernt hatte, von meinem alten Lehrer und Freund Esenbeck,
von Marianne Walther, die ich schon aus der Münchner Freistudentenschaft kannte und deren zweiter Mann als Rechtsanwalt meine An-
gelegenheiten freundlichst betreute, bis mir auch dieser Rechtsschutz
genommen wurde. (Seit Ende 1938 ist es den arischen Rechtsanwäl-
ten untersagt worden, jüdische Klienten zu vertreten und zu beraten).
Mein Verleger B. war eigens nach München gereist, um sich von mir zu
verabschieden, desgleichen hatten es zwei meiner Marburger Schüler,
Wanda v. K. und F. K. so eingerichtet, dass sie mich noch in München
trafen, ehe ich Europa verliess. Später konnten sie jedoch einen brieflichen Verkehr mit mir nicht mehr aufrecht erhalten, ohne sich selbst
zu gefährden. – Im Flug ging es dann wieder über die Alpen und die
braungebrannten Ketten des Appenin nach Rom zurück, wo wir die
letzten Vorbereitungen für die Reise nach Japan trafen. Im September
besuchte uns meine Mutter, glücklich über meine Berufung und traurig über die weite Ferne, die [Abb. 119] uns nun trennen sollte.

Verlegermisèren

Die letzten Korrekturen des Burckhardtbuches waren eben erledigt,
als mir der Schweizer Verleger einen gewundenen Brief schrieb, dass er
von dem Vertrag zurücktreten müsse. Er hatte das Manuskript einem
deutschen Journalisten gezeigt, der ihm versichert hatte, dass solch ein
Buch in Deutschland nicht verkauft werden könne und möglicherweise
verboten würde. Herr Schwabe beteuerte, dass er seinen »guten Ruf«
nicht aufs Spiel setzen könne und bot mir an, einen andern Verlag dafür zu suchen. Ich antwortete ihm, dass es traurig um seinen guten Ruf
bestellt sein müsse, wenn er ihn an den publizistischen Grundsätzen
des dritten Reichs bemesse und den unabhängigen Geist seines Lands-
manns Burckhardt verleugne. Praktisch hatte ich aber keine Mittel, um
ihn zur Herausgabe des Buches zu zwingen und ich konnte von Glück

sagen, dass Dr. R. vom Vita Nova Verlag trotz meiner früheren Absage das Buch in seinem Verlag übernahm.[22] Tatsächlich konnte mein Buch nur mit grossen Schwierigkeiten und in nur sehr wenigen Exemplaren in Deutschland abgesetzt werden. Es wurde zwar nicht direkt verboten, galt aber als »unerwünscht«, so dass die Bestellung vom persönlichen Mut des Käufers und des Buchhändlers abhing.

Eine rasche Reise nach Poveromo zu Dora M. (sie war österreichische Jüdin und musste darum Italien, wo sie seit 20 Jahren gelebt hatte, 1938 verlassen), ein Wiedersehen mit Boschwitz in Pisa und der Abschied von den Freunden in Rom – von Antoni und Cantimori, Candeli und Lilia d'Albore, Gentile und Pettaz[z]oni, Buonaiuti, Tilgher und Peterson – erfüllten die letzten Wochen. Dann wanderten unsere paar Möbel zurück zu dem gerade zurückgekehrten Bildhauer N., durch den ich noch kurz vor dem Kurssturz der Lira den Rest meines italienischen Geldes nach England verbringen konnte. Der übrige Nachlass wurde an Frankls verteilt. In Neapel verbrachten wir noch einen schönen Abend mit Lombardi zusammen, der uns am Tag darauf – es war der 11. Oktober – auf [Abb. 120-121] das japanische Schiff Suwa Maru begleitete. Der Abschied von Italien war mir schmerzlicher als der von der Heimat, die einem selbst das Gastrecht des Fremden versagt hatte. Gewiss gab es in diesen zweieinhalb Jahren viel Sorgen und oft war man mürbe von den Bewerbungsschreiben, den halben Erwartungen und den ganzen Enttäuschungen, aber es gab auch viel genussreiches und den Sinn erweiterndes Leben, Befriedigung in der Arbeit, humanen Verkehr, köstliche Ausflüge, und jeden Tag Rom.

1936 – 1939

Ankunft in Japan

Ich übergehe hier die 33tägige Seereise von Neapel durch den Suezkanal nach Colombo, Singapore, Hongkong und Shanghai nach Kobe. Sie war unsere erste Fahrt nach dem Osten und damit zugleich die erste Gelegenheit, einen Eindruck zu bekommen von der Vormacht des englischen Volkes. Wir waren bisher immer nur nach den südlichen Ländern Europas gereist, nach Frankreich, Italien und Dalmatien, und hatten wenig Ahnung von der kolonisierenden Kraft und dem Selbstbewusstsein der englisch-amerikanischen Welt, die auch für Japan die eigentlich massgebende bleibt, trotz des vorübergehenden Anschlusses an Italien und Deutschland. – Die ausgesuchte Höflichkeit und Zuvorkommenheit, mit der wir in Japan empfangen und dann nach Sendai geleitet wurden, übertraf alle Erwartungen. In Sendai stand uns ein Haus der Universität zur Verfügung, im Januar kamen unsere Möbel und Bücher nach und wir fühlten uns alsbald wie zuhause, sodass wir uns manchmal versprachen und »Marburg« statt »Sendai« sagten. Der Reiz des Neuen und die Fülle der fremden Eindrücke gab unserer Existenz einen neuen Schwung, mit dem man die Isolation (wir waren in Sendai ausser Herrn K. S. die einzigen Deutschen) und die physische Anstrengung dieser Verpflanzung zunächst nicht bemerkte. Mit den in Sendai lebenden Amerikanern von der Mission und einigen Katholiken (die meisten waren Canadier, zwei Italiener und ein Schweizer) machten wir uns nur allmählich näher bekannt.

Ein englischer Kollege

An der Universität hatte ich noch einen europäischen Kollegen, den 60jährigen Engländer H., der schon über 10 Jahre in Japan war und als bekannter Dichter galt, wenigstens bei den Japanern. Er hatte eine viel jüngere Frau, die ihn bewunderte und für ihn sorgte, 2 Hunde und an die 50 Kanarienvögel. Er lebte in Japan ohne ein Wort Japanisch zu

können und von dem Lande mehr als die Aussicht vom Fenster seines
Zimmers zu kennen. Er las viel schöne Literatur, schrieb hier und da
ein Gedicht, rauchte viel kleine Pfeifen, sass regelmässig zwei Stunden
beim Nachmittagstee und auch sein Essen war stets dasselbe. So lebte er
in vollkommener privacy und nur durch die Post und Bücherbestellungen stand er mit der übrigen Welt in Verbindung. Er liebte alte Buchil-
lustrationen und ich vermittelte ihm den Ankauf sämtlicher Jahrgän-
ge der Münchner Fliegenden Blätter von 1840 an. Er hatte eine ganz
bestimmte Idee von dem was »freedom« und »personality« ist, und
wenn man ihm zuhörte, entwickelte er gern seine private Philosophie.
Sein Gesicht war sehr ausdrucksvoll und geformt, seine mächtige Nase
stand zwischen zwei grossen hervorquellenden Augen, der Mund war
breit, geistreich und geniesserisch. Ein körperliches Leiden war Grund
und Vorwand, dass er seinen Lebensstil unentwegt beibehielt, er kulti-
vierte es als eine Art Krankheitsgewinn. Im Sommer 1938 ging er nach
England zurück und von dort nach Amerika. Die Japaner schätzten ihn
sehr, weil er sie ganz so liess, wie sie sind und nicht das Geringste von
ihnen sich aneignete.

Eine italienische Exzellenz und ein deutscher Geheimrat in Sendai

Je einmal begegnete mir auch noch in Sendai Italien und Deutschland.
Im Frühjahr 1937 kam die faschistische Eccellenza *Tucci*, die ich schon
bei Gentile in Rom kennen gelernt hatte nach Japan, um ein italieni-
sches Kulturinstitut zu begründen und Vorträge zu halten über die
Ergebnisse seiner Reisen in Tibet. Er kam auch zu unserer Universität
und besuchte uns bei dieser Gelegenheit. Das Gespräch kam auf die
deutsche Rassenpolitik und er meinte, eine solche Barbarei wäre in
Italien ganz unmöglich. Seinen Vortrag hielt er in rauschendem Englisch. In jedem zweiten Satz betonte er, wie wichtig und bedeutend
seine Forschungsergebnisse seien, worüber die Japaner nicht wenig
erstaunten, da es bei ihnen die gute Sitte verlangt, von sich selbst überhaupt nicht oder nur geringschätzig zu sprechen. Während des Vortrags stand er keinen Augenblick still, und wenn ein Projektionsbild
verkehrt erschien, was meistens der Fall war, war er sogleich voller Un-
geduld. Er war ganz und gar Ausdruck und Darstellung, und daher so

unjapanisch wie möglich. Die Japaner, meinte seine Frau, seien wohl
sehr melancholisch.

Im gleichen Jahr kam aus Deutschland E. *Spranger* nach Japan. Er
hatte einen japanischen Übersetzer zur Seite, der ihn auf all seinen
Vortragsreisen begleitete, und er hielt nicht weniger als 80 Vorträge in
knapp 12 Monaten. Die meisten dienten der kulturphilosophischen
Dekoration der neugebackenen deutsch-japanischen Freundschaft.
Als ich ausführliche Referate davon in der japanisch-amerikanischen
Zeitung las, konnte ich zuerst nicht begreifen, wie derselbe Mann, der
1933 sein Abschiedsgesuch eingereicht hatte,[23] nun als offizieller Vertreter des n.s. Deutschland seine Bildung dazu hergeben konnte, um
sich selbst und seinem Publikum einzureden, dass Deutschland und Japan (das er bis zu seiner Ankunft nur aus einigen Büchern kannte) eine
gemeinsame geschichtliche Aufgabe und eine tiefe Verwandtschaft hätten. (Der Samurai entsprach dem preussischen Offizier, der japanische
Opfermut dem germanischen Heldentum, Bushido dem germanischen
Ehrenkodex, die japanische Ahnenverehrung dem neudeutschen Ras-
segedanken und andere Torheiten mehr.) Es schien, als habe Spranger
nun doch noch jenen »Zugang zu der neuen Generation« gefunden,
den er nicht finden zu können 1933 bedauerte. – Die Alternative, von
der ich ausging, als ich Sprangers Verhalten von einst und von jetzt
nicht vereinbaren konnte, war aber unangemessen. Der durchschnitt-
liche deutsche Staatsbürger stand nämlich gar nicht vor der Frage, ob
er den N.S. entweder entschieden bejahen oder verneinen sollte, wohl
aber befand er sich in der Klemme, aus der ihm die Tatsache, dass er
Deutscher war und in Deutschland zu leben hatte, wohl oder übel heraushelfen musste. Er war viel zu harmlos, um radikal sein zu können.
Und so hielt es gewiss auch Spranger für seine patriotische Pflicht, sich
ohne Rücksicht auf seine Bedenken in den Dienst einer Sache zu stellen,
die noch dazu ehrenvoll war und ihn für ein Jahr von seinen Berliner
Kollegen entfernte. Der gute Geheimrat – er war der Typus des deutschen Oberlehrers – hat sich im Prinzip nicht anders verhalten als alle
jene deutschen Männer, die 1933 zwar einen Augenblick vor der Frage
standen, ob sie abgehen sollten, aber sich bald darauf eines »Besseren«
besannen und die Verantwortung für eine schlechte Sache mit über-
nahmen – ich denke an Schacht, Neurath und Papen. Niemand gibt
gern und aus freiem Entschluss eine gewohnte und erfolgreiche Tätigkeit auf, solange man für ihn noch Verwendung hat, und die deutsche
Kulturpolitik hat daraus Nutzen gezogen, indem sie solche Herren ins

Ausland oder auf Grenzposten schickte, wenn sie zu Hause unbequem oder unbrauchbar wurden. Entschiedene und klarsehende Männer wie Rauschning sind selten. Vom Standpunkt der deutschen Psychologie aus betrachtet ist es kein Wunder, wenn Spranger und andere im Ausland vertraten, was sie zu Hause nicht waren. Im Grunde war Sp. ein deutscher Professor, ein Idealist und Gebildeter, und man durfte daher von ihm nicht allzu viel politische Klarheit erwarten. – Nach einem gemeinsamen Essen beim Dekan der philosophischen Fakultät nahm er mich vertraulich bei Seite, um mir sein Leid über den n.s. Leiter des deutschen Kulturinstituts in Tokyo und über Berliner Intrigen zu klagen und den Verfall der deutschen Universitäten zu schildern. Bezeichnend für den verblasenen Idealismus, der von Sp. vertretenen Bildung war der Beschluss seines Sendaier Vortrags: er zitierte, wie zu erwarten, aus Goethes Westöstlichem Diwan, und zwar den bekannten Vers »Gottes ist der Orient, Gottes ist der Okzident«, während beide des Teufels waren. Vor seiner Rückreise nach Deutschland hatte er die Freundlichkeit, mir einen Brief zu schreiben, in dem jeder Satz für das deutsche Ohr aus jenem »Lande der Bildung« stammt, das schon für Nietzsche vorbei war. Er schreibt: »Es ist jetzt angebracht, einige Verse aus Hermann und Dorothea über die Wandernden zu lesen und dazu (sic!) Hölderlins Schicksalslied. Und es muss eine Art von Trost sein, dass es Weltgeschichte ist, die uns treibt und vertreibt, nicht zufälliges Unglück. Es heisst wie im Kriege: ›gilt sie mir oder dir?‹ Zuletzt gilt sie jedem ... Heimat trägt man im Herzen mit sich. Im letzten Sinne sind alle Erdwanderer Auswanderer«. Wer mag sich da wundern über das Versagen der deutschen Intelligenz, als eine robuste Macht in ihr zartes Gehege brach und von ihr eine Stellungnahme erforderte, zu der sie so unvorbereitet wie unfähig war.

Nach Spranger kam als nächster Gastprofessor der Jurist Koellreutter nach Japan. Er war ein Pg., und die japanischen Kollegen haben mich vernünftigerweise nicht mit ihm in Verbindung gebracht. Ich hörte mir nur seinen Vortrag an, der so belanglos war, dass selbst die Japaner ihre Kritik nicht zurückhielten. Er illustrierte an einem graphischen Schema die Einheit von Volk und Führung, indem er eine Senkrechte (= die Partei) von der Spitze des Führers herab zu der breiten Volksebene zog. – Zufällig hörte ich auch, dass der Kieler Dozent Graf D. in Japan anwesend sei im Auftrag des Ministeriums zum Studium der japanischen Nationalerziehung. Dieser kluge und gewandte Mann[*102] war im Kriege mit mir im selben Regiment gewesen und mir von daher bekannt. Ich hatte den Wunsch ihn zu sprechen und bedauerte, ihn nicht in Karuizawa getroffen zu haben. Ich schrieb ihm deshalb einen Brief und frug an, ob wir uns etwa in Tokyo sehen könnten. Seine Antwort war kameradschaftlich, beteuerte aber, dass er kurz vor der Rückreise stünde und keine Zeit habe. Ich legte ihm darum meine Fragen, welche die deutschen Aktionen gegen meine Stellung in Sendai betrafen, brieflich dar und bat ihn, mir etwa vom Schiff aus zu antworten. Eine Antwort kam jedoch nicht.

Die deutschen Emigranten in Japan

Von den deutschen Juden und Emigranten, die fast alle in Tokyo lebten, lernte ich nur diejenigen kennen, die im Sommer nach Karuizawa kamen. Einige von ihnen waren schon seit Jahrzehnten als Vertreter deutscher Geschäftsfirmen in Japan tätig gewesen. Sie hatten nun ihre berufliche Position und ihre gesellschaftliche Stellung verloren; niemand aus der deutschen Kolonie verkehrte noch mit ihnen und darunter auch solche, die mit ihnen zusammen jahrelang in Kriegsgefangenschaft waren. – Bekannte Musiker wie L. Kreutzer und Rosenstock waren zum Ärgernis der gleichgeschalteten Kolonie als Lehrer an japanischen Musikhochschulen und als Dirigenten angestellt worden. Ein anderer war als Arzt tätig. Er erzählte mir, dass einmal ein Pg. in seine Sprechstunde kam mit der Entschuldigung, er sei kein »richtiger« Nazi, sondern ein »anständiger« Deutscher. Andrerseits wurden deutsche Frauen, die in seine Sprechstunde gingen von andern anständigen deutschen Damen aus der Partei beobachtet, denunziert und dann einem peinlichen Verhör unterzogen. – Zuletzt sind noch nach dem November 1938 einige wenige Emigranten nach Japan gekommen, um hier abzuwarten, bis sie nach Amerika auswandern können. Unter diesen lernte ich den bekannten Nationalökonomen F. Oppenheimer und seine halbarische Tochter kennen und zwei Ehepaare, die beide Mischehen waren. Durch sie erfuhr ich zum ersten Mal nähere Einzelheiten aus den Novembertagen und von den neuesten antisemitischen Massnahmen, welche die Greuelpropaganda des Auslands nur vollauf bestätigten. Man hatte diese Menschen, die fast alle mehrere Wochen in Schutzhaft in Konzentrationslagern waren, nicht nur zur Auswanderung unter Hinterlassung ihres gesamten Vermögens gezwungen, sondern jedes Wäsche- und Kleidungsstück, das sie mit sich nehmen wollten, musste vorher mit dem vollen Wert bezahlt werden. Selbst der persönliche Schmuck wurde ihnen genommen, sie mussten vor ihrer Ausreise nachweisen, dass sie ihn verkauft und den Erlös dafür auf ihr Sperrkonto abgeliefert hatten. Im 75jährigen Oppenheimer glühte ein alttestamentarischer Hass, denn »Rache muss sein«, und er hoffte, noch die Vernichtung des Feinds zu erleben. Die meisten trugen ihr Geschick mit Fassung und Kummer, und wer beruflich sein Auskommen hatte, vergass nach Möglichkeit das Erlebte, soweit er nicht noch in Deutschland Verwandte hatte, für deren Herauskommen er sorgen musste.

Ein besonderes Original war der Jurist, Philosoph und Sozialist St., der einst in Lausanne, Berlin und Tokyo Universitätslehrer war. Eigensinn, politische Intrigen und Weibergeschichten waren der Anlass, d[ass] er alle diese Stellen verloren hatte. Er war im Osten allmählich gänzlich heruntergekommen, hatte in Japan auch seinen Sohn verloren und vegetierte in unsäglich verwahrlostem Zustand zwischen Manuskripten, Büchern und Essensresten dahin. Am späten Nachmittag kam er regelmässig mit seinem japanischen Ölpapierschirm plus Spazierstock und einem über den Arm gehängten Beutel, in hohen Gummistiefeln von seiner weit entlegenen Bretterbude in die Ortschaft herab, um Einkäufe zu machen. Sein mächtiger Schädel war imponierend, seine Augen konnten etwas Versoffenes, aber auch gütig Schalkhaftes haben und seinen weichen zahnlosen Mund umspielte ein sybaritisches Lächeln. Es war nicht leicht mit ihm auszukommen, weil er sofort mit grosser Empfindlichkeit reagierte und in Ideen lebte, für welche die Zeit schon seit 100 Jahren vorbei war, obwohl er sie für sehr modern und zukunftsvoll hielt. – Sein einziger und arischer Freund war ein freundlicher Wiener, der schon vor dem Krieg als Lehrer nach Japan gekommen war und dort für seine Bildungsbedürftigkeit an ihm eine Stütze fand. Er war zwar kein Emigrant, aber in seiner Denkweise war er es mehr als viele ausgewanderte Juden. Er las mit Leidenschaft alle nazifeindlichen Zeitungen, der ganze Nazismus war ihm schlechthin ein Greuel, und als ich ihn in den Tagen des Einmarschs der deutschen Truppen in Österreich in einem Skigasthaus kennen lernte, las er verzweifelt einen in Deutschland verbotenen Werfelroman. Es gab in ganz Tokyo ausser ihm nur noch zwei deutsche Lehrer, die nicht im n. s. Lehrerbund waren: einen witzigen Sachsen und den 60jährigen Dr. P., der sich mit der Gesandtschaft und allen Nazis verkracht hatte.

N. S. in Karuizawa

Dem Hakenkreuz war auch im Osten nicht zu entgehen. Die deutsche Kolonie verbrachte wie alle Fremden den Sommer in dem hochgelegenen und gesünderen Karuizawa, wo sie im »Hunnenwäldchen« dicht auf einander wohnten. Im August fand alljährlich eine Tagung des n. s. Lehrerbundes statt, dessen Leiter Dr. D., der Sekretär des deutschjapanischen Kulturinstituts war. Zwei von den dort versammelten Lehrern waren mir zufällig aus Marburg bekannt, ein Herr K., der ein Schüler des Philosophen Hartmann gewesen war, und Herr S., der als schmächtiger Junge bei Heidegger und Friedländer studiert hatte und inzwischen ein dicker, schwammiger Mann geworden war, so dass ich ihn kaum wieder erkannte. Sie alle hatten ihre Weltanschauung und Führung ursprünglich bei der Anthroposophie gefunden, ehe sie sich von Steiner zu Hitler bekehrten und ihre Vergangenheit totschwiegen. Herr K. tat erst so, als könnte er sich meiner nicht mehr entsinnen und Herr S. war verlegen und entschuldigte sich gleich, dass er zu beschäftigt sei und mich deshalb zunächst nicht besuchen könne. Beide waren parteiamtlich tätig, aber der eigentlich gefährliche Mann war Dr. D., Japans »Kulturwart«. Er konnte gut japanisch reden und sogar lesen und war darum doppelt einflussreich. Er hatte schon 1936 versucht, meine Berufung zu hintertreiben und war nun bestrebt, die Verlängerung meines Vertrags [Abb. 122] zu verhindern, wobei er aber kein Glück hatte, weil das Ende meines ersten Vertrags gerade in die Zeit des Umschwungs der japanischen Stimmung infolge des deutschen Paktes mit Russland fiel. Herr D. war von Ansehen ein mickeriger Herr, der alles eher als einen Germanen vorstellen konnte, er war vielmehr die typische Assistentenfigur aus deutschen Universitätsseminaren: beflissen und streberhaft, subaltern und kleinbürgerlich. Sein etwas vergrämtes Gesicht war von einer scharf hervorstehenden Nase beherrscht, der hässliche Mund und das schwächliche Kinn passten zu seinen herabhängenden Schultern. Wenn er den Arm vorstreckte, um mit einer vom vielen Reden und Rauchen ausgeleierten Stimme »Heil Hitler« zu sagen, so wirkte das einfach armselig. Doch war er sehr eifrig im Organisieren und seine Energie im Verfolgen des propagandistischen Zwecks war beträchtlich. Man sah ihn stets in Betrieb und er strapazierte sich ab im Dienste der neuen deutschen Kultur und seines eigenen Fortkommens.

Ich hörte mir in Karuizawa die öffentlichen Vorträge an, in denen die japanischen Nationalisten Fujisawa und Kanokogi nebst D. sprachen.

Konfucius wurde mit Hitler und dieser mit jenem ausgelegt und man reichte sich über alle Abgründe der Rasse und der Kultur hinweg die Achsenhände. Nur einmal wurde es den Deutschen zu viel: als F. Japans Verhältnis zu China mit dem von Deutschland zu Österreich verglich und nur bedauerte, dass der »Anschluss« von China etwas schwieriger sei, worauf Herr D. spöttisch bemerkte, dass die Bevölkerung Österreichs immerhin deutschblütig sei. Herr F. korrigierte hierauf seine These dahin, dass China »Gefolgschaft« leisten solle unter der Führung Japans. Beide Japaner – und sie waren sehr bekannte Vertreter der panasiatischen Politik – beriefen sich hemmungslos auf Hitlers »Mein Kampf«, auf Rosenberg und Krieck. Am japanischen Wesen sollte die Welt genesen, so wie am deutschen Europa. Der Unterschied war nur der, dass man bei den Japanern nie wissen konnte, wie weit ihre deutsche Sympathie wirklich ging, wogegen sich die Deutschen, wie stets, als die überlegenen Schulmeister gaben, die den Japanern klarmachen müssen, was ihre Aufgabe ist. Der Zweifel am Ausgang des Kriegs mit China kam deutscherseits offen zur Sprache, während die Japaner vor Deutschlands Stärke Verbeugungen machten und ihre Vorträge mit einem Heil Hitler beschlossen. Nicht weniger bezeichnend als die deutsche Bevormundung war aber auch Herrn D.s Einschränkung: »Nicht ich glaube (sc. oder zweifle) an Japans weltgeschichtliche Sendung, sondern der Führer hat entschieden und wir folgen«, – nämlich heroisch und stöhnend unter der Last der Verantwortung in der Übernahme des »Schicksals«, welches Japan und Deutschland gnädig sein möge. Im übrigen war viel von Blutstrom, Erbgut, Ahnen, Liberalismus und Weltanschauung die Rede. Herr D. hatte auch ein Buch über »Das Heldische in der japanischen Literatur« geschrieben. Im Sommer 1938 liess man 30 Mann Hitlerjugend durch Japan reisen, um den Japanern deutsches Wesen zu zeigen. Dr. P. bemerkte bei ihrem Vorbeimarsch in Karuizawa sehr richtig zu mir, das sei eine »Heilsarmee« und nichts sei erprobtermassen geeigneter, alle Gedanken aus dem Kopf zu vertreiben als unentwegtes Marschieren und Singen. Die Gedanken wurden diesen sauberen Jungen in stundenlangen akademischen Vorträgen durch Herrn D. und die ihm untergebenen Lehrer geliefert, auch der Gesandte orientierte sie einmal über die politische Lage, indem er voraussagte, dass Chi[a]ng-kai-shek mit dem bevorstehenden Fall von Hankau erledigt sein werde. Als ich einmal am Vortragslokal vorbeiging, hörte ich: »Kameradschaft«, »Ehre«, »Treue«, »Disziplin« und »Kriegserlebnis«.

Mein Verkehr mit Deutschen in Japan

Die wenigen Deutschen, die es noch wagten, mit mir zu verkehren, waren zwei protestantische Missionare Hg. und Hl. und der von der deutschen Kolonie ausgeschlossene Dr. P., Frau R., Dr. B., Dr. Sch. und der Halbjapaner U., dessen Frau eine Deutsche war. – Hg. lernte ich durch den japanischen Christen Sakaeda kennen. Er hatte in Tübingen [Abb. 123-124] bei Heim und in Zürich bei Brunner Theologie studiert und kannte daher auch einige meiner in der Theologischen Rundschau erschienenen Aufsätze. Er war ein grossgewachsener hübscher Junge, aber mit merkwürdig groben Händen und von einer allzu gewandten Art. Seiner christlichen Aufgabe schien er mir in keiner Weise gewachsen. Er stürzte sich voll Eifer in die fremden Verhältnisse, lernte in kurzer Zeit eine Menge Japanisches kennen und wurde mit allem leicht fertig. Wie weit er »als Christ« und »als Deutscher« handelte hing von der Gelegenheit ab. Beim Beginn des Umsturzes war er in die S.S. eingetreten, zog es dann aber vor, sein Studium in der Schweiz zu beenden. Ich hatte ihm das in Deutschland strengstens verbotene Buch von Rauschning geliehen. Als er es mir zurückgab, gestand er ungeniert, dass er davon sehr angetan sei, ja er meinte, dass selbst ein Pg. wie K. davon unter Umständen sehr begeistert sein könnte, doch möchte er ihn lieber nicht darauf aufmerksam machen, das übersteige seine »Zivilcourage«. Wie sich Herr Hg. zur Judenfrage verhielt, habe ich bereits an anderer Stelle (S. 16 [d. Ms.]) erzählt.

Ein ganz anderer Charakter war Hl., der auf eigenen Füssen stand und sich eine kompromisslose Existenz aufgebaut hatte. Er hielt sich zur Bekenntniskirche und hatte deshalb seine Stelle als Pfarrer der deutschen Gemeinde verloren; auch eine Lehrstelle am japanischen Gymnasium war ihm auf Betreiben der deutschen Gesandtschaft entzogen worden. Er lag im beständigen Kampf mit den deutschen Behörden und seine Predigten scheuten weder den Angriff auf den totalen Staat noch auf das japanische Kaisertum. Er wurde nicht müde, unter den Japanern für seine kleine Gemeinde zu werben, im übrigen bestand sie freilich nur aus einigen deutschen »Juden und Heiden«. Beim Ausbruch des Kriegs verweigerte er in einer öffentlichen Erklärung jede Art Mitwirkung im Dienste von Hitlers Regierung, die er darin als antichristlich bezeichnete. Als ich Hg. Hl.s Entscheidung vorhielt, erwiderte er, er sei nicht der Ansicht, dass er zu entscheiden habe, ob Hitlers Regierung eine antichristliche sei oder nicht und überhaupt sei es sehr schwierig, die Grenze zu ziehen zwischen dem Christsein und Deutschersein. Er habe zwar für Hl.s Person ziemlich viel übrig, aber es fehle ihm leider an common sense. – Eben darum weil ihm das fehlte, war Hl. mehr Deutscher als alle Pg.s zusammen, die ihn bei den japanischen Behörden verleumdeten. Er war der Typus des jungen lutherischen Pfarrers, ein protestierender Protestant und ein tätiger Schüler K. Barths.

Protestierend war auch der von Haus aus katholische Dr. P., dessen blaue Augen hell aufleuchteten, so oft er Gelegenheit hatte, seine Verachtung zum Ausdruck zu bringen für das Barbarentum, das sich nun Deutschland nannte. Er war als junger Mann in Paris Korrespondent der Kölnischen Zeitung gewesen, zu einer Zeit, als man noch nicht das zu Berichtende von der Gesandtschaft vorgeschrieben bekam. Später war er nach China und schliesslich nach Japan gekommen, wo er Buddhist wurde und über die Sekten arbeitete, neben seinem Beruf als Deutschlehrer an einem Gymnasium. Er war ein gebildeter Mann, temperamentvoll und aufmerksam. Die deutschen Verhältnisse haben bewirkt, dass ich mich der älteren Generation, wie P. und Curtius, nun in vielem verwandter empfand als den eigenen Altersgenossen in Deutschland.

Unter den vielen cottages von Karuizawa, die nur im Sommer bewohnt waren, ragte eine grosse solide Villa hervor, die schon wegen ihres hohen und spitzen Giebels vermuten liess, dass sie Deutschen gehörte. Sie hiess »Haus Sonnenschein« und gehörte dem kinderlosen Ehepaar R., die schon seit Jahrzehnten in Japan lebten und die deutsche Schule in Yokohama aufgebaut hatten. Der Mann war noch Schuldirektor und als solcher mit der Partei verbunden, die Frau hatte sich in Karuizawa selbständig gemacht und hielt allen Schwierigkeiten zum Trotz ihr Haus als einzige Fremde das ganze Jahr offen. Ihre Gäste waren in der Hauptsache Deutsche und mithin Angehörige der n. s. Organisationen [Abb. 125], während sie selbst schon durch das Schicksal eines ausgewanderten Bruders einen tiefen Abscheu vor der Intoleranz und den Phrasen der Parteikreise hatte. Ihr gutmütiger, aber schwächlicher Mann hatte die Gewohnheit angenommen, über seine Bürden und Ärgernisse in der Schule zu stöhnen, in Wirklichkeit führte er, wie die meisten alten Residenten in Japan, ein höchst bequemes Leben, da die Auslandsgehälter die eines Lehrers in Deutschland weit übertrafen. Seine politischen Ansichten waren die allgemein üblichen. Die Frau leitete mit norddeutscher Energie die Wirtschaft des geräumigen Hauses, dessen Einrichtung und Kost in jeder Beziehung den deutschen Gepflogenheiten entsprach. Ihre japanischen Dienstboten und die örtlichen Behörden behandelte sie so verkehrt wie nur möglich, weil sie nicht die mindeste Neigung hatte, sich den fremden Sitten und der japanischen Psychologie verständnisvoll anzupassen. Die Deutschen wollen stets nach ihren Methoden erziehen, sehr im Gegensatz zu den viel praktischeren Amerikanern, die sich den fremden Verhältnissen so weit es tunlich ist einordnen, ohne deshalb ihren Lebensstil aufzugeben. Sie vermeiden auf diese Weise hartnäckige Differenzen und Reibungen. Im Grunde war aber Frau R. trotz ihres herrischen Wesens und ihrer Herbheit zart und empfindsam. Ihre Seele glich darin ihrem Körper, dessen massige Fülle auf schlanken und schwachen Füssen stand.

Wir wünschten uns nach einigen schlimmen häuslichen Miss-[s]tänden (unser Dienstmädchen war Weihnachten eines Nachts plötzlich für immer verschwunden) in R.s Hause zu erholen und frugen an, ob das möglich sei. Was unter normalen Umständen überhaupt keine Frage war, die Anmeldung eines Deutschen in einer deutschen Pension, war durch die rassenpolitische Trennung und die daraus folgenden Komplikationen sowohl für Frau R. wie für uns ein heikles Problem geworden. Um ein Zusammentreffen mit den deutschen Neujahrsgästen zu vermeiden, bat sie uns, erst etwas später zu kommen, sie selbst bedauerte das alles von Herzen. Als einziger Gast war noch die Frau des deutschen Konsuls anwesend, die über unser Kommen verständigt war und keine Bedenken hatte, mit uns zusammenzutreffen. Die höheren Beamten der Konsulate und Gesandtschaften waren meist weniger orthodox als die arrivierten Parteileute. – Wir haben in diesen zwei Wochen das warme, gemütliche Haus, die Wintersonne und den herrlichen Asamaberg auf Spaziergängen täglich genossen und an Frau R. eine Freundin gewonnen, die uns fühlen liess, dass ein unverzerrtes natürliches Menschentum in einem Tag ad absurdum führt, was in Deutschland als unverrückbares Dogma gilt: den Gegensatz zwischen »Fremden« und »Volksgenossen«, der Rasse, des Bluts und des Bodens. An solchen seltenen Ausnahmen, wie es unser Aufenthalt bei Frau R. war, wird einem erst der ganze Wahnsinn der Regel klar.

Im ersten Sommer, den wir am Meer in Takayama verbrachten, machte ich die Bekanntschaft eines Dr. B., der zwar ein hundertprozentiger Deutscher war, aber keineswegs ein Parteigewissen besass. Er war seit etwa 15 Jahren Deutschlehrer an einem Gymnasium. Mit einer Derbheit und Offenheit, die beinahe verdächtig sein konnten, informierte er mich über die massgebenden Leute in der deutschen Auslandsorganisation. Er hasste den ganzen Betrieb und war nur deshalb nach Takayama gekommen, um der Tagung des n. s. Lehrerbundes zu entkommen. Er sprach voller Hohn über die Leute, die es selbst »in dieser Wildnis« (er meinte Japan) nicht verstünden, frei und unabhängig zu leben. Er besuchte uns öfters, nahm kein Blatt vor den Mund und liess seinem cholerischen Temperament seinen Lauf. Er hatte Sanskrit studiert und sich in Deutschland als Orientalist habilitieren wollen, verlor aber nach dem Krieg sein Vermögen und dazu kam, dass er sich politisch in einer gefährlichen Lage befand: er hatte zu den rheinländischen Separatisten gehört, die vom Reich loskommen wollten. Als ihm der Boden zu heiss wurde, nahm er die Stelle in Japan an. Seitdem lebt er hier als ein unabhängiger und mit allen Wassern gewaschener Mann, der die Menschen nach ihrer Nützlichkeit oder Schädlichkeit nimmt, indem er für die Sicherheit seiner Stellung und die Zukunft seiner Familie sorgt. Einen Sohn hatte er in einer Firma in Tokyo untergebracht, ein zweiter studierte noch in Deutschland, die Tochter lebte bei den Eltern. Für den Fall einer »Rückgliederung« nach Deutschland war er bestrebt, sich ein gutes Pöstchen zu sichern, und darum legte er Wert auf ein Einvernehmen mit D., der in all solchen Dingen massgebend war. Zugleich berichtete er mir, was er von D. selber über dessen Machenschaften gegen meine Stellung erfahren konnte. Im Sommer 1939 war Herr B. wieder nach Karuizawa gegangen, um sich die Herren »warm zu halten«. Er hatte auch nicht das geringste Bedenken, ihnen einen ihm selber unbequemen Kollegen zu denunzieren, wenn ihm das angebracht schien. Gegenseitige Überwachung und Anzeige waren ohnedies in der deutschen Kolonie an der Tagesordnung. Als ich ihn frug, wie er es angestellt habe, mit Herrn D. so ausgezeichnet zu stehen, sagte er mir mit einer bezeichnenden Handbewegung, Geld binde fester als Blut. Er habe ihm einmal mit einer beträchtlichen Summe ausgeholfen und Herr D. habe allen Grund, das nicht zu vergessen. Umgekehrt liess er sich durch ihn Radiovorträge über die n. s. Weltanschauung verschaffen, von der er nicht im geringsten berührt war, aber: »50 Yen für 20 Minuten Geschwätz«, das sei doch nicht zu verachten. Kurz, er behandelte seine Leute genau so, wie sie es selber verdienten, und ich kann nicht leugnen, dass mir Herr B., so oft ich ihn traf, immer wieder gefiel, und zwar nicht nur wegen seines persönlichen Wohlwollens und mancher nützlicher Ratschläge, sondern weil sein Zynismus und seine Gerissenheit entschieden Format hatten. Als der Krieg gegen Polen begann und die Deutschen in Karuizawa warteten von der Gesandtschaft zu hören, was sie zu denken hätten, traf ich ihn auf der Strasse, wo er mir mit seiner weithin schallenden Stimme zurief: »Ja, Spucke, England wird diesmal mit Adolf tabula rasa machen, und seine Deutschen befinden sich wieder einmal in einer grossen Illusion«. *Er* werde aber seinen Kopf nicht ein zweites Mal hinhalten, es genüge ihm, dass diesmal vielleicht seine Söhne daran kommen könnten. – Die andern Deutschen waren freilich der Meinung, dass in 14 Tagen alles vorbei sei, weil England den Krieg nicht wagen werde. Sie standen mit verlegenen Gesichtern vor den News der japanisch-amerikanischen Zeitung und waren noch damit beschäftigt, ihre Gesichter in andere Falten zu legen, nachdem sie der Russenpakt überrascht hatte, den Rauschning schon zwei Jahre vorher so genau vorausgesagt hatte. Auch die Herren Fujisawa und Kanokogi und viele andere Japaner sahen fürs erste ihre Felle davon schwimmen, und tausend Broschüren und Bücher über den »welthistorischen Auftrag« von Japan und Deutschland gegen den Bolschewismus wurden zu Makulatur. »Überhaupt all die veränderten Gesichter zu den faktisch veränderten Positionen! Zwar manche sind darin geschickt, sich ins Neue zu fügen, aber es kommt ihnen doch sauer an, und es stehen Leute daneben, und sehen zu« (J. Burckhardt an F. v. Preen, 1871).

Das Gegenteil von B.s Robustheit war Dr. Sch.s Ängstlichkeit. Er war die Vorsicht und Zurückhaltung selbst. Auch er war schon lange vor dem Umsturz nach Japan als Lehrer gekommen, nachdem er zuvor bei Cassirer und Rickert studiert hatte. Bis 1933 ging alles glatt, dann aber nicht mehr, denn seine Frau war von jüdischer Herkunft. Ich hatte eine Empfehlung an sie durch ihren Onkel, den Psychiater und Psychologen B. Ausserdem ergab sich eine weitere Beziehung durch Dr. St., der Sch.s Studienfreund war und jetzt in England sass, ohne eine Stelle finden zu können. Sch. machte mich gleich in seinem ersten Brief, der sich auf die Unterbringung unseres gemeinsamen Freundes bezog, darauf aufmerksam, dass er im n. s. Lehrerbund und also kein Jude sei und darum auch nur indirekt für St. etwas tun könne. Um ihre schief gewordene Situation zu halten, waren er und seine Frau gezwungen, die Wahrheit nach Möglichkeit zu vertuschen. Das ging so weit, dass selbst die Frau es vermied, ihren jüdischen Bekannten noch in der Öffentlichkeit zu begegnen, um nicht die Stellung ihres Mannes und ihrer Kinder zu schädigen. Diese besuchten die deutsche Schule und mussten in der Hitlerjugend vergessen, dass ihre Mutter nicht arisch war. Um dem deutschen Parteiwesen zu entgehen, verbrachten sie den Sommer nicht

in Karuizawa, sondern am Nojirisee, von wo er zur Lehrertagung her-
überkam. Er war ein kultivierter und illusionsloser Mann, der sich wenig verausgabte und dadurch sein Gleichgewicht wahrte; ihr sah man
deutlich die bittere Härte an, welche aus der beständigen Reaktion auf
eine künstliche Lage entsprang.

In einer nicht weniger schwierigen Lage befanden sich U.s. Er hatte einen deutschen Vater und eine japanische Mutter, seine Frau war
Deutsche und ihr Kind hatte die Züge des Mischlings. Sie waren
freundliche, gutmütig nivellierte, aber unendlich herumhörende und
herumredende Leute, die ebenso gut mit den Gleichgeschalteten wie
mit den Ausgeschalteten umgehen konnten, da sie nicht wussten, wohin sie selber gehörten. So waren sie nach beiden Seiten hin konziliant
und redeten einem gern nach dem Mund. – Als Mischling hatte U. in
Deutschland keine Chancen in seinem Beruf (er war Botaniker und
Spezialist für Kartoffelkultur), und so wurde er Deutschlehrer an einer
Schule in Japan, wogegen er seinem japanischen Aussehen zum Trotz
Japanisch erst lernen musste. Die Tragikomödie dieses Ehepaars war,
dass es die deutsch-japanische Freundschaft verkörperte und eben deshalb zwischen zwei Stühlen sass, zwischen Japanern und Deutschen,
von denen keiner sie voll nahm.

Die deutschen Ereignisse von 1936-39

Im Winter 1937/38 war meine Mutter bei ihren Geschwistern in Wien,
wo sie zum letzten Mal einen Rest von Heimat und Freiheit genoss, sie
selbst war gebürtige Wienerin. Niemand hielt es damals für möglich,
dass Österreich ohne Italiens Widerstand von Deutschland annektiert
[Abb. 126] werden könnte. Es gab zwar innere Unruhen, aber im allgemeinen schien sich Schuschniggs Regierung behaupten zu können, und
die Anschlusswilligen waren gewiss nicht die Mehrzahl. Das Geschick
eines österreichischen Kriegskameraden, mit dem ich in Finalmarina
zusammen gewesen war, kennzeichnet die Situation: er war Hauptleh-
rer an einer Schule in Melk und stand als Beamter und ehemaliger Offizier naturgemäss auf der Seite seiner Regierung, deren autoritären, aber
gemässigten Kurs er für heilsam und richtig hielt. Einen Tag nach dem
Einzug der deutschen Truppen war er auf Grund einer Denunziation
entlassen worden. Um sich und seine kinderreiche Familie erhalten zu

können, musste er ein Gesuch einreichen um Wiederverwendung im Schuldienst. Nach einigen Monaten ist ihm das mit Rücksicht auf seine Kriegsverwundung bewilligt worden, in der Form einer Rückversetzung an eine kleine Landschule. Seine letzten Briefe enthielten schwer zu enträtselnde Andeutungen, und seitdem hörte ich nichts mehr von ihm. – Die drei Brüder meiner Mutter wurden gezwungen, ihre seit Generationen bestehende Fabrik zu verkaufen. Glücklicherweise hatten einige in Amerika Söhne, zu denen sie unter Verlust ihrer Habe auswandern konnten. Eine Schwester meiner Mutter, die in Linz mit einem arischen Reichsdeutschen verheiratet war, musste sich von ihm und ihrer Tochter trennen; sie zog nach Wien, wo sie noch abwartet, was aus ihr werden soll. Ein 70jähriger Bruder wurde von Freunden in der Schweiz aufgenommen, seine arische Frau blieb in Wien. Der Ruin dieser weit verzweigten Familie, die sich im Laufe von drei Generationen zu Wohlstand und Bildung heraufgearbeitet hatte, ist vollständig und bedarf keiner Schilderung. Einer der Vertriebenen, der jetzt in New York ist, schrieb mir, er hoffe noch den Tag zu erleben, wo England und Frankreich Deutschland den Frieden diktieren. Wer erlebt habe, was alles in Wien geschah, der könne nicht das geringste Verständnis für die Unverfrorenheit haben, mit der die Deutschen Zeter und Mordio schreien über die polnische Kriegführung. Aber auch mit dem »goldnen Wiener Herz« sei es vorbei, denn wer einmal so etwas tun konnte, auf den sei überhaupt kein Verlass mehr. Niemals möchte er wieder nach Wien zurück, auch wenn man ihm wieder erlaubte, im Prater spazieren zu gehen. Es sei genug, dass er ein Jahr gebraucht habe, um das Erlebte zu überstehen.

Nicht weniger radikal als die Vernichtung der Juden war die Ausrottung dessen, was Österreichs Liebenswürdigkeit und den Charme seiner Menschen ausgemacht hat und nun als »grossdeutsch« annektiert wurde. Man nannte das geflissentlich »Anschluss«, als ob sich ein Land einem andern anschliessen würde, wenn man es überfällt, militärisch besetzt und dann rücksichtslos ausbeutet. Mit der Vergewaltigung Österreichs habe ich zum zweiten Mal meine Heimat verloren, und der Gedanke, dass wir wenigstens dort wieder einmal zu Hause sein könnten, war für immer verschwunden. Auch die Verbreitung meiner Bücher war nun ganz auf die Schweiz beschränkt, und es hat jeden Sinn verloren, überhaupt noch in der eigenen Sprache zu schreiben, nachdem der deutsche Leserkreis zwangsläufig ausfällt.

Auf Wien folgte Brünn, und auf Brünn folgte Prag und damit endlich der Umschwung der englischen Nachgiebigkeit. Beide Ereignisse verschärften die Judenhetze und führten zu Italiens Übernahme der Rassengesetze, die wohl in erster Linie den Zustrom der Flüchtlinge von Italien abhalten sollten. – Im Dezember 1938 erhielt ich vom deutschen Generalkonsulat die Aufforderung, meinen Pass einzusenden. Er wurde auf der ersten Seite mit einem roten J gestempelt, um allen Behörden sogleich zu dokumentieren, dass der Inhaber dieses deutschen Reisepasses kein Deutscher, sondern ein Jude sei. Ausserdem zwang man mich zu der Erklärung, dass ich als zweiten Zunamen Israel angenommen habe, was gleichfalls im Pass vermerkt wurde. Zulässig waren nur Namen wie Abieser, Abimelech, Ahasja, usw., Namen, die niemand hatte und kannte, wogegen alle bekannten biblischen Namen, die zugleich christliche sind, nicht erlaubt wurden, um die Fremdheit des Juden umso mehr zu betonen. – Die meisten Deutschen haben in diesen zwei Massnahmen, wenn sie sie überhaupt beachteten, vermutlich nicht mehr als eine politische Massregel gesehen. Und warum sollte denn ein Jude nicht auch im Pass als ein solcher bezeichnet werden, nachdem die Zeiten vorbei sind, in denen die Juden ihre Namen veränderten und Mimikry trieben. – Nur der durch diese Massregeln in seinem ganzen Sein und Wesen Verletzte und mit Absicht Gekränkte konnte die Rohheit und Niedrigkeit der neuen Vorschriften ermessen, welche uns einen Namen aufzwang, bei dem wir niemals genannt worden sind, und uns mit einem Stempel versah, welcher auf Deutsch besagt: Ecce homo! gebt acht, er gehört nicht zu uns, sondern zum Auswurf der Menschheit, und ihr könnt machen mit ihm, was ihr wollt! Und wenn mir mein Judenpass in der augenblicklichen Kriegssituation auch eher nützlich als schädlich sein mag, so war und ist meine Reaktion darauf doch nur eine: den deutschen Pass loszuwerden und mit ihm – nicht meine jüdische Herkunft und meinen wirklichen Namen, aber das deutsche Staatsbürgertum, mit dem ich nichts mehr zu tun habe.

Als im September 1939 der Krieg ausbrach, oder richtiger: als die deutschen »Methoden« das erträgliche Mass selbst der englischen Geduld überschritten, musste einem unwillkürlich der Gedanke auftauchen, dass nach einigen Jahren vielleicht eine Rückkehr nach Deutschland möglich sein könnte. Die Antwort auf diese Frage habe ich mir schon 1935 durch Burckhardt gegeben. Dieser wahrhafte Kenner der Weltgeschichte, der seine »Kultur der Renaissance« einem italienischen Emigranten gewidmet hatte*[103], hielt es für wünschbar, »dass Emigranten nie oder wenigstens nicht mit Ersatzansprüchen zurückkehrten,

das Erlittene als ihr Teil Erdenschicksal auf sich nähmen und ein Gesetz
der Verjährung anerkennten, das nicht bloss nach Jahren, sondern nach
der Grösse des Risses seine Entscheide gäbe. Denn die neue Generation,
von der [Abb. 127] man verlangt, dass sie ihrerseits in sich gehen sollte,
tut es eben nicht, sondern sinnt auf neuen Umsturz«.

Zwei arische Emigranten

Unter diesen Umständen war es tröstlich, auch zwei arische Deutsche
zu kennen, die ohne Zwang Deutschland 1938 verliessen, Dr. K. und
O.-K., der sich als Lektor des Runde-Verlags für mein Nietzschebuch
eingesetzt hatte, wollte sich ursprünglich in Deutschland habilitieren.
Einige Jahre sah er den deutschen Dingen zu, bis er sich überzeugte, dass
im dritten Reich eine halbwegs menschliche Existenz nicht begründbar
sei. Er ging nach Zürich, wo es ihm glückte, sich an der dortigen Universität zu habilitieren. Da er öfters Gelegenheit hatte, aus Italien und der
Schweiz Briefe zu schreiben, waren seine Mitteilungen frei von jenen
Beschränkungen, die alle Briefe aus Deutschland langweilig machen.
Er schrieb mir im Februar 1937: »Es herrscht heute in Deutschland
ein Zustand, bei dem es sich garnicht leben lässt; ganz gleich wie Sie es
anfangen, wie Sie denken, wie Sie sich fühlen. Man spürt das natürlich
besonders deutlich bei solchen Anlässen wie der letzten Führerrede.
Diese Summe von übersteigerter Lügnerei (wir waren alle bis Januar
1933 ›Zwangsarbeiter‹ – vielleicht erinnern Sie sich noch daran!) gren-
zenloser Selbstüberschätzung und ebensolcher Unterschätzung aller
andern. Dann dies ekelhaft unaufrichtige Verschleiern aller wahren Ursachen durch Abschieben auf neutrales Gebiet oder durch Abreaktion
in politischen Fantasmagorien mit blutigem Ausgang. Es ist schlechterdings unerträglich. Und – was das Seltsamste ist – Sie können heute
ganz deutlich spüren, dass ein grosser Teil des Volkes das weiss. Wenn
sich das Volk auch nicht in seinem Handeln danach richtet, als ob es
zu träge dazu wäre, zu müde, zu kraftlos. Es geht einem dies auf, wenn
man solche Dinge sieht wie neulich in der Berliner Illustrierten. Es gab
da eine Bildreportage: ›Das Gesicht des Deutschen bei der Führerrede.‹
Ich habe nie in den letzten Jahren ein so katastrophales Dokument des
heutigen Zustands in Deutschland gesehen [Abb. 128-129]. Sie sahen
mehrere Fotos aus Werkstätten, Restaurants, Kinos, Versammlungssä-

len etc. Und in allen Gesichtern derselbe niederdrückende Ausdruck von völliger Apathie und Laufenlassen, von Energielosigkeit, das Eingesehene oder auch nur dunkel Gespürte, wenn nicht vor aller Welt laut zu sagen, so doch wenigstens sich einzugestehen. Es war wirklich angreifend und erschütternd, diese Bilder zu sehen. Ich selber sass während der Rede in einem grossen Restaurant. Als sie mich zu langweilen anfing, betrachtete ich die Gesichter der Umsitzenden. Als es immer toller wurde mit der Rede, sah ich plötzlich einen nett aussehenden jungen Mann mir gegenüber rot anlaufen, dann wieder blass werden, schliesslich wurde er unruhig, erhob sich plötzlich und rief mit Stentorstimme: ›Ober, zahlen!‹ Das hatte die seltsamsten Wirkungen; an mehreren Tischen standen plötzlich andre Leute auf, ich selber wurde auch mit von der Aufbruchswelle erfasst und – wie man heute zu sagen pflegt – in geschlossener Formation verliessen wir das Lokal, um draussen ein Örtchen zu suchen, wo man von der Rede nicht belämmert wurde. Ein Unterfangen, was übrigens seine Schwierigkeiten hatte, da an jeder Ecke ein Lautsprecher tückisch auf Vorübergehende lauert. Wobei sich ein ganz ungewollter, aber doch witziger Effekt ergibt, dass Sie nämlich an der einen Ecke einen Satz, dann wieder eine Weile nichts, an der andern Ecke einen andern Satz hören und so immer weiter, und trotzdem erscheint das Ganze, als ob es Zusammenhang hätte. Ausserdem scheint es auch immer dasselbe zu sein. Jedenfalls hatte also diese bis zu ihren letzten Feinheiten ausgekostete Rede die Wirkung, dass ich sehr glücklich bin, im Moment nichts davon hören zu müssen.« – Und im Juni 1937 schrieb er mir folgendes Stimmungsbild: »Es ist unheimlich, in welchem Masse sich Deutschland verändert hat. Man kommt sich, wenn man eine Zeitlang ausserhalb lebte, vor wie ein Provinzler oder wie ein Auslandsdeutscher, der jahrelang nicht mehr zu Hause war. Darüber hinaus ist es aber derart anstrengend, dass ich eine Woche [Abb. 130-131] brauchte, um mich einigermassen wieder herzustellen. Der Zustand des allgemeinen Marasmus hat noch mehr zugenommen, und zwar in einer Weise, dass man sich fragt, wie es den Menschen möglich ist so zu leben. Die Gedrücktheit, die Unlust, die Resignation, alles ist so allgemein geworden, dass Sie glauben ersticken zu müssen. Dann eine allgemeine Erweichung, die sich durch den ständigen Zwang, Kompromisse zu suchen, zu einer allgemeinen Charaktereigenschaft ausgewachsen hat. Schliesslich werden auch da Kompromisse gesucht, wo sie garnicht nötig wären und es entsteht ein Zustand fauler Verlogenheit, der auch die Besten ergreift, wenn sie nicht den Mut haben sich zu isolieren. Man kann übrigens diesen Zustand nicht einmal moralisch beurteilen, denn zu einer richtigen Verlogenheit gehören auch positive Akte, davon ist aber in der Regel nichts zu spüren. Es ist einfach ein allgemeines Sichgehenlassen, ein Sündigen aus dem Unterlassen des Guten. Berlin erinnert mich jetzt an Wien, wo die Leute nach dem Krieg versauerten und vor der ökonomischen Not kapitulierten, so wie jetzt die Berliner vor dem politischen Notstand. Man tut zwar ökonomisch, was man kann um sich ein einigermassen angenehmes Leben zu sichern, aber moralisch lässt man alles links liegen und hält sich ans Kaffeetrinken und Tarockspielen und an das politische Gewinsel, welches verzweiflungsvoll öde anmutet. Ausserdem dreht sich die ganze Geschichte dauernd im Kreise herum«.[24] – Dieser Deutsche war 1939 zu dem Entschluss gekommen, im Ernstfall die äussersten Konsequenzen zu ziehen, und nötigenfalls auf der Seite der Schweiz, der er sich dankbar verpflichtet wusste, gegen Deutschland zu kämpfen. Er gewann die Überzeugung, dass die deutschen Ereignisse nicht nur spezielle Ausgeburten des N. S. sind, sondern schlechthin allgemein deutsch und nur in Deutschland möglich.

Mit O. war ich schon seit meinem ersten Aufenthalt in Italien befreundet. Zur Zeit des Umsturzes war er Musikkritiker an einer [Abb. 132] Berliner Zeitung. Nach einigen Jahren der Mitarbeit zog er sich von dieser journalistischen Arbeit zurück, um sich ganz seinen Kompositionen zu widmen. Aus der Zeitung erfuhr ich, dass er als Komponist unter den jüngeren Musikern Deutschlands jetzt eine hervorragende Stelle einnahm. Seine lange Zurückhaltung hatte ihre Früchte gezeigt und sein stilles Können gereift. Ich war darüber sehr erfreut und schrieb ihm nach Jahren des Schweigens einen Brief an die Adresse der Zeitungsredaktion. Die Antwort darauf kam überraschenderweise nicht aus Berlin, sondern aus der Schweiz. Er schrieb mir: »Ihre freundschaftlichen Zeilen erfreuten mich sehr. Sie erreichten mich hier, wo ich bereits in freiwilliger Emigration weilte, als mein ›Ruhm‹ in Berlin die sichtbaren Formen annahm, die Sie zu sehen bekamen. Seit letztem Dezember bin ich fort, die Novembertage 1938 gaben mir innerlich den Rest, und ich tat den Schritt, an dem mich bisher die Gegenwart meiner jüdischen Freunde gehindert hatte. Seit sie fort waren, hatte auch ich keine Aufgabe mehr dort ... Wer hätte an eine so bald bevorstehende neue Völkerwanderungszeit gedacht, als wir friedlich und romantisch durch die Ölpoderi in Settignano streiften und Sie mir von Ihren idyllischen Beobachtungen beim Kanonikus erzählten. Grausig zu denken, was aus der Welt geworden ist. Meine Freundschaftsgedanken müssen die ganze Welt durchstreifen«. Nur in einem irrte sich O.: die Friedlichkeit unseres toskanischen Lebens war blosser Schein, und die Völkerwanderung hatte schon 1914 begonnen.

In einem kleinen Notizbuch spiegelt sich mir die Weltgeschichte alltäglich: es ist das rote Adressenbüchlein, das ich seit Marburg mit mir führe. Kaum eine Adresse ist noch dieselbe, nahe Freunde und entfernte Bekannte sind in die ganze Welt zerstreut, und dem Ausfall des grössten Teiles der früheren Korrespondenten entsprechen die neu hinzugekommenen Namen aus der Emigration. Aus Deutschland kommen fast nur noch Briefe von den allernächsten Verwandten, alle [Abb. 133] übrigen schreiben nun aus England und Amerika, aus der Türkei und Palästina, aus der Schweiz und Holland, Columbien, Australien und New-Zealand – nach Japan.

Wie für mich die Trennung von Deutschen und Juden begann

Die Zeit »nach Hitler« begann für mich schon während meiner Freiburger Studienjahre. Der Umbruch geschah für mich in einem der Öffentlichkeit unhörbaren kleinen Ereignis, bei dem sich nichts weiter ereignet hat als ein Nein. Ich habe es in den darauf folgenden Jahren verdrängt, weil es mich im Mittelpunkte getroffen hat. Ich hatte meinen besten Freund aus der Zeit vor dem Kriege (vgl. S. 7 f. [des Ms.]) seit 1914 nicht mehr gesehen. Er hatte nach dem Kriege geheiratet und war nicht in München gewesen, als ich nach Freiburg ging. Als ich 1920 in den Universitätsferien wieder nach München kam, wollte ich ihn besuchen. Ich läutete an der Tür der Pension, in der er wohnte und liess mich melden. Nach einer auffallend langen Wartezeit erschien seine Frau, um mir zu sagen, es täte L. sehr leid, aber er könne mich nicht sprechen, ob ich denn nicht wüsste, dass er »bei Hitler« sei. Ich schwieg und stieg die Treppe hinab und habe ihn seitdem nie wieder gesehen. Ein uns beiden herzlich verbundener alter Lehrer versuchte wiederholt, uns wieder zusammenzubringen, scheiterte aber an L.s Entschiedenheit. Er war leidenschaftlich tätig für die Partei und das Malen hatte er aufgegeben. – Von diesem Augenblick an begann für mich der Nationalsozialismus und mit ihm die Trennung von Deutschen und Juden.

Deutscher und Jude zugleich

Ein deutscher Jude, dessen Arbeit über Hegel bekannt ist, während sein eigentliches Werk dem Judentum galt[25], wurde bei der Verhandlung wegen einer Berufung an eine jüdische Schule über seine Stellung zum Juden- und Deutschtum befragt. »Da habe ich erwidert, die Antwort auf diese Frage lehnte ich ab; wenn das Leben mich einmal auf die Folter spannen würde und mich in zwei Stücke reissen, so wüsste ich freilich, mit welcher der beiden Hälften das Herz, das ja unsymmetrisch gelagert sei, mitgehen würde; ich wüsste auch, dass ich diese Operation nicht lebendig überstehen würde; die Herren wollten mich aber doch lebendig haben und da müsste ich sie schon bitten, mich nicht auf die Folter dieser im wahren Sinn lebensgefährlichen Frage zu stellen, sondern mich ganz zu lassen.« Zugleich wusste F. Rosenzweig aber auch, »dass der liberale deutschjüdische Standpunkt, auf dem fast hundert Jahre lang das fast ganze deutsche Judentum Platz hatte«, heute (der Brief ist von 1923) so punktuell geworden ist, »dass nur noch *ein* Mensch, nämlich ich, darauf wohnen kann. Armer Hermann Cohen!«[26] Und noch eines wusste Rosenzweig, was die Deutschen und selbst Herr Belloc nicht wissen und wahr haben wollen, dass nämlich das »und« zwischen Deutscher- und Judesein eine Frage des Taktes ist. »Allgemeine Vorschriften lassen sich darüber kaum geben. Wo im Leben des Einzelnen der Schwerpunkt liegen soll, ob überhaupt ein Schwerpunkt und nicht zwei, und wie sich die Massen zwischen diesen Schwerpunkten verteilen mögen – das sind alles Dinge, die jeder Einzelne für sich und mit sich selbst entscheiden muss. Aber er muss entscheiden *können*. Man muss ihm die Fähigkeit dazu geben. Das Leben würde ich nimmermehr zu reglementieren wagen. Das würde ja der Unbeschriebenheit des »und« widersprechen, die mir ... geradezu eine Glaubensnotwendigkeit ist«.[27]

Die deutsche Vereinfachung und der deutsche Protest

Auch die weitere Frage, was *nach* Hitler sein wird, kann dieses Problem nicht beseitigen oder lösen, denn es gehört seit jeher (die Geschichte des jüdischen Volks *beginnt* schon mit einem Exil und nicht mit der

Autochthonie aller übrigen Völker der Welt) so wesentlich zur jüdischen Existenz, wie es für die n. s. »Lösung« bezeichnend ist, dass sie das »und« einfach nicht anerkennt. Man ist mit dieser Vereinfachung bei jenen »geradlinigen, gusseisernen Begriffen« angelangt, von denen Dostojewski in seinen Bemerkungen über Einfachheit und Vereinfachung spricht.[28] Auch auf diese Vereinfachung des Denkens und Handelns hat der Krieg und seine Folgen den grössten Einfluss gehabt – die meisten Probleme fallen in ihm einfach aus. Und doch verbirgt sich hinter der Einfachheit der neudeutschen Denkweise ein sehr kompliziertes Problem, denn nur aus Unsicherheit haben sich die Deutschen nach Hitler ihr politisches und rassisches Selbstbewusstsein gegeben. Sie waren noch nie ihrer selber gewiss und sie wissen nicht wer sie sind. Sie benötigen stets einen Feind, oder auch einen Sündenbock, um sich selbst bestimmen zu können. Darum ist auch der »Arier« eine pure Fiktion, sofern er nicht Antisemit ist. Und wie die Juden im dritten Reich Fremde sind, ausserhalb des Gesetzes, so das barbarische Deutschland in der gesitteten Welt. – Der Einwand wohlmeinender Ausländer, dass Hitler nicht Deutschland sei, ist ebenso richtig wie falsch – das erste, wenn man, was deutsch ist, an Hitlers eigenem Anspruch bemisst, das deutsche Volk zu verkörpern, und das zweite, weil dieses Volk nicht aus Chinesen besteht, sondern sich selbst seinen Führer gewählt hat und sich bis auf weiteres eine Führung gefallen lässt, welche unmöglich wäre, wenn seine Könige, Kanzler, Kaiser und Führer von Friedrich dem Grossen bis Hitler seinem Wesen im Ernst widersprächen. »Der deutsche Charakter in der Geschichte Europas«[29] war immer derselbe Protest.

Dostojewski schrieb 1877 über die deutsche Weltfrage: »Deutschland hat nur eine Aufgabe und hat sie auch früher und immer gehabt. Es ist sein Protestantismus, nicht bloss die Formel dieses Protestantismus, wie sie sich unter Luther entwickelt hat, sondern sein ständiger Protestantismus, sein *ewiger Protest*, erst gegen die römische Welt schon unter Arminius, gegen alles was Rom und die römische Aufgabe ausmachte, und später gegen alles, was vom alten Rom auf das neue Rom übergegangen ist und gegen alle die Völker, die von Rom seine Formel und sein Element übernommen haben, gegen die Erben Roms und gegen alles, was dieses Erbe ausmacht ... Das alte Rom hat als erste Macht die Idee einer allweltlichen Vereinigung von Menschen erzeugt und als erste Macht geglaubt, sie praktisch in Gestalt einer Weltmonarchie verwirklichen zu können. Diese Formel fiel jedoch vor dem Christentum zusammen – die Formel, jedoch nicht die Idee. Denn diese Idee ist die Idee der ganzen europäischen Menschheit, aus ihr ist ihre Zivilisation entstanden, für sie allein lebt sie. Es fiel bloss die Idee der *römischen* Weltmonarchie, ersetzt durch das neue Ideal der gleichfalls allweltlichen Vereinigung in *Christo*. ... Dieser Versuch hat seitdem in der römischen Welt stete Fortschritte gemacht und sich ununterbrochen verändert. Mit der Entwicklung dieses Versuchs ist der wesentlichste Teil des christlichen Prinzips fast gänzlich verloren gegangen. Indem die Erben der altrömischen Welt schliesslich das Christentum geistig verwarfen, verwarfen sie auch das Papsttum. Die Welt erlebte den Sturm der schrecklichen französischen Revolution, die im Grunde genommen nur eine letzte Verkleidung der gleichen altrömischen Formel der allweltlichen Vereinigung gewesen ist. Die neue Formel erwies sich aber als ungenügend und kam nicht zur Vollendung. Es gab sogar einen Augenblick, wo alle Nationen, die die altrömische Sendung erbten, fast in Verzweiflung gerieten. Der Teil der Gesellschaft, der im Jahre 1789 die politische Führung gewonnen hatte, d. h. die Bourgeoisie, triumphierte freilich und erklärte, dass man weiter garnicht zu gehen brauche. Dafür stürzten sich aber alle die Geister, die nach ewigen Naturgesetzen verurteilt sind, in ewiger Unruhe zu verharren und eine neue Formel für das Ideal zu suchen ... zu den Erniedrigten und Enterbten, zu allen die an der von der französischen Revolution verkündeten neuen Formel der allmenschlichen Vereinigung keinen Anteil erhalten hatten. Sie verkündeten nun ihr eigenes neues Wort, nämlich die Notwendigkeit der Vereinigung der Menschen, doch nicht mehr zwecks Verteilung der Gleichheit und der Lebensrechte auf irgendein Viertel der Menschheit, wobei der Rest als Rohmaterial und auszubeutendes Mittel für das Wohl dieses Viertels dienen sollte, sondern: die Notwendigkeit der Vereinigung aller Menschen auf der Grundlage der allgemeinen Gleichheit und unter Beteiligung aller Einzelnen am Genuss der Güter dieser Welt, wie sie auch sein mögen. Sie nahmen sich vor, diese Lösung mit jedem Mittel zu erkämpfen, d. h. durchaus nicht nur mit den Mitteln der christlichen Zivilisation. – Was hat nun während dieser ganzen Zeit, in diesen ganzen zweitausend Jahren Deutschland zu tun gehabt? Der charakteristischste Zug dieses grossen, stolzen und eigenartigen Volkes bestand seit dem ersten Augenblick seines Auftauchens in der historischen Welt darin, dass es sich in seiner Sendung und in seinen Prinzipien niemals mit dem äussersten Westen der europäischen Welt, d. h. mit allen Erben der altrömischen Sendung, hat vereinigen wollen.

Es protestierte die ganzen zweitausend Jahre gegen diese Welt und hat zwar noch kein eigenes Wort, kein eigenes streng formuliertes Ideal als Ersatz für die altrömische Idee verkündet, scheint aber in seinem Innersten immer überzeugt gewesen zu sein, dass es imstande sei, dieses neue Wort zu verkünden und die Führung der Menschheit zu übernehmen ... Zuletzt protestierte es auf die kräftigste Weise, indem es die neue Formel des Protestes aus den ursprünglichsten Grundlagen der germanischen Welt ableitete: es verkündete die Freiheit der Forschung und erhob die Fahne Luthers. Der Riss war schrecklich und betraf die ganze Welt, die Formel des Protestes war gefunden, obwohl sie immer noch eine negative Formel blieb und ein neues positives Wort noch nicht gesprochen war. – Nachdem der germanische Geist dieses neue Wort des Protestes gesprochen hatte, erstarb er gleichsam für eine Zeitlang und das geschah parallel mit der gleichen Schwächung der früher streng formulierten Einheit der Kräfte seines Gegners. Der äusserste Westen suchte sich unter dem Einfluss der Entdeckung Amerikas, der neuen Wissenschaft und der neuen Prinzipien in eine neue Wahrheit umzugestalten und in eine neue Phase zu treten. Als während der französischen Revolution der erste Versuch zu dieser Umgestaltung begann, geriet der germanische Geist in grosse Verlegenheit und verlor für eine Zeitlang gleichsam den Glauben an sich selbst. Er hat gegen die neuen Ideen des äussersten Westens nichts einwenden können. Luthers Protestantismus hatte seine Zeit schon hinter sich, die Idee der Freiheit der Forschung war aber schon längst von der Wissenschaft der ganzen Welt aufgenommen worden. Deutschland fühlte deutlicher als je, dass ihm sozusagen der Körper und die Form für seinen eigenen Ausdruck fehlten. – Um diese Zeit entstand in ihm das dringende Bedürfnis, sich wenigstens äusserlich zu einem ganzen Organismus zu konsolidieren, angesichts der neuen zukünftigen Phasen in seinem ewigen Kampf mit dem äussersten Westen der europäischen Welt ... Um diese Zeit begriff der Genius Deutschlands, dass die deutsche Aufgabe vor allen Dingen und vor jedem Versuch, ein neues Wort gegen die Idee des Gegners zu sprechen, in folgendem bestand: seine eigene politische Einheit herzustellen, die Schaffung eines eigenen politischen Organismus zu vollenden, und erst dann, wenn das geschehen, dem alten Gegner Angesicht vor Angesicht entgegenzutreten. So geschah es auch. Nachdem Deutschland seine Vereinigung vollendet hatte, stürzte es sich auf seinen Gegner und begann eine neue Kampfperiode gegen ihn, die es mit Eisen und Blut einleitete. Das Werk mit dem Eisen ist schon abgeschlossen, nun steht noch bevor, die Sache geistig zu vollenden. Und nun erhebt sich plötzlich für Deutschland eine neue Sorge und eine neue unerwartete Wendung, die die Sache ausserordentlich erschwert.«[30]

Die Weltgeschichte ist klüger als Hitler gewesen: er wollte zwar nicht, aber er muss nun England bekämpfen (und England vertritt jetzt die »römische« Aufgabe, wenn schon in einem sehr abgeleiteten Sinn) und sich dazu mit der zweiten Gegenmacht von Europa, mit Russland, verbünden, wie es ebenfalls Dostojewski voraussah. Deutschland ist nicht das Herz von Europa oder der Christenheit, sondern der Mittelpunkt seiner Auflösung.

Nachwort

Die politischen und sozialen Veränderungen in Deutschland stellen sich in den vorliegenden Aufzeichnungen vorzüglich als Trennung des Deutschtums vom Judentum dar. Diese Beschränkung war nötig, um die Forderung zu erfüllen, nur das zu berichten was man selber erlebt hat. Der deutsche Umsturz betraf mich aber vor allem als Jude, und es wäre töricht zu meinen, man könne als Einzelner diesem allgemeinen Geschehen vielleicht doch auf irgend eine Weise entgehen. Mein Leben ist nun in der Tat durch den Abbruch der Emanzipation in Deutschland bedingt, und daraus ergibt sich die Zuspitzung auf den einen springenden Punkt: dass man Deutscher und Jude ist, gerade weil in Deutschland das eine vom andern getrennt worden ist. Auch wer sich neu beheimaten kann und das Bürgerrecht eines andern Landes erwirbt, wird einen grossen Teil seines Lebens verbrauchen, um diesen Riss auszufüllen, und zwar um so mehr, je selbstverständlicher er vor Hitler ein Deutscher war und sich als solcher empfand. Obwohl dem so ist, ist die Geschichte des eigenen Lebens nicht auf diese eine Frage zusammenzuziehen. Die *Welt* ist weiter und das Leben reicher, als dass es sich »vor« und »nach« irgendwem einteilen liesse. Nur die *Geschichte* kennt solche Einschnitte, aber alle Geschichten überleben sich selbst und beständig bleibt nur, was weder ein vorher noch nachher kennt, weil es immer so ist, wie es schon war und auch sein wird.

Sendai, 14 Januar 1940

»Unsere Wohnung in *München*, Rosenstraße 6[IV]« [Abb. 1]

»Oberst Epp, 1915«[Abb. 4]

»Dez. 1914, vor dem Abmarsch (Stumm, Ich, Steinel)«[Abb. 3]

»In Kleineiting, Mai 1915 auf dem Weg von Frankreich nach Italien«[Abb. 5]

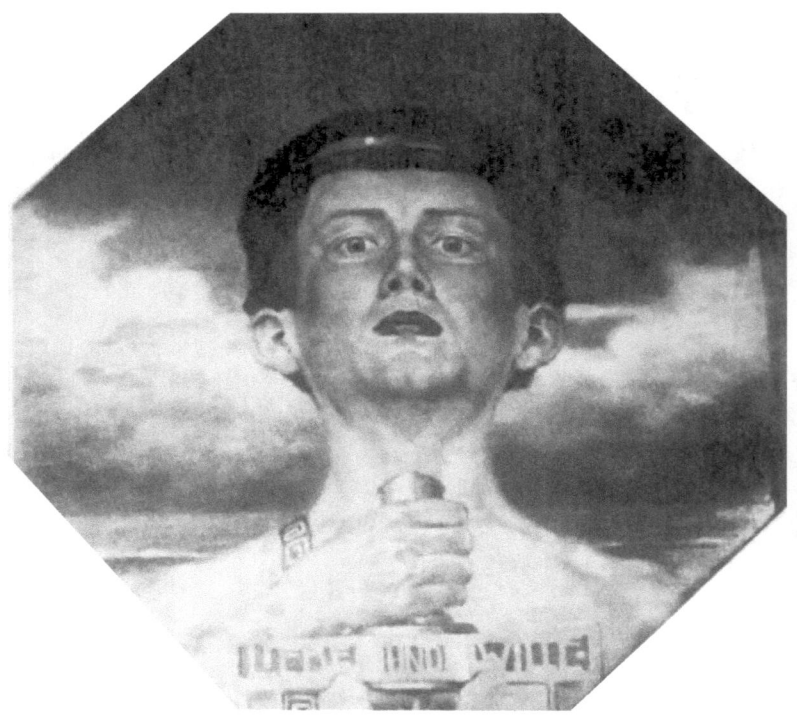

»L.[udwig] Ludowici, Sommer 1913 Selbstbildnis« [Abb. 13]

»1923 H.[einrich] Besseler«[Abb. 26]

[Max Weber auf der Treppe vor seinem Haus] [Abb. 33]

Prof. Husserl hört zu. Hier wurde Prof. Husserl nach der Entwicklung
seines philosophischen Systems gefragt »1929 (?)«[Abb. 38]

»Freiburg 1922« – »Kaufmann, Besseler, Becker, Thust, Heidegger, Ich« [Abb. 52]

»Husserls Freiburger Seminar 1920. Von Husserl nach l. Thust, Brecht, Ebbinghaus, Manasse, Mannheim, ? ? Ephraim ? ; von Husserl nach rechts: ? Heidegger, Ich, Walther, Becker ? Karsch ? ..... unten rechts: Wach« [Abb. 39]

»Husserl und Heidegger« [Abb. 40]

»1923, Todtnauberg, Skihütte« [Abb. 42]

»1920, Freiburg« [Heidegger am Schreibtisch] [Abb. 41]

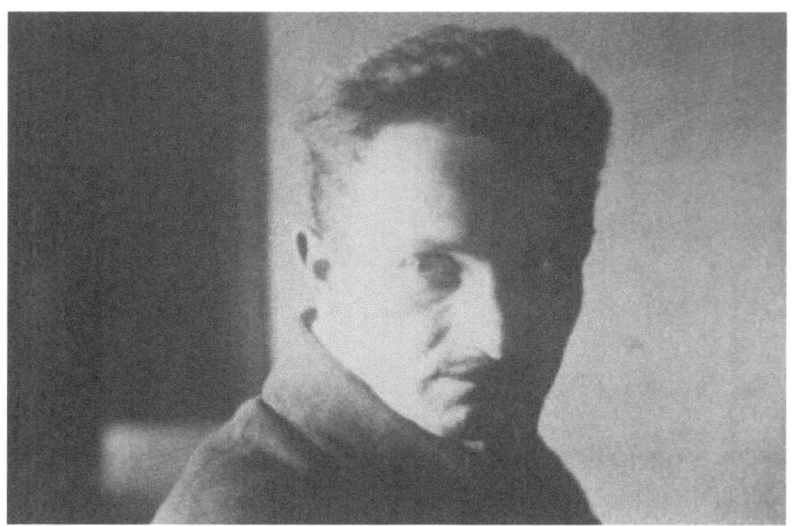

»1923« [Porträtphoto Heideggers] [Abb. 43]

»H[eidegger] als Rektor in Freiburg« [Abb. 47]

»Philos. Fakultät, Marburg« [Abb. 46]

»Marburg, Sybelstr. 16« [Abb. 70]

»Marburg, Februar 1928, Schlosskaffee« [Abb. 68]

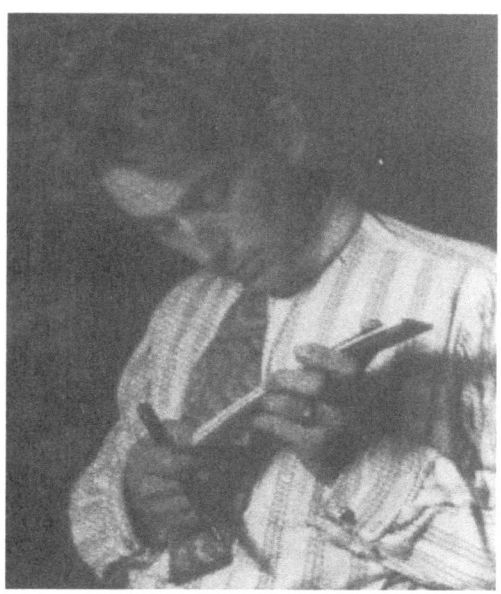

»W.[alther] Marseille – 1930« [Abb. 55]

»Ich, H.[ans-Georg] Gadamer, F.[rida] Gadamer, [Walter] Bröcker,
Jutta [Gadamer] + Irmgard [Kremmer]« [Abb. 69]

»H.[ans-Georg] Gadamer 1939« [Abb. 97]

»Florenz (Ponte Vecchio) 1925« [Abb. 62]

»Sept.[ember] 1936 mit Mama in Rom«
[Abb. 117]

»1937, Sendai« [Karl und Ada Löwith] [Abb. 120]

In einem Erfrischungsraum [Abb. 129]

Bilder von deutschen Menschen während der Reichstagsrede
des Führers. Im Luftfahrtministerium [Abb. 132]

Ein Volk hört seinen Führer [Abb. 127]

In einem großen Geschäftshaus: die Packer
[Abb. 128]

Anmerkungen

1 Aus einer Wahlrede Goebbels': »Wer um einen Preis würfelt, der
   muss auch einen Einsatz wagen, und deshalb haben wir das Wort
   Nietzsches zur Wahrheit gemacht: ›Habe den Mut, gefährlich zu
   leben‹. Grosse Projekte sind freilich nicht durchzuführen, solange
   einem Dutzende von Parteien zwischen den Füssen herumlaufen.
   Diese Parteien machen keine Geschichte, sie machen nur Geschichten. Heute spricht im Namen des Reiches ein Mann und in seiner
   Stimme klingen die Stimmen von 66 Millionen wider«.
2 Die Marburger Universität zählte 1931/2 insgesamt 168 Dozenten,
   von denen 8 – also etwa 5 % – nichtarisch waren. Die theologische
   und die medizinische Fakultät war »judenrein«, wie man das deutscherseits nannte, in der juristischen war 1 Jude, in der philosophischen Fakultät, welche die naturwissenschaftliche Abteilung ein-
   schloss, 7.
3 Siehe A. Baeumlers kritische Besprechung im Völkischen Beobachter vom 31.VIII.1933.
4 A. Grunsky, Der Einbruch des Judentums in die Philosophie, 1937.
   – Nicht weniger charakteristisch für die »Instinktsicherheit« ist aber
   auch ein 1933 im Völk. Beobachter erschienener Artikel des Presse-
   chefs O. Dietrich, in welchem Husserls Phänomenologie als eine der
   philosophischen Grundlagen des ... Nationalsozialismus vorgestellt
   wird!
5 Das Motto von Heideggers unveröffentlichten kritischen Anmerkungen zu Jaspers' »Psychologie der Weltanschauungen« stammte
   aus Kierkegaard und hiess: »Die Zeit der Distinktion ist vorbei«.
   Das sollte heissen, es kommt jetzt nicht mehr auf psychologische
   Varietäten an, sondern ausschliesslich auf das Eine was not tut. Diese Abhandlung von 1921 deutet auch bereits alle Grundbegriffe von
   Heideggers Philosophie an: Destruktion, Existenz und Faktizität.
6 Später hiess es freilich: »Von Barth bis Przywara«, das sei alles das
   Gleiche, nämlich die gleiche Unhaltbarkeit, und solange F. Overbeck
   nicht widerlegt sei, hänge die protestantische Theologie in der Luft.
7 Siehe dazu vom Verf.: Politischer Dezisionismus, Internat. Ztschr.
   für Theorie des Rechts, 1935, H. 2; vgl. dazu im Folgenden S. 102
   [hier S. 86].

8 Derselbe Vorgang spielte sich ab in der Entwicklung des politischen Gedankens von C. Schmitt; siehe dazu vom Verf. a. a. O., S. 112 ff.

9 Es ist nur konsequent, wenn ein prominenter Nationalsozialist wie Alfred Baeumler in seiner Nietzscheauslegung auch noch vom »Willen *zur* Macht« abstrahiert und stattdessen vom »Willen *als* Macht« spricht, denn jedes im voraus gesetzte Ziel setze den Willen intellektualistisch herab. Der Wille sei nur echt, sofern er nicht weiß, was er will, sondern schlechterdings will.

10 Vgl. das Vorwort von Marx' Dissertation. Auch Nietzsche wählte zum Titelbild seiner ersten Schrift einen gefesselten Prometheus.

11 Schon in dem Vortrag *Was ist Metaphysik?* (1929) heisst es: mit dem Dasein des Menschen geschehe ein »Einbruch« in das Ganze des Seienden, und zwar so, dass dieses, in dem was es ist, »aufbreche«. In Umlauf kam das Wort »Aufbruch« aber schon vor dem Krieg in der Jugendbewegung.

12 Vgl. dazu die Charakteristik des faschistischen Aktivismus im Epilog von Benedetto Croces *Geschichte des 19. Jahrhunderts.*

13 Siehe Clemenceaus Bemerkung über das Verhältnis der Deutschen zum Tod: »Dem Menschen ist es eigentümlich, das Leben zu lieben. Die Deutschen haben diesen Trieb nicht. In der Seele der Deutschen, in ihrer Kunstauffassung, in ihrer Gedankenwelt und ihrer Literatur findet sich ein Mangel an Verständnis für das, was wirklich das Leben ausmacht, für seinen Reiz und seine Grösse. Dagegen sind sie von krankhafter und satanischer Todessehnsucht erfüllt. Wie lieben diese Menschen den Tod! Zitternd, wie im Taumel, und mit ekstatischem Lächeln schauen sie zu ihm auf wie zu einer Art Gottheit. Woher haben sie das? Ich weiss es nicht. ... Lesen Sie nur ihre Dichter: überall finden Sie den Tod. Den Tod zu Fuss und den Tod zu Pferd, den Tod in allen Posen und in allen Gewändern. Das beherrscht sie, das ist ihre fixe Idee. ... Auch der Krieg ist für sie ein Pakt mit dem Tod« (*Weitere Unterhaltungen Clemenceaus mit J. Martet*, Berlin 1930, S. 54 f.).

14 Sie dazu Hermann Rauschning, *Die Revolution des Nihilismus*, Zürich 1938, S. 421 ff.

15 Auch dieser Gedanke ist nur eine politische Anwendung dessen, was Heidegger in *Sein und Zeit* (§ 26) als das eigentliche »Mit-dasein« mit anderen behauptet. Sein Ausgangspunkt ist niemals eine Gemeinsamkeit, sondern stets die »Je-eigenheit«, des Einzelnen oder auch der Nation. Vgl. dazu Heideggers Auffassung von der politi-

schen »Verständigung« in einem Aufsatz des Freiburger Jahrbuchs,
1938.

16 Vgl. dazu den Schluss von Carl Schmitts Vortrag (1929) über »Das
Zeitalter der Neutralisierungen und Entpolitisierungen«: »Alle neu-
en und grossen Anstösse, jede Revolution und jede Reformation,
jede neue Elite kommt aus Askese und freiwilliger oder unfreiwil-
liger Armut, wobei Armut vor allem den Verzicht auf die Sekurität
des status quo bedeutet. Das Urchristentum und alle starken Refor-
men innerhalb des Christentums, die benediktinische, die klunia-
zensische, die franziskanische Erneuerung, das Täufertum und das
Puritanertum, aber auch jede echte Wiedergeburt mit ihrer Rückkehr zu dem einfachen Prinzip der eigenen Art, jedes echte ritornar
al principio, jede Rückkehr zur unversehrten, nicht korrupten Natur erscheint vor dem Komfort und Behagen des bestehenden status
quo als kulturelles oder soziales Nichts. Es wächst schweigend und
im Dunkel, und in seinen ersten Anfängen würde ein Historiker und
Soziologe wiederum nur Nichts erkennen. Der Augenblick glanz-
voller Repräsentation ist auch schon der Augenblick, in welchem
jener Zusammenhang mit dem geheimen, unscheinbaren Anfang
gefährdet ist«.

17 Dolf Sternberger, der Rezensent der Frankfurter Zeitung, beschrieb
den Schlusseffekt von Heideggers Vortrag über den »Ursprung des
Kunstwerks« folgendermassen: »Nichts wird hier so sehr gemieden
als das handfeste Resultat. So endigte denn auch die letzte Vorlesung mit einer dunklen Spruchzeile Hölderlins, die den gespannten Hörern als erlösendes Wort und untrügliches Kriterium dafür
angekündigt war, ob eine Zeit und ob die gegenwärtige Zeit den
›Ursprung‹ wisse und wolle oder aber nur an den Derivaten der
Bildung und des Geschmacks sich genügen lasse. Die Zeile heisst:
›Schwer verlässt, was nahe dem Ursprung wohnet, den Ort‹. Und
man kann darauf wetten, dass alle diejenigen im Publikum, welche zuvor das Wesentliche begriffen und sich einverleibt zu haben
meinten, hiernach ein wenig betreten ihre frisch gesammelten Felle wieder davonschwimmen sahen. ... Wollte einer diesem Philosophen alle Fähigkeit der Erkenntnis abstreiten, so müsste er ihm
doch dies eine zugestehen: dass es ihm ausgezeichnet glückt, dem
Auditorium ein Schnippchen zu schlagen und ihm den Zipfel des
Begreifens, den es soeben fest in der Hand zu halten sicher war, im
Moment der höchsten Erwartung unversehens wieder zu entreissen.

Ohne aber von dergleichen in philosophischen Dingen stets sehr nützlichen Pfiffigkeit in Miene oder Ton irgendetwas zu verraten, trug der Mann am Katheder den erhabenen Vers vor, nahm seine Papiere zusammen und verliess das Podium«.

18 Heyses Lieblingsworte sind: »entscheidend, grundlegend, entschlossen, unerbittlich, radikal, ursprünglich (im Komparativ und Superlativ), Urgründe, Urprobleme, Urwerte, Urmächte, Urgewalten, Urwesen« und vor allem – man zähle z. B. auf S. 112 oder S. 294 bis 300 nach – ein geradezu ausschweifender Missbrauch von »tief, tiefer, am tiefsten«.

19 In analoger Weise hat sich Heidegger auch im wissenschaftlichen Ausschuss des Nietzschearchivs mit einem Nietzsche-»Forscher« wie Richard Oehler zusammengesetzt – wahrscheinlich auch, um »noch Schlimmeres« zu verhüten, während er in Wirklichkeit damit das Schlechte mit seinem guten Namen deckt. Zur allgemeinen Charakteristik des Verhaltens der Deutschen zu Tatsachen und Begriffen siehe Hegel, *Schriften zur Politik und Rechtsphilosophie*, ed. Lasson, 1913, S. 6: »In ewigem Widerspruch zwischen dem was sie fordern, und dem was nicht nach ihrer Forderung geschieht, erscheinen sie nicht bloss tadelsüchtig, sondern, wenn sie bloss von ihren Begriffen sprechen, unwahr und unredlich, weil sie in ihre Begriffe von dem Recht und den Pflichten die Notwendigkeit setzen, aber nichts nach dieser Notwendigkeit geschieht und sie selbst so sehr hieran gewöhnt sind, teils dass ihre Worte den Taten immer widersprechen, teils dass sie aus den Begebenheiten ganz etwas anderes zu machen suchen, als sie wirklich sind und die Erklärung derselben nach gewissen Begriffen zu drehen ... Eben um ihrer Begriffe willen erscheinen die Deutschen so unredlich, nichts zu gestehen wie es ist, noch es für nicht mehr und weniger zu geben, als in der Kraft der Sache wirklich liegt.«

20 »Prof. Einstein hat den ihm angetragenen Lehrstuhl für Mathematik und Physik am Collège de France angenommen ... Ministerpräsident Daladier forderte die Kammer auf, sich der Regierung anzuschliessen, ›um nicht nur das Genie, sondern auch den Mut zu ehren‹. Nachdem der ›mutige‹ Prof. Einstein sich mit Pauken und Trompeten zum französischen Professor hat machen lassen, ist es unerlässlich, dass den beurlaubten Hochschulprofessoren sofort die Auslandspässe entzogen werden. Niemand kann sonst dafür garantieren, dass nicht der eine oder andere dieser Herren in kürzester

Zeit in Paris, in Oxford oder an der School of Economics in London sitzt und dort von einer Lehrkanzel aus antideutsche Politik betreibt. Nachdem die Entlassungen vorgenommen sind, muss auch die aussenpolitische Konsequenz gezogen werden. Es ist dabei zu bedenken, dass einige der beurlaubten Professoren wie Kelsen, Lederer und Bonn über ganz ausgezeichnete Auslandsverbindungen verfügen!« (Tägliche Rundschau vom 16. April 1933).

21 Die Neuordnung der philosophischen Bibliotheken geschah, laut amtlichem Pressedienst, nach folgenden Grundsätzen zur Verwirklichung eines »artgemässen Wissenschaftsbegriffs«: 1) Textausgaben, 2) Geschichte der Philosophie, 3) Völkische Wissenschaft, 4) Die Schulen der jüdisch-liberalistischen Auflösung, 5) Einzelgebiete. Über das 4. Hauptgebiet heisst es: »Es zerfällt in 2 Unterabteilungen, und zwar liberalistische Philosophie und jüdisch beherrschte Schulen. Die erstere umfasst den Positivismus, den südwestdeutschen Kantianismus, die Realistik, die geisteswissenschaftlichen Schulen und Kritizisten, die Kulturphilosophen und Kulturkritiker und den Existenzialismus. Die zweite Unterabteilung umfasst den Marburger Neukantianismus, die Phänomenologie, die Lebensphilosophie, das jüdische Rechtsdenken, die jüdische Kulturphilosophie, die jüdische Ästhetik, die jüdische Mathematik und Relativitätstheorie«.

22 Ein anderer deutscher Verlag (Klostermann, Frankfurt a. M.), bei dem ich früher publiziert hatte, rechnete mit mir seit 1937 über den Verkauf überhaupt nicht mehr ab und zog es vor, selbst Bücherbestellungen zu ignorieren, um sich nicht noch länger mit einem jüdischen Autor zu kompromittieren.

23 »In das Glück über das wiedergewonnene Deutschland, das am 21. März kaum irgendwo so rein und ganz empfunden wurde, wie an den deutschen Hochschulen, fiel für diese bald darauf ein schwerer Schatten. Abgesehen von den tief gehenden Umwälzungen ihrer Grundverfassung, deren Einzelheiten noch nicht spruchreif sind, beschäftigt jeden Lehrer natürlich das Verhältnis zur akademischen Jugend. Davon hängt sein innerstes Leben, die ganze Echtheit seines Wirkens ab. Es bekümmert mich, dass die Studentenschaft, die soeben verantwortliche Rechte empfangen hat, gegenüber den Professoren eine Haltung anzunehmen beginnt, die merkwürdig an die Stellung erinnert, wie sie ein Metternich gegenüber Studenten und Professoren einnahm. Mich erfüllt ernsteste Sorge um die Kraft des von mir ethisch hochgeachteten Führerprinzips, wenn es weder dem

Herrn Rektor noch dem Herrn Minister gelang, einen Aufruf zu beseitigen, der bei aller guten Gesinnung ein paar Sätze enthält, die auch beim nationalsten Leser schwersten Anstoss erregen müssen. Im Verein mit Nachrichten von anderen Hochschulen Preussens bewirkten diese und ähnliche Umstände in mir das Gefühl, dass ich den Zugang zu der neuen Generation wohl nicht mehr finden würde. Bestätigt wurde diese Auffassung durch die vor wenigen Tagen empfangene Privatnachricht, dass der Herr Minister ein Ordinariat und ein Institut für politische Pädagogik an der Universität Berlin begründet habe. Da mir bei einem so hoch wichtigen Werk keinerlei Mitwirkung zugedacht ist, muss ich überzeugt sein, dass meine Lehrtätigkeit dem preussischen Staate nichts mehr bedeutet. Dies erfüllt mich um so mehr mit tiefstem Schmerz, als ich jahrelang unter Bedrückungen von links auf die Stunde gehofft habe, in der ich wieder eine mit mir im nationalen Bewusstsein, in Liebe zu Staat und Volk geeinte Hörerschaft auf den Bänken vor mir sehen würde. Eduard Spranger.« (DAZ vom 28. April 1933).

24 Dieser Schilderung entspricht auch ganz der folgende Bericht, den ich von verwandtschaftlicher Seite im Frühjahr 1939 erhielt: »Ihr müsst Euch immer wieder vor Augen halten, dass wir heute nicht mehr das Deutschland haben, das Ihr vor drei Jahren verlassen habt. Es ist jetzt hier eigentlich so, dass jeder dem andern misstraut und man selbst im engsten Kreis mit jeder Äusserung entsetzlich vorsichtig sein muss, weil es immer wieder Leute gibt, die sich ein Vergnügen daraus machen, andere anzuzeigen. Wenn z.B. jemand diesen Brief lesen würde, dann würde ich wahrscheinlich verschwinden, wie und wo, das weiss keiner. Ich selbst kann das alles nicht so mitmachen, so gern ich oft möchte, denn ich hätte es dadurch viel leichter. Aber wir sind wohl durch Krieg, Inflation usw. schon zu sehr verbraucht, als dass wir heute noch alle die Krisen und Schwierigkeiten so einfach hinnehmen könnten. Die ganze Wirtschaft und Finanzarbeit ist auf einem Standpunkt angelangt, dass man immer wieder hört, wie die Leute versuchen, die Gesetze zu umgehen. Es ist wirklich schrecklich demoralisierend und es ist nur gut, dass man nicht weiss, was noch kommt. ... Ich würde Euch so gern klarmachen, dass wir hier alle nur noch Nummern sind, ganz gleich ob Mann oder Frau. Bei Todesstrafe ist es verboten, aus der Reihe zu tanzen. Wir werden von der Polizei, von der Partei, vom Luftschutz und von der N. S. V. genau geführt, unter Umständen auch noch vom Militär und

haben uns nur nach Vorschriften zu richten. Gesetze in dem Sinn wie früher gibt es nicht mehr. – Obgleich heute eigentlich alle gut verdienen, ist doch überall eine grosse Arbeitsunlust zu spüren. Jeder hat das Gefühl, dass er auf einem Vulkan tanzt, einige natürlich ausgenommen. ... Man selbst bemüht sich immer wieder, rechtlich zu handeln und ist auch gern bereit sich, wenn erforderlich einzuschränken, aber sobald man auf der andern Seite sieht, wie stark verschwendet wird am Volksvermögen, wie da Devisenknappheit und Materialknappheit gar keine Rolle spielen, wird man verbittert. Diese grosse Üppigkeit und Grossmannssucht ist etwas, worüber alle schimpfen. ... Ob wird durchhalten können, ist natürlich fraglich, und oft denke ich, dass bald wir sogenannten Bürgerlichen daran kommen, wie Ihr bisher. Das haben schon viele vermutet, aber man weiss gar nichts und es ist heute überhaupt nicht mehr zu sagen, was in ein paar Jahren los ist, weiss man doch nie, was der nächste Tag bringt. Irgendwie muss man sich einfach damit abfinden oder man kann sich gleich einen Strick zum Aufhängen kaufen.«

25 Franz Rosenzweig, *Hegel und der Staat*, 1920; *Der Stern der Erlösung*, 1921 (2. Aufl. Berlin 1930); *Franz Rosenzweigs Briefe*, Berlin 1935.

26 Siehe dazu in Hermann Cohens *Jüdischen Schriften*, Berlin 1924, Bd. II, S. 237 ff. die beiden Abhandlungen über »Deutschtum und Judentum«.

27 Die zitierten Stellen stehen in Rosenzweigs Briefen, a.a.O., S. 475, 483 und 279 f.

28 *Tagebuch eines Schriftstellers*, München 1922, Bd. III, S. 15 ff. und 132; IV, S. 261 f.

29 Siehe das so betitelte Werk von Erich Kahler, Zürich 1937.

30 Siehe Dostojewskis *Politische Schriften*, München 1917, S. 65 ff. (= *Tagebuch eines Schriftstellers*, a.a.O., III, S. 422 ff.) und über Russland und Deutschland, S. 489.

Typoskriptvarianten, Übersetzungen fremdsprachiger Zitate und ergänzte Eigennamen

Die Typoskriptvarianten stehen in eckigen Klammern. Sie gehen auf Streichungen Löwiths im Manuskript oder Auslassungen in der Druckversion zurück. Die fremdsprachigen Zitate wurden vom Herausgeber übersetzt und in Anführungszeichen gesetzt, einige für das Verständnis des Textes wichtige Eigennamen wurden ergänzt.

*1 [gestrichen: leidenschaftlichen]
*2 Herschel Grynszpan
*3 Ludwig Ludowici, Sohn des Fabrikanten Wilhelm Ludowici
*4 »Seefahrt tut not, leben nicht«
*5 Kurt Düring
*6 Heinrich Besseler
*7 [gestrichen: Er erzählte statt dessen peinliche Anekdoten aus Heidelberg]
*8 Charlotte Grosser
*9 Liemar Hennig oder, möglicherweise, Gerhard Rosenkranz
*10 [gestrichen: Bitte um Schonung und für die Deutschen eine]
*11 Carl-Georg Steinicke, gen. Papa Steinicke
*12 Quintilian, De institutione oratoria I, 6, 34: »Dürfen wir annehmen, daß einige Worte von ihren Gegensätzen abstammen, wie z. B. lucus (Wald), weil er durch Schatten verdunkelt, nicht licht ist?« Daher rührt *lucus a non lucendo* / »Wald wird *lucus* genannt, weil es darin ›nicht hell ist‹ (*a non lucendo*)«.
*13 [ursprüngl.: Germanisten] Es dürfte sich demnach um Hans Naumann handeln.
*14 [gestrichen: der ersten Etappe auf dem Weg zum N. S.]
*15 Hanns Johst
*16 [gestrichen: so gründlich /verzeichnet/ dass Burckhardt mit Nietzsche »zum Weltkampf antreten« muss, aber in diesem Agon versagt, weil er es nicht über sich gebracht habe, dem Grössern (Nietzsche) als Jünger zu dienen.]
*17 [gestrichen: jüdisch-geistreichen]

*18 [gestrichen: Herr D.], das folgende »Nazi und Antisemit« wird noch durch ein [gestrichen: eifriger] ergänzt; es handelt sich um Walter Donat.

*19 [gestrichen: in der Einsicht der Abseitsstehenden]

*20 [gestrichen: und ein Nihilismus in zweiter Potenz war.]

*21 [gestrichen: Als ich Husserl kurz nach dem Umsturz in Freiburg besuchte, sprach er nur wenig über das Verhalten der Universität, deren Rektor sein Schüler und Nachfolger war. Er arbeitete still vor sich weiter und bewährte mit einer zur Weisheit gediehenen Freiheit des Geistes ein duldendes Heldentum und den philosophischen Gleichmut, während sich die andern im Aufbruch zu einem »heroischen Dasein« gefielen.]

*22 »Ein jeder stehe fest in seiner Existenz«. Das Zitat selber konnte bei Luther nicht nachgewiesen werden. Anstelle von *existentia* wäre »conscientia« zu erwarten.

*23 [gestrichen: wegen ihres passiven, bloss zuständlichen Sinnes]

*24 [gestrichen: gehöre mit hinein in die] ... Arbeit des Bauern [der es verstehe, dem Wesen der Dinge nahe zu sein.]

*25 [gestrichen: Das sollte heissen: man mag mich mit noch so verlockenden Aussichten nach Berlin bitten, ich werde wie ein Bauer nur den Kopf schütteln und sagen: nein!] Denn was sollte [ich] der Alemanne

*26 [gestrichen: in Marburg]

*27 [gestrichen: die Dinge von Aussen »betrachtet«]

*28 [gestrichen: man brüstet sich vielmehr mit]

*29 [gestrichen: ist]

*30 [gestrichen: französischen]

*31 [gestrichen: ,soweit sie nicht Kompromisse schloss in der Meinung, es sei nicht so schlimm und habe auch seine »guten Seiten«, und man müsse der Bewegung nur Zeit lassen, um wieder ins Geleise zu kommen.]

*32 [gestrichen: Die Rektoren von Karlsruhe und Heidelberg mussten ihn feierlich (zum Antritt des Rektorats) begleiten]

*33 [gestrichen: Sie ist nicht mehr wie »Sein und Zeit« in Husserls Verlag erschienen und auch nicht wie sein Buch über Kant im Scheler-Verlag, sondern in einem ausgesprochen n. s. Unternehmen.]

*34 [gestrichen: Sinn]

*35 [gestrichen: Substanz und]

*36 [gestrichen: in dem es heisst, die n. s. Revolution bringe eine völ-
     lige Umwälzung]
*37 [gestrichen: und aus der Alltäglichkeit]
*38 [gestrichen: ursprünglich]
*39 [gestrichen: mal angelesene]
*40 [gestrichen: Entschiedenheit und]
*41 [gestrichen: gewesen, die sich in einem Fotoladen ihr Geld ver-
     diente. Damals war sie]
*42 [gestrichen: in Beckers einzigem wohnlichen Zimmer]
*43 [gestrichen: platonisches]
*44 [gestrichen: trotz meiner jüdischen Abstammung]
*45 »Ich bin mir selber ein Rätsel (= eine Frage) geworden«.
*46 [gestrichen: oder als prometheischen Heros]
*47 auch er [selber] habe [ja auch von Jugend an eine starke Neigung
     zu einem solchen Leben gehabt und]
*48 [gestrichen: Auf diese Bemerkung hatte ich an sich nichts zu ent-
     gegnen.]
*49 [gestrichen: menschliche Versagen]
*50 [gestrichen und ersetzt: brach ich das Schweigen]
*51 [gestrichen: nachgiebig oder]
*52 [gestrichen: von B. Bauer]
*53 [gestrichen und ersetzt: erfolgte überhaupt keine Antwort]
*54 [gestrichen und ersetzt: mit keinem Wort an seine Familie gewandt]
*55 [arischer]
*56 [gestrichen und ersetzt durch: Aber es gab auch Ausnahmen, wel-
     che diese Regel bestätigten. Das »je eigene Dasein« Heideggers
     und das »naturhafte Dawesen« Beckers, sie unterschieden sich
     jedoch in nichts von dem n.s. »man«.]
*57 [schon damals] höchst unzeitgemäss, eine Jüdin. [von der er sich
     später schied.] Ich habe ihn das letzte Mal 1934 auf dem Prager
     [Philosophen] Kongress gesehen. [Er ist jetzt in New York. Kurz
     vor dem Einmarsch der deutschen Truppen in Österreich ist er
     ein zweites Mal abgereist, über Deutschland nach London und
     von da nach New York, wo er sich nun eine Existenz zu gründen
     versucht. –]
*58 [gestrichen: höchst eigenartige]
*59 Löwiths Arbeitgeber war der Kammerherr August Freiherr von
     Flotow, der Schloßherr von Kogel.
*60 Dr. phil. Martin Kremmer.

*61 Franz-Xaver Goldenberger und Karl Scharnagl
*62 [gestrichen: und seitdem von »Marxismus« redet]
*63 [gestrichen und ersetzt: Ängstlichkeit vor der Politik]
*64 [gestrichen: in einer Welt ohne wahrhaftes Sein]
*65 [gestrichen: von sehr sympathischer Erscheinung]
*66 Werner Spier aus Gemünden
*67 Georg Wünsch, Prof. für systematische Theologie in Marburg
*68 cand. iur. Curt Hübner
*69 Dozent Dr. Kurt Düring
*70 [gestrichen: in freier Luft, – schon damals]
*71 [gestrichen: und das Muster eines Germanen]
*72 [gestrichen: und der bürgerlich christlichen Welt]
*73 »wer weiß das schon?«
*74 »nicht übel!«
*75 »Glauben, gehorchen, kämpfen«. – Die hier vorkommenden ital. Begriffe *gentilezza* und *furberia* könnte man mit »Freundlichkeit« bzw. mit »Gerissenheit, Schläue« übersetzen.
*76 »Dieser (Mussolini) macht immer einen guten Eindruck, jener (Hitler) hat ein verzerrtes und böses Gesicht«. Möglich, daß Löwith den Ausdruck »far bella figura« falsch im Sinne von »er sieht freundlich aus« verwendet.
*77 Frei übersetzt lautet der Witz, der eine Analogie zwischen der Straßenbahnfahrt und dem Verlauf der faschistischen Herrschaft herstellt: »Die Rundreise fängt fromm an, wendet sich dann dem Volk zu, läßt danach die Freiheit hinter sich, zerschneidet die Gerechtigkeit, stopft der Wahrheit das Maul und endet in Ruinen«.
*78 »Nur der Negus hat gewechselt«.
*79 »der in Umlauf gebracht werden könne«. Gemeint sind die *pezzi grossi*, die »einflußreichen Professoren«.
*80 »Mit Skepsis kommt man nicht weiter«.
*81 »Es heißt darin: jetzt, nach fünfzehn Jahren faschistischer Staatstheorie, könne der aufmerksame Beobachter mit Sicherheit sagen, daß uns der sog. ›ethische Staat‹ von seiner ›plumpen Gegenwart‹ befreit habe. ›Er ist mit Gottes Willen verschwunden, vielleicht um andere gläubigere Völker glücklich zu machen‹. ›Wenn man vor fünfzehn Jahren einen italienischen Professor, der es verdiente, mit Dantes Worten der verliebte Buhle des Glaubens an den Staat und die Regierung genannt zu werden, hörte, wie er mit den Fäusten auf den Tisch schlug, wobei er wie ein Besessener schrie und tobte,

daß der Staat die Pflicht und Gott selbst verkörpere, und wenn man den Staat feiere, feiere man die wahre Freiheit‹, – da konnte man meinen, der Staat sei das Sittliche selbst«.

*82 »diese dionysische Begeisterung für den Staat«.

*83 »die roheste, härteste und unmoralischste Politik«

*84 [gestrichen und ersetzt: vergnügt]

*85 [gestrichen: Zufälligerweise war ich in Rom]

*86 [gestrichen: von Entschiedenheit]

*87 [gestrichen: und neugierig]

*88 »Plumpe, einfältige und leichtgläubige Zeiten«

*89 [gestrichen: in normaler Weise]

*90 »Die Behandlung der Juden in der Gesetzgebung des Dritten Reiches«

*91 [gestrichen: Rosemarie B., eine Freundin und Schülerin Spitzers, die ihm mit noch vier anderen seiner Schüler nach Istanbul gefolgt war, hat sich auf diese Weise selber expatriiert.]

*92 [gestrichen: der auch zu ihrem Kreise gehörte]

*93 Abwandlung eines bekannten Vergil-Zitats (Ecl. IV, 1): »Paulo maiora canamus« – »Höheres lasset uns besingen«. Hier etwa: »Lassen Sie uns von unwichtigeren, einfacheren Dingen sprechen«.

*94 [gestrichen: den Kommunismus oder]

*95 [gestrichen: derzeitigen]

*96 Möglicher Irrtum Löwiths; in Frage kommt nur der Sozialist Giacomo Matteotti.

*97 [gestrichen und ersetzt: Bismarck und Nietzsche]

*98 Paul und Otti Binswanger

*99 [gestrichen: gefordert und]

*100 Löwith (oder seine Frau Ada) macht auf einer leeren, in den Text eingeschobenen Seite ohne Photo ein X, das auf Miki Koyashi verweist, doch vermutlich ist Yoshitaka Sakaeda gemeint, der eben zu diesem Zeitpunkt nach Marburg kam.

*101 [gestrichen: als Professor]

*102 [gestrichen: von guter Erziehung und Herkunft (mit der letzteren hatte er 1933 Schwierigkeiten gehabt, weil unter seinen Vorfahren eine jüdische Grossmutter war)]

*103 »Luigi Picchioni, dem greisen Lehrer, Kollegen und Freund gewidmet«

Nachträge und Erläuterungen

Noch ein Nachwort

Ich habe mich manchmal gefragt, wo ich wohl heute stünde, wenn ich als Deutscher mit Deutschen lebte. Die Frage mag müßig sein in Bezug auf mich selbst, gibt aber mit Rücksicht auf die in Deutschland verbliebenen Freunde zu denken. Denn auch wer außerhalb der Partei steht, ist als Deutscher in das deutsche Geschehen verflochten, und ich selbst habe mitdestruiert, ehe die Wege sich trennten. Das geschah, als Hitler zur Macht kam und nun positiv etwas wollte, was der aus höchst verschiedenen Quellen zusammengeflossenen Destruktion ein Ende bereitete, wie es ihr selbst nicht im Sinn lag. Andrerseits gab es aber auch kein bloßes Zurück auf dem Weg der Kritik des Bestehenden, der so nah an den Umsturz herangeführt hatte, daß dieser jene Kritik hatte ablösen können. Erst das vollendete Faktum des Umschwungs zwang mich zur Revision der geistigen Richtung, in der ich mich seit den Freiburger Studienjahren fortbewegt hatte, ohne zu wissen wohin. Der Prüfstein war für mich meine Stellung zu Nietzsche.

Meine letzte Marburger Nietzschevorlesung (1933/34) enthielt schon alle wesentlichen Gedanken zu meinem Prager Kongreßvortrag (1934), worin ich Nietzsches Zeitgemäßheit mit seiner Lehre von der Ewigkeit konfrontierte. Dieser Vortrag war das Programm meines Buchs über *Nietzsches Philosophie der ewigen Wiederkunft des Gleichen* (1935). Vorwort und Schlußkapitel (über »Mitte und Maß« als Maßstab von Nietzsches Selbstkritik) leiteten über zur Burckhardt-Monographie (1936), deren erstes Kapitel eine Auseinandersetzung mit Nietzsche aufseiten Burckhardt ist. Und der letzte Satz des Burckhardtbuches, worin Nietzsche selbst seine Abdankung ausspricht, war schon das Motto zu meiner Marburger Antrittsvorlesung (1928) über Burckhardt gewesen, obgleich ich meinen Vorbehalt gegen Nietzsche seit meiner Dissertation über ihn (1923) durch ein zehnjähriges Studium seiner Analyse des »europäischen Nihilismus« unausgesprochen hindurchtrug. Drei Jahre nach der Veröffentlichung des Buchs über Burckhardt beendigte ich in Japan meine schon seit der Habilitation (mit einem Vortrag über Feuerbach) geplant gewesene Arbeit über die gesamte deutsche Entwicklung »von Hegel bis Nietzsche«. Die letzten Sätze des Nachworts dazu bezeichnen schließlich das Ergebnis der mir durch das geschichtliche Geschehen aufgenötigten Revision. Sie lauten: »Was aber die besondere Geschichte des deutschen Geistes im 19. Jahrhundert betrifft, so erleichtert die tödliche Konsequenz der philosophischen Entwicklung nach Hegel das Verfolgen der aufeinanderfolgenden Schritte, deren Resultat die Verstiegenheit ist. Und so mag die historische Einsicht in das geistige Geschehen der Zeit dazu führen, daß man von Nietzsches ›Magie des Extrems‹ über Burckhardts Mäßigkeit zu Goethes maßvoller Fülle zurücksteigt, um an einem zweifellos großen Menschen deutschen Geist zu erkennen.« – Doch gibt es kein Zurück in der Zeit, weder zu Goethe noch zu sonstwem. Die Zeit als solche ist dem Fortschritt verfallen und nur in den Augenblicken, in denen die Ewigkeit als die Wahrheit des Seins erscheint, erweist sich das zeitliche Schema des Fortschritts wie des Verfalls als historischer Schein.

Doch blieben die durch Nietzsche und Deutschland gestellten Fragen als solche bestehen. Sie betreffen vor allem das *Christentum* und die aus ihm erwachsene europäische *Humanität*. Indem aber beides für mich ein *Problem* blieb, das ich weder positiv-christlich noch antichristlich auflösen mochte, mußte auch meiner Stellung zum nationalsozialistischen Deutschland notwendig jene kurze Entschiedenheit fehlen, die ein einfaches Ja oder Nein gibt. Diesen Mangel an Eindeutigkeit hat B. richtig empfunden, als er mir vorhielt, daß ich doch selbst destruiert hätte, woran ich nun festhielt. Theoretisch ist diese Zweideutigkeit nicht zu vereinfachen. Sie verwandelt sich aber von selbst in eine entschiedene Ablehnung des scheinbaren Fertigseins mit dem Christentum und der christlichen Humanität – in dem entscheidenden Augenblick nämlich, wo ein ganzes Volk mitsamt seinen »Dichtern und Denkern« Nietzsches »Willen zur Macht« praktiziert und das Barbarentum manifest wird, welches bei Nietzsche selbst noch durch Geist, und selbst »Christentum«, annehmbar schien.

Der Anstoß zu meiner Abkehr von den deutschen Methoden war die deutsche Behandlung der Juden. Daß diese mich persönlich betraf, verringert um nichts ihre allgemeine Bedeutung für die Erkenntnis der deutschen »Erhebung«. Die deutsche Lösung der Judenfrage ist nur die offenkundigste Seite des prinzipiellen Barbarentums, das jede Brutalität im Dienst eines Ungeheuers von Staat sanktioniert. Gegenüber dieser Entmenschung des Menschen ist die bloße Humanität außerstande, auch nur einen wirksamen Protest zu erheben, und so erklärt es sich, wenn die geistige Reaktion zu ähnlich drastischen Mitteln griff und eine Rückkehr zur Kirche predigt. Auch von mir haben manche Freunde eine radikale Lösung erwartet, sei es im Sinn eines Rückgangs zum Judentum oder einer Entscheidung fürs Christentum oder auch einer politischen Festlegung. Stattdessen habe ich eingesehen, daß gerade die »radikalen« Lösungen gar keine Lösungen sind, sondern blinde Versteifungen, die aus der Not eine Tugend machen und das Leben vereinfachen. Das Leben und Zusammenleben der Menschen und Völker ist nicht von der Art, daß es durchführbar ist ohne Geduld und Nachsicht, Skepsis und Resignation, d.h. ohne das, was der heutige Deutsche als unheroisch verneint, weil er für die Hinfälligkeit alles menschlichen Treibens überhaupt keinen Sinn hat. – »Homo natus de muliere, brevi vivens tempore, repletus multis miseriis, qui quasi flos egreditur et conteritur et fugit velut umbra« (Hiob 14, 1-2). – Diese Einsicht ist den Deutschen abhanden gekommen, obwohl noch ein Voltaire behaupten konnte, daß in diesen Worten alles enthalten sei, was die menschliche Existenz kennzeichnet.

Verzeichnis aller Abbildungen des Typoskripts[1]

---

1   Der Asterisk bedeutet, daß das betreffende Photo in diese Druckversion aufgenommen wurde.

Von Löwith zitierte Bücher und Schriften

Hugo Ball, Die Flucht aus der Zeit (München 1927)

Karl Barth, Der Römerbrief (Bern 1919)

Karl Barth, Theologische Existenz heute! (München 1933)

Ernst Bertram, Deutsche Gestalten (Leipzig 1934)

Otto von Bismarck, Gedanken und Erinnerungen (Stuttgart 1898-1919)

Jacob Burckhardt, Die Cultur der Renaissance in Italien: ein Versuch (Basel 1860)

Benedetto Croce, Nuovi saggi su Goethe (Bari 1934)

Walter Donat, Der Heldenbegriff im Schrifttum der Älteren Japanischen Geschichte. Eingereicht zur Erlangung der Würde eines Dr. phil. habil. in der Philosophischen Fakultät der Hansischen Universität in Hamburg im Sommer 1936 (Tôkyô, 1938)

Fjodor Dostojewski, Die Dämonen (München 1907)

Albert Einstein, Mein Weltbild (Amsterdam 1934)

Walter Elze, Tannenberg. Das Deutsche Heer von 1914, seine Grundzüge und deren Auswirkung beim Sieg an der Ostfront (Breslau 1928)

Walter Elze, Friedrich der Große: geistige Welt, Schicksal, Taten (Berlin 1936)

Stefan George, Der Krieg (Berlin 1917)

Hans Alfred Grunsky, Der Einbruch des Judentums in die Philosophie (Berlin 1937)

Martin Heidegger, Sein und Zeit (Halle a.S. 1927)

Martin Heidegger, Kant und das Problem der Metaphysik (Bonn 1929)

Martin Heidegger, Was ist Metaphysik? (Bonn 1929)

Martin Heidegger, Die Selbstbehauptung der deutschen Universität. Rede, gehalten bei der feierlichen Übernahme des Rektorats der Universität Freiburg i. Br. am 27.5.1933 (Breslau 1933)

Hans Heyse, Idee und Existenz (Hamburg 1935)

Adolf Hitler, Mein Kampf (München 1925-1927)

Clemens August Hoberg, Das Dasein des Menschen: eine Grundfrage der Heideggerschen Philosophie (Zeulenroda 1937)

Werner Jäger, Antike und Humanismus (Leipzig 1925)

Karl Jaspers, Die geistige Situation der Zeit (Berlin 1931)

Ernst Jünger, Das abenteuerliche Herz (Berlin 1929)

Ernst Jünger, Der Arbeiter. Herrschaft und Gestalt (Hamburg 1932)
Erich von Kahler, Der deutsche Charakter in der Geschichte Europas
    (Zürich 1937)
Thomas a Kempis, »De imitatione Christi« (1427)
Sören Kierkegaard, Das Tagebuch des Verführers (Berlin 1903)
Thomas Mann, Betrachtungen eines Unpolitischen (Berlin 1918)
Alberto Moravia, Gli indifferenti [dt. Die Gleichgültigen] (Mailand
    1929)
Hans Naumann, Wandlung und Erfüllung. Reden und Aufsätze zur
    germanisch-deutschen Geistesgeschichte (Stuttgart 1933)
Hans Naumann, Germanischer Schicksalsglaube (Jena 1934)
Friedrich Nietzsche, Also sprach Zarathustra (Chemnitz 1883-1885)
Friedrich Nietzsche, Dionysos-Dithyramben (Leipzig 1891)
Erik Peterson, Die Kirche aus Juden und Heiden: drei Vorlesungen
    (Salzburg 1933)
Helmuth Plessner, Das Schicksal deutschen Geistes: im Ausgang seiner
    bürgerlichen Epoche (Zürich-Leipzig 1935)
Hermann Rauschning, Die Revolution des Nihilismus. Kulisse und
    Wirklichkeit im 3. Reich (Zürich 1938)
Rainer Maria Rilke, Geschichten vom lieben Gott (Leipzig 1904)
Rainer Maria Rilke, Briefe aus den Jahren 1914 bis 1921. Hrsg. von
    Ruth Sieber-Rilke (1937)
Alfred Rosenberg, Der Mythus des zwanzigsten Jahrhunderts (München 1930)
Edgar Salin, Burckhardt und Nietzsche. [Rektoratsprogramm der Uni-
    versität Basel für das Jahr 1937] (Basel 1938)
Ernst von Salomon, Die Stadt (Berlin 1932)
Carl Schmitt, Der Begriff des Politischen: mit einer Rede über das
    Zeitalter der Neutralisierungen und Entpolitisierungen (München-
    Leipzig 1932)
Kurt Singer, Platon der Gründer (München 1927)
Oswald Spengler, Der Untergang des Abendlandes. Umrisse einer Mor-
    phologie der Weltgeschichte (München 1918; 1922)
Oswald Spengler, Jahre der Entscheidung (München 1933)
Max Stirner, Kleinere Schriften (Berlin 1898)
Studentischer Führer für die Universität Marburg (Marburger Uni-
    versitätsführer), hrsg. für die Universität Marburg im Auftrag der
    Philippsuniversität von der Marburger Studentenschaft und dem
    Studentenwerk Marburg 1939/40 (1939)

Martin Thust, Sören Kierkegaard: der Dichter des Religiösen. Grundlagen eines Systems der Subjektivität (München 1931)

Lev N. Tolstoj, Der Tod des Iwan Iljitsch (Leipzig 1913)

Giuseppe Tucci, Cronaca della missione scientifica Tucci nel Tibet occidentale 1933 (Roma 1934)

Max Weber, Wissenschaft als Beruf (München 1919)

Max Weber, Politik als Beruf (München 1920)

Otto Weininger, Geschlecht und Charakter (Wien 1903)

Karl Wolfskehl, Die Stimme spricht (Berlin 1934)

Georg Wünsch, Evangelische Ethik des Politischen (Tübingen 1936)

Curriculum Vitae (1995)

Vor zwei Jahren hatte mir Gadamer anläßlich des 60. Geburtstages meinen Werdegang aus der Perspektive eines Weggenossen gedeutet. Wenn ich mich heute selber, aus meinem eigenen Gesichtspunkt, vorstellen soll, so kann sich die relative Eindeutigkeit der Perspektive für das, was man erstrebt hat, nur aus dem Fortgang der Zeit ergeben, im Rückblick auf die innere Folgerichtigkeit der zufälligen Begegnungen und der aufeinander folgenden Schritte, die man bei allen Um- und Abwegen einen Lebenslauf nennt.

Die erste Begegnung mit der Philosophie und mit der Wissenschaft, die heute so sehr auseinanderfallen, daß die Philosophie schon innerhalb ihrer eigenen philosophischen Fakultät wie innerhalb der Akademie der Wissenschaften eine prekäre Sonderstellung einnimmt, verdanke ich der Schulzeit: meinem Lateinlehrer H. Poeschel und meinem Zeichenlehrer E. Esenbeck am Münchener Realgymnasium. Diese beiden väterlichen Freunde förderten mein Interesse an der Philosophie. Die Wissenschaft begegnete mir in der Person eines hervorragenden Lehrers der Biologie, P. Wimmer, der uns mikroskopische Präparate anfertigen ließ und uns die Wunder der lebendigen Welt erschloß. Beides: die philosophische Reflexion auf das eigene Dasein im Ganzen der natürlichen Welt, wie sie mir zuerst durch Schopenhauer und Nietzsche vermittelt wurde, und die unreflektiertere Wissenschaft vom Lebendigen haben mich nach meiner Rückkehr aus Krieg und Kriegsgefangenschaft, in der ich viel Muße zum freien Nachdenken hatte, veranlaßt, in München und Freiburg nebeneinander *Philosophie und Biologie* zu studieren. Philosophie zunächst bei A. Pfänder und M. Geiger, die uns in ihren Vorlesungen zum eigenen Denken anregten, Biologie bei dem Botaniker K. v. Goebel und hernach, in Freiburg, bei dem Nobelpreisträger H. Spemann, der uns zu entwicklungsmechanischen Experimenten anleitete. Diese zwei großen Naturforscher haben in mir den in der gegenwärtigen Philosophie weithin verloren gegangenen Sinn für ein Wissenwollen rein um des Wissens willen erweckt.

Die Unruhen der Münchener Räterepublik hatten mich nach Freiburg vertrieben, wo ich die strenge phänomenologische Schule durch E. Husserl genoß. Unvergeßlich ist mir, wie dieser große Erforscher des Unscheinbaren in jenen Tagen, als man Freiburgs Besetzung durch französische Truppen befürchtete und die Hörsäle leer wurden, mit einer erhöhten Ruhe und Sicherheit in seinen Darlegungen fortfuhr, als könne der Ernst des wissenschaftlichen Forschens durch nichts in der Welt gestört werden. Sein Assistent war der Privatdozent Heidegger, der uns in Husserls *Logische Untersuchungen* einführte, aber auch in Dilthey, Bergson und Simmel. Die spürbare Intensität und der undurchsichtige Tiefgang von Heideggers geistigem Antrieb ließ alles andere verblassen und machte uns Husserls naiven Glauben an eine endgültige philosophische Methode abspenstig. Diese ersten Freiburger Studienjahre von 1919-22 waren eine unvergleichlich reiche und fruchtbare Zeit. Alles, wovon meine Generation auch heute noch geistig zehrt, wurde damals hervorgebracht, nicht obwohl, sondern weil alles im Zeichen der Auflösung stand und auf eine kritische Erneuerung aus war. Auch Heideggers Anziehungskraft beruhte auf einem produktiven Abbau, der »Dekonstruktion« der überlieferten Metaphysik auf ihre fragwürdig gewordenen Fundamente hin. Ein solches Fundament, das *Sein und Zeit* in Frage stellte, ist der zeitliche Sinn des griechisch verstandenen Seins, die Voraussetzung, daß nur dasjenige wahrhaft »ist«, was immer gegenwärtig anwesend ist. In Frage gestellt konnte dieses überlieferte Seinsverständnis aber nur werden, weil für Heidegger selbst der maßgebliche zeitliche Horizont für das Verständnis des menschlichen Daseins und des Seins überhaupt das Kommende und Künftige ist. Und weil es in der Zeit nach dem Ersten Weltkrieg und seither in unserer Welt in der Tat ein nunc stans und einen beständigen Bestand nicht mehr gibt, wurde Heideggers Analyse der Zeitlichkeit und weiterhin Geschichtlichkeit selber zu seinem Zeichen der Zeit. Ich habe mir diesen zeitlichen Sinn von *Sein und Zeit* in späteren Jahren an einer Konfrontation *M. Heidegger und F. Rosenzweig, ein Nachtrag zu »Sein und Zeit«* (1958; englische Fassung 1942) deutlich zu machen versucht, denn ohne einen Horizont von Ewigkeit gibt es so wenig eine Zeitlichkeit, wie es ohne einen Bezug zum All eine vereinzelte, eigene Existenz gibt.

In diesen entscheidenden Jahren nach dem Zusammenbruch von 1918 wurde ich durch die Freundschaft mit P. Gothein vor die Wahl gestellt: sollte ich mich dem Kreis um St. George und Gundolf anschließen, oder als Einzelgänger Heidegger folgen, der auf ganz andere Weise eine nicht minder diktatorische Macht über die jungen Gemüter ausübte, obwohl niemand von seinen Hörern verstand, worauf er eigentlich abzielte. In Zeiten der Auflösung gibt es verschiedene Arten von »Führern«, die sich nur darin gleichen, daß sie das Bestehende radikal verneinen und entschlossen sind, einen Weg zu dem »Einen das not tut« zu weisen. Ich entschied mich für Heidegger, und diese positive Entscheidung liegt auch der Kritik zu Grunde, die ich 35 Jahre später unter dem Titel *Heidegger: Denker in dürftiger Zeit* (1953) veröffentlichte, um den Bann einer sterilen Imitation auf seiten einer gefesselten Anhängerschaft zu brechen und den Sinn für die Fragwürdigkeit von Heideggers seinsgeschichtlichem Denken zu erwecken. Nach der Promotion (1923) bei M. Geiger mit einer Arbeit über Nietzsche und auf dem Höhepunkt der Inflation übernahm ich eine Hauslehrerstelle auf einem Mecklenburgischen Gut, und 1924 folgte ich meinem Lehrer nach Marburg, um mich bei ihm mit einer phänomenologischen Arbeit über *Das Individuum in der Rolle des Mitmenschen* (1928) zu habilitieren. Zuvor hatte ich mich aus dem Widerwillen gegen die übliche Absitzerei des erstrebten akademischen Ziels für ein Jahr nach Rom und Florenz absentiert. Die personhafte Mitwelt von Ich und Du, worin jeder – als Sohn seiner Eltern, als Mann seiner Frau, als Freund seiner Freunde, als Schüler seiner Lehrer und als Lehrer von Schülern – verhältnismäßig durch den andern bestimmt ist, diese uns auch als »In-dividuen« konstituierende Mitwelt, schien mir damals unsere maßgebliche Welt zu sein, weil sie uns unmittelbar und alltäglich angeht. Das Erscheinen der Frühschriften von K. Marx (1927) veranlaßte mich, diesen allzumenschlichen Horizont von Welt zu erweitern und die objektive Macht der geschichtlich gewordenen Gesellschaftsstruktur in den Umkreis der eigenen Existenz einzubeziehen und also mit Marx einzusehen, daß das scheinbar unabhängige, weil vereinzelte »Individuum« ein Mitglied der bürgerlichen Gesellschaft, ein »bourgeois«, im Unterschied zu sich selbst als Staatsbürger ist. Das eigentliche Motiv für die Einbeziehung von Marx in die Geschichte der Philosophie – sie war damals akademisch noch anstößig – war aber nicht so sehr das Problem der bürgerlichen Gesellschaft, sondern das vom jungen Marx proklamierte *Ende der Philosophie nach Hegel* und ihre Verwandlung in eine theoretische Kritik des Bestehenden zum Zweck einer praktisch-revolutionären Veränderung, also die Verwandlung der *Philosphie in Marxismus.* Die philosophische Bedeutung von Marx liegt nicht erst in seiner Analyse der »Selbstentfremdung« des Menschen in einer alles als »Ware« produzierenden Gesellschaft, sondern darin, daß Marx in der Auseinandersetzung mit Hegel die Philosophie als solche »aufheben« wollte. Zufolge dieser Tendenz ist der Marxismus in der Tat *der* Widerpart alles bisherigen philosophischen Denkens. Wer die Welt »verändern« möchte, wer sie anders haben will, als sie ist, der hat noch nicht zu philosophieren begonnen und verwechselt die Welt mit der Weltgeschichte und diese mit einem Gemächte des Menschen. Mein Interesse an der Hegelkritik der Linkshegelianer, die zugleich eine Kritik an der Philosophie überhaupt war, begegnete sich mit Heideggers Abstieg von der Verstiegenheit der spekulativen Ontologie des absoluten Bewußtseins auf das faktische, endliche und geschichtliche Dasein. Diesem doppelten, aber einstimmigen Interesse an der Revolte von Kierkegaard und Marx und an Heideggers Angriff auf die gesamte überlieferte Metaphysik, der schon Dilthey den Boden entzogen hatte, entsprach das Thema meines Habilitationscolloquiums über *Feuerbach und der Ausgang der klassischen Philosophie*. Denn die deutsche klassische Philosophie war mit Hegel in der Tat an das Ende einer Vollendung gekommen.

Das erste Ergebnis dieser Beschäftigung mit den philosophischen Frühschriften von Marx war eine Abhandlung über *M. Weber und K. Marx* (1932). Sie ging unschlüssig aus, weil mir Webers existenzieller Relativismus in bezug auf die freie Wahl eines obersten Wertes ebenso unhaltbar schien wie die marxistische These vom Menschen als einem sozialen Gattungswesen, dessen Aufgabe es ist, die allgemeine Tendenz der Weltgeschichte zu realisieren.

Ich hatte 1919 das Glück, M. Webers Münchener Vortrag über *Wissenschaft als Beruf* zu hören, und seitdem weiß ich, was ein bedeutender Mann ist. Die herben Schlußworte seines Vortrags sind mir noch wie vor vierzig Jahren gegenwärtig. Sie gipfelten in der Feststellung, daß »für alle jene Vielen, die auf neue Propheten und Heilande harren, die Lage die gleiche ist, wie sie aus jenem schönen Wächterlied in der Exilszeit klingt: ›Es kommt ein Ruf aus Seir in Edom: Wächter, wie lange noch die Nacht? Der Wächter spricht: Es kommt der Morgen, aber noch ist es Nacht. Wenn ihr fragen wollt, kommt ein andermal wieder‹«. »Das Volk«, schloß M. Weber, »dem das gesagt wurde, hat gefragt und geharrt durch mehr als zwei Jahrtausende, und wir kennen sein erschütterndes Schicksal. Daraus wollen wir die Lehre ziehen, daß es mit dem Sehnen und Harren nicht getan ist, und an unsere Arbeit gehen und der ›Forderung des Tages‹ gerecht werden.« M. Weber war der Überzeugung, daß diese Forderung schlicht und einfach sei, »wenn jeder den Dämon findet und ihm gehorcht, der seines Lebens Faden hält.«

Gleichzeitig mit diesem unmarxistischen Studium von Marx bemühte ich mich um eine kritische Klärung des Verhältnisses der *Philosophie zur Theologie* im Hinblick auf die Aneignung von Heideggers »Analytik des Daseins« durch Bultmann. Das einigende Moment war der Anstoß, den beide von Kierkegaards These empfangen hatten, daß die Wahrheit nur wahr werde, wenn sie von einem Existierenden subjektiv angeeignet wird. Das Pathos der praktisch-existenziellen »Entscheidung«, welches Kierkegaard und Marx gegen die bestehende Christenheit und gegen die bestehende Gesellschaft inspiriert hatte, erwachte in den 20er Jahren zu einer neuen Aktualität, um zu einem theologischen, philosophischen und politischen Dezisionismus zu führen – und zu verführen. Davon handelt eine 1935 pseudonym erschienene Polemik gegen den *politischen Dezisionismus* von C. Schmitt und ein in Frankreich 1946 erschienener Aufsatz über *Die politischen Implikationen von Heideggers Philosophie der Existenz.*

Durch die Befassung mit Hegel, Marx und Kierkegaard war meine spätere Arbeit *Von Hegel zu Nietzsche* vorgezeichnet, worin die Linkshegelianer eine zentrale Stellung einnahmen, wogegen Nietzsche für mich von meiner Jugend an eine besondere und ausgezeichnete Bedeutung hatte, weil er wie kein anderer die Herkunft und Heraufkunft des »Europäischen Nihilismus« voraus gedacht hatte und am Ende des »fin de siècle« von neuem begann. Er hat das kühne Experiment gewagt, den Willen zum Nichts soweit voranzutreiben, daß er umschlagen mußte in den Versuch zur Wiedergewinnung der Welt, nachdem ihm die meta- und hyperphysische Hinterwelt endgültig zur »Fabel« geworden war. Ich greife damit voraus auf die Zeit der Emigration, in der ich an diesen Dingen arbeitete.

1933 verlangte von mir keine eigene Entscheidung; sie ergab sich zwangsläufig von selbst durch die jetzt vergessenen, aber 1935 möglich gewesenen und im Handumdrehen ausgeführten Nürnberger Gesetze. Die Emigration führte mich durch eine Reihe glücklicher Zufälle, die man gern Schicksal nennt, über Rom nach einer japanischen Universität. Nach dem deutschen Bündnis mit Japan und unter dem Druck der nationalsozialistischen Auslandspropaganda wurde meine Stelle unsicher. Damals verhalfen mir P. Tillich und R. Niebuhr – ein halbes Jahr vor Pearl Harbour – zu einer Lehrstelle an einem amerikanischen theologischen Seminar (1941), von dem ich 1949 an die »New School for Social Research« berufen wurde. Nach 18 Jahren Abwesenheit kehrte ich (1952) nach Deutschland zurück, wo ich, trotz allem, was inzwischen geschehen war, die Universitätsverhältnisse merkwürdig unverändert vorfand. Wie wenig diese Emigration in fremde Länder mit anderen

Denkweisen, wie wenig überhaupt die Geschicke der Geschichte das Wesen eines erwachsenen Menschen und auch eines Volkes zu verändern vermögen, das wurde mir erst nachträglich klar. Man lernt zwar Einiges hinzu und man kann den Restbestand des alten Europa nicht mehr ebenso ansehen, wie wenn man sich nie von ihm entfernt hätte, aber man wird nicht ein Anderer; man bleibt auch nicht einfach derselbe, aber man wird, was man ist und innerhalb seiner Grenzen sein kann. Ich schrieb zuerst in Rom, in der Ausarbeitung von Marburger Vorlesungen, eine systematische Interpretation von *Nietzsches Philosophie der ewigen Wiederkunft des Gleichen* (1935) und eine Monographie über *J. Burckhardt* (1936) und dann in Japan *Von Hegel zu Nietzsche* (1941), worin ich den Versuch unternahm, die entscheidenden Ereignisse in der denkerischen Geschichte des 19. Jahrhunderts auf eine unkonventionelle Weise zu vergegenwärtigen. Ich hatte für diese Arbeit während meiner Lehrtätigkeit in Sendai das unwahrscheinliche Glück, vor japanischen Studenten dort fortfahren zu können, wo ich in Marburg abbrechen mußte.

Daß ich trotz des Festhaltens an dem in Marburg eingeschlagenen Weg von der Erfahrung des gar nicht mehr fernen Ostens nicht unberührt blieb, sondern von dem Land und dem Volk und seiner subtilen Gesittung und von der großen buddhistischen Kunst einen unvergeßlichen Eindruck empfing, der sich mir jetzt, nach zwanzig Jahren, anläßlich einer Vortragsreise in Japan bestätigt hat, das alles läßt sich nicht mit ein paar Worten verdeutlichen. Was einen als Europäer anspricht, ist natürlich nicht die fortschreitende Modernisierung des alten Japan, sondern der Fortbestand der orientalischen Tradition und das urwüchsige shintoistische Heidentum. Ich habe angesichts der volkstümlichen Konsekration aller natürlichen und alltäglichen Dinge – der Sonne und des Mondes, des Wachsens und Vergehens, der Jahreszeiten, der Bäume, Berge, Flüsse und Steine, der Zeugungskraft und der Nahrung, der Reispflanzung und des Hausbaus, der Ahnen und des Kaiserlichen Hauses – zum ersten Mal auch etwas von dem religiösen Heidentum und der politischen Religion der Griechen und Römer verstanden. Das Gemeinsame ist die Scheu und Verehrung allgegenwärtiger, übermenschlicher Mächte, auf Japanisch »Kami« genannt, auf Römisch »superi«, was wörtlich dasselbe bedeutet, nämlich einfach »die Oberen«, über uns Menschen. Gemäß dieser Anerkennung übermenschlicher Mächte im alltäglichen Leben der Menschen ist die natürliche Haltung gegenüber dem Schicksal, es mag durch Erdbeben und Taifune oder durch Krieg und Bomben veranlaßt sein, die unbedingte Ergebenheit. Man nimmt überhaupt das eigene Leben nicht so überaus wichtig und opfert es leichten Herzens aus uns kaum verständlichen Anlässen. Diese Ergebenheit ist im selben Maße im Schwinden, als die selbstbewußt fordernde Zivilisation des Westens in Gestalt des wissenschaftlichen Fortschritts und des ihm dienenden Marxismus an Macht und Boden gewinnt. Ein japanischer Soziologe sagte mir: »Ihr habt uns die wissenschaftliche Technik gebracht, ihr solltet uns nun auch zeigen, wie wir damit zu Rande kommen können, ohne uns selbst zu verlieren.«

In Japan erwartet niemand von einem Ausländer, daß er sich anpassen und also veröstlichen sollte. Man will von ihm europäische Geistesart lernen, und ich konnte in meiner Sprache unterrichten. In Amerika, das ursprünglich eine europäische Kolonie war, aber in dem, worauf die moderne Welt aus ist, das alte Europa überholt hat, daß es nun als »der Westen« schlechthin gilt, war ein »adjustment to the American way of life« nicht ganz zu umgehen, wenn man akzeptiert werden wollte. Man mußte vor allem nicht nur Englisch sprechen, sondern auch englisch denken lernen, um sich nicht dauernd, mehr schlecht als recht, aus dem Deutschen ins Englische zu übersetzen, wobei ich die Erfahrung machte, daß viele berühmte deutsche Bücher sehr schlecht geschrieben und gedacht sind. Der Unterricht an einem protestantischen Seminar machte mich mit einem Christentum bekannt, das sozial und moralisch sehr wirksam, aber als Glaube dem Fortschrittsglauben des 18. und 19. Jahrhunderts ähnlicher ist als dem des Neuen Testaments. Der Unterricht an diesem theologischen Seminar gab mir Anlaß, mich näher mit den Kirchenvätern zu befassen, und daraus ergab sich mir der Plan, die geschichtsphilosophischen Konzeptionen von Vico bis zu Hegel und Marx auf ihre Bedingtheit durch die älteren Geschichtstheologen durchzunehmen. Die leitende Idee des Fortschritts zu einem künftigen Ziel, dem die Vergangenheit als Vorbereitung dient, ließ sich zurückverfolgen auf den urbildlichen Fortschritt von einem Alten zu einem Neuen Testament und auf das teleologische Schema der »praeparatio Evangelii« und des »procursus« zu einem eschatologischen Ziel. Ein indirekter Beweis für die Herkunft der Geschichts*philosophie* aus der biblischen Geschichts*theologie* ist das Fehlen jeder Philosophie der Geschichte im griechischen Denken, das die Geschichte den Historikern überließ. Der positive Grund für diesen Mangel an geschichtsphilosophischer Konstruktion liegt aber darin, daß es von den wechselvollen Geschicken, der *tyche* der Geschichte, kein eigentliches

Wissen, sondern nur Bericht oder Historie geben kann. Die Absicht des Buches *Meaning in History* (1949), das später (1953) unter dem passenderen Titel *Weltgeschichte und Heilsgeschehen* übersetzt erschien, war eine kritische: es sollte daraus die Unmöglichkeit einer Philosophie der Geschichte hervorgehen. Diese Absicht wurde oft positiv-christlich mißverstanden, weil sie bestimmten Tendenzen der protestantischen Theologie konform zu sein schien. Ich hoffe, dieses Mißverständnis durch die kleine Schrift über *Wissen, Glaube und Skepsis* (1956) behoben zu haben und mit den Theologen darin einig zu sein, daß die Weisheit dieser Welt eine Torheit vor Gott ist. Ich möchte nicht versäumen, meinen theologischen Partnern und Freunden an der Heidelberger Universität bei dieser Gelegenheit meinen Dank auszusprechen für die christliche Geduld, mit der sie meine nicht immer harmlose Einmischung aufgenommen haben. Vielleicht sind wir uns auch darüber einig, daß das Alte und Neue Testament weder eine aus sich selber bewegte *Natur* und eine von Natur aus geordnete Welt, einen *Kosmos* kennt, noch eine *Geschichte* im Sinne des modernen historischen Bewußtseins und einer existentialen Geschichtlichkeit. Die Natürlichkeit der Natur, φύσις, ist uns durch die neuzeitliche Physik abhanden gekommen und der unbefangene Anblick der politischen Geschichte ist uns durch die philosophische Theologie der Geschichte verstellt worden. Parallel zu der theologisch bedingten Problematik der Geschichtsphilosophie wäre aber auch in bezug auf das mechanische Weltbild der Physik zu zeigen, daß es ebenfalls theologischer Provenienz ist und nicht auf die griechische Kosmologie zurückgeht. Es verweltlicht die biblische Schöpfungslehre, deren Gott kein Prädikat des Kosmos, sondern ein der Welt transzendentes Subjekt ist. An die Stelle des göttlichen Weltentwurfs, der noch für Newton maßgeblich war, trat ein Entwurf des menschlichen Verstandes, der bei Kant und Laplace die Hypothese eines göttlichen Schöpfers überflüssig machte. Vorausgesetzt, daß wir das allgemeine Gravitationsgesetz kennen, so genügt es für Kant, ein Stück Materie zu haben, um zu zeigen, wie die Welt »gemacht« werden kann. Wie freilich ein mechanisches Weltsystem ohne Leben und Geist auch Pflanzen, Tiere und Menschen und mit dem Menschen Geschichte hervorbringen kann, das bleibt auf dem Standpunkt von Newtons »Weltwissenschaft« und einer Physik ohne Logos und Physis ein unauflösbares Rätsel.

Wenn sich nun aber das Wesen und der Sinn der Geschichte weder aus ihrer theologischen Deutung philosophisch einsichtig machen läßt, noch aus dem nicht minder eschatologischen Schema der spekulativen, positivistischen und materialistischen Geschichtsphilosophie von Hegel, Comte und Marx, und auch nicht aus der Existenzialisierung der »vulgären« Geschichte zu einer je eigenen »Geschichtlichkeit« und noch weniger aus der Hypostasierung des Geschicks der Geschichte zu einem universalen Charakter *des* Seins, dann wird nicht nur diese oder jene Geschichtsauslegung fragwürdig, sondern der in allen Interpretationen vorausgesetzte Begriff einer *geschichtlichen Welt.*

Die natürliche Welt ist eine Welt und kein Chaos, weil sie in sich von Natur aus geordnet oder ein Kosmos ist. Die sogenannte geschichtliche Welt ist auch nur dann eine Welt, wenn in ihr eine Ordnung herrscht, und als Ordnungsprinzip ihres zeitlichen Fortgangs galt bislang der kontinuierliche (Comte) oder auch dialektische (Hegel) und antagonistische (Marx) Fortschritt zu einer Vollendung hin. Alle Geschichtserfahrung bezeugt jedoch, daß die Menschen für ihr Zusammenleben, im engsten oder auch weitesten Umkreis, zwar darauf angewiesen sind, daß es eine gemeinsame Ordnung gibt, deren Autorität und Gerechtigkeit allgemein anerkannt wird, aber nicht minder zeigt die Geschichte, daß jede solche Rechtsordnung von relativer Dauer ist, durchbrochen wird, sich auflöst und immer wieder von Neuem hergestellt werden muß, ohne jemals zu einem Ende zu kommen, worin sich der Fortgang der Geschichte erfüllt. Denn wenn auch im Fortgang einer bestimmten Epoche ein Schritt auf den andern mit einer Art Folgerichtigkeit folgt, weil bestimmte Entscheidungen bestimmte Konsequenzen nach sich ziehen, so ist doch der Zufall der Umstände und die Vielfalt des Wollens und der Spielraum der Willkür ein nicht minder wesentliches Moment im Fortgang des Geschehens. Der Gedanke, daß alles auch hätte anders kommen können, ist nicht hinweg zu denken. Hegels Absicht, den Zufall aus dem vernünftigen und innerlich notwendigen Gang der Geschichte auszuschalten, kann nicht ihr Ziel erreichen, und seine folgerichtige Konstruktion der Philosophie der Geschichte als einer «philosophischen Weltgeschichte«, und desgleichen der Geschichte der Philosophie, ist eigentlich aus dem Gesichtspunkt des faktischen Erfolgs geschrieben. Dieser Glaube, daß die Weltgeschichte das Weltgericht ist, weil in ihr das Rechte und Vernünftige notwendig zum Austrag kommt, ist so unglaubwürdig geworden, wie der ihm vorausgegangene Glaube an eine göttliche Führung und Vorsehung. Die Frage nach einem »Sinn« der Geschichte, die schon für meine Schrift Von *Hegel zu Nietzsche* (Vorwort zur 1. Auflage) leitend war und dann insofern beantwortet wurde, als in *Weltgeschichte und Heilsgeschehen* gezeigt werden sollte, daß sie nur im Glauben an ein Heilsgeschehen eine indirekte und auch dann noch sehr fragwürdige Antwort finden kann, mußte über die geschichtliche Welt und die geschichtliche Denkweise hinausführen, zur Welt *überhaupt*, welche das Eine und Ganze des von Natur aus Seienden ist. Gegenüber der Welt im Großen und Ganzen verliert aber die Frage nach dem Sinn im Sinn eines »Wozu« oder Zweckes ihren Sinn, denn das immer gegenwärtige Ganze des von Natur aus Seienden, welches wir Welt nennen, kann nicht noch zu etwas anderem außer ihm und in Zukunft da sein. Als das Ganze des Seienden ist die Welt immer schon vollständig und vollkommen selbständig und die Voraussetzung aller unselbständigen Existenzen. Eine solche durchaus unselbständige Existenz ist aber gerade auch diejenige, welche von sich »Ich« sagt und sich selbst meint und eine eigene geschichtliche Welt auf der Erde hervorgebracht hat. Als eine menschengeschichtliche Welt ist sie relativ auf den Menschen, *seine* Welt, aber nichts »an sich« oder an ihr selbst. Aus sich selbst bewegt und bestehend ist nur die Naturwelt. Wie weit immer es dem Menschen gelingen mag, sich die Natur durch Bearbeitung anzueignen und seine Herrschaft über sie auszudehnen, sie wird niemals zu unserer Umwelt, sie bleibt immer sie selbst, so wie in Heideggers ontologischer Rede das »Sein« sich darin erweist, daß es »es selbst« ist. Von dieser Welt, die nicht eine Welt unter andern und keine bloße »Idee« (Kant) oder ein »Horizont« (Husserl) und »Entwurf« (Heidegger) ist, sondern die eine und ganze wirkliche Welt, ließe sich sagen, was die Theologie in ihren Gottesbeweisen von Gott gesagt hat: daß über sie hinaus nichts noch Größeres denkbar ist. Sie braucht aber auch gar nicht als existierend bewiesen zu werden, denn sie weist sich alltäglich und fortwährend selber aus, obwohl wir von unserer Weltgemäßheit zumeist so wenig wissen wie die Zugvögel, die sich auf ihrem Flug am Stand der Sonne orientieren. Wir können keinen Augenblick existieren ohne die Welt, aber diese kann auch ohne uns sein. Man kann sich auch keinen Zustand *vor* der Welt oder *nach* ihr vorstellen, sondern nur eine Zustandsänderung innerhalb einer schon immer bestehenden Welt, es sei denn, man postulierte ein absolut nichtiges Nichts, aus dem nichts hervorgehen kann und das auch noch ein Nichts an Welt sein würde.

Im Sinne solcher Überlegungen habe ich auf dem letzten deutschen Kongreß für Philosophie in Marburg (1957) Welt und Weltgeschichte

zum Thema eines Vortrags gewählt und es auch einer Vortragsreihe in
Japan (Herbst 1958) zu Grunde gelegt. Der gedankliche »Lebenslauf«
scheint mir damit an ein folgerichtiges Ende und auf Umwegen zum
wahren philosophischen Anfang zu kommen. Er führte von der Analyse der nächsten *Mitwelt* über die *Welt der bürgerlichen Gesellschaft* und
die *Geschichte von Hegel zu Nietzsche*, dessen »neue Weltauslegung« in
der Lehre von der »ewigen Wiederkehr« gipfelt, zur *Weltgeschichte* in
der Abhebung vom Heilsgeschehen und schließlich zur Frage nach der
Welt überhaupt, innerhalb derer es den Menschen und seine Geschichte
gibt. Mit dieser für uns letzten, aber an sich ersten Frage, ist man am
Ende wieder dort angelangt, wo die griechische Philosophie begann,
mit ihren Schriften, welche betitelt sind: »*Peri kosmou*« oder »Von der
Welt«. Von ihr hat Heraklit gesagt (Fragm. 30), daß sie immer »dieselbe« sei »für alles und alle«, von keinem besonderen Gott und von
keinem Menschen gemacht.

Die Frage nach *Gott* und dem *Menschen* wird damit nicht beseitigt,
wohl aber einbezogen in das Ganze des von Natur aus Seienden, welches
der Kosmos ist. Als ein Prädikat des ganzen und darum vollkommenen
Kosmos ist das Göttliche kein persönlicher Gott über und außer der
Welt und der Mensch kein einzigartiges, weil gleichfalls überweltliches
Ebenbild Gottes, sondern wie jedes lebendige Wesen ein Weltwesen,
durch das die Welt zur Sprache kommt. Daß aber die lebendige Welt
ein Wesen wie den Menschen hervorbringen konnte, wird umso rätsel-
hafter, wenn der Mensch weder aus einem übernatürlichen Ursprung
entspringt noch bruchlos auf seine tierische Herkunft zurückführbar
ist, weil seine »*Natur*« von vorneherein eine *menschliche* ist. Dieselbe
Rätselhaftigkeit gilt von der zum Menschen gehörigen Sprache, wenn
sie weder einer göttlichen Eingebung entspringt, noch aus der wort-
losen Sprache der Tiere ableitbar ist. Irgendein Sprung muß in einem
bestimmten Weltalter erfolgt sein, damit es zum Menschen kam, der
die fraglos gegebene Welt und sich selber zum Thema macht und in
Frage stellt.

Und wenn ich schließlich auf den Anlaß zu dieser Selbstvorstellung
zurückkommen darf, so kann ich nicht umhin, mir dessen bewußt zu
sein, daß zu den ehemaligen und gegenwärtigen Mitgliedern der Heidelberger Akademie Husserl, Jaspers und Heidegger gehören. Wer aber
diese Namen nennt und ihr Werk kennt, dem fallen angesichts der eigenen Schriften wohl oder übel die Verse aus einer Ode von Horaz ein:

aetas parentum, peior avis, tulit
nos nequiores, mox daturos
progeniem vitiosiorem.

Doch mag man sich mit Kant über diesen fortschreitenden Verfall mit dem Hinweis trösten, daß dieses »Jetzt« der letzten Zeit, in welcher der Untergang der Welt vor der Tür zu stehen scheint, so alt ist wie die Geschichte selbst.

Nachbemerkung

An die näheren Umstände, wie und wann das Preisausschreiben der Widener Library, Cambridge (Mass.), meinem Mann in die Hände kam, kann ich mich nicht erinnern. Wir befanden uns seit mehr als vier Jahren in Japan, waren beide noch nie in den USA gewesen – vermutlich war es ihm wie vielen anderen durch Hitler aus Deutschland vertriebenen Emigranten zum Zweck einer Materialsammlung aus Harvard zugestellt worden. Wir hatten vor, im Jahr darauf in die USA zu übersiedeln, wo meinen Mann bereits eine Stelle am Theologischen Seminar in Hartford (Conn.) erwartete. Im Hinblick auf die Übersiedlung nach Amerika hatte die Aussicht auf einen Preis, der in Dollars ausbezahlt wurde, eine beträchtliche Anziehungskraft für uns. Nach Sendai, an die größte Universität des japanischen Nordens, waren wir damals durch aus der Studienzeit in Deutschland stammende freundschaftliche Beziehungen gelangt. Der durch die herrliche Landschaft, die Fremdheit eines nichtchristlichen Landes und die Gastlichkeit der Bewohner anfangs für uns bedeutsame Reiz hatte im Lauf der Jahre durch die völlige geistige Isolation viel von seiner Anziehungskraft eingebüßt. Es gab in dieser mittelgroßen, gänzlich japanischen Stadt außer uns beiden nur noch einen weiteren Europäer: Kurt Singer; im übrigen einige amerikanische Lehrer, die an der großen amerikanischen Highschool tätig waren, mit denen wir aber aus Mangel an gemeinsamen Interessen kaum in Berührung kamen. Als sich Hitler-Deutschland mit Italien und Japan zur »Achse« zusammengefunden hatte,wurde unser Dasein zunehmend durch die Feindseligkeiten der in Tokyo residierenden »offiziellen« Deutschen erschwert, die alles versuchten, um meinem Mann seine ehrenvolle Stellung zu entreißen.

Die Aussicht, in den Vereinigten Staaten westliche Bildung, womöglich sogar Fachgenossen deutscher Herkunft zu treffen, war überaus verlockend. Mein Mann hatte sich sogleich an die Abfassung des Berichts gemacht, der zwar unter Zeitdruck, aber termingerecht, abgesandt wurde. Bei der Abfassung des Manuskripts kam meinem Mann die Gewohnheit entgegen, seine Gedanken, seine Begegnungen und die täglichen Ereignisse in Briefen und Tagebüchern festzuhalten, die er gern mit passenden Fotos, Postkarten oder Zeitungsausschnitten illustrierte – eine Auswahl davon ist im Bildanhang dieses Buches zusammengestellt worden. An eine Veröffentlichung hat mein Mann weder damals noch später gedacht. Auch ist mir nicht erinnerlich, ob wir jemals eine Antwort bekamen und wer schließlich das Preisausschreiben gewonnen hat.

Wir waren im folgenden Jahr 1941 mit dem Abschluß in Sendai, der Übersiedlung wiederum auf einem japanischen Dampfer – reichlich beschäftigt, reisten nach unserer Ankunft in San Francisco mit der Eisenbahn quer durch den Kontinent nach New York und richteten uns schließlich in Hartford ein. Schon auf der Reise hatte sich mein Mann an die Erlernung des Englischen gemacht, weil der Unterricht am Theologischen Seminar fast unmittelbar beginnen mußte; also war das Sprachproblem vorerst die Hauptsache.

Während der folgenden Zeit am Hartforder Theologischen Seminar hatten wir das amerikanische Bürgerrecht erworben. Nach acht Jahren wurde mein Mann nach New York City an die »New School for Social Research« berufen, und wir genossen die Anregung durch die vielen bedeutenden Menschen, die an diesem einzigartigen Sammelbecken westlicher Wissenschaftler zusamengekommen waren. Eine Rückkehr nach Deutschland – der Zweite Weltkrieg war inzwischen beendet – wäre uns beiden damals nicht in den Sinn gekommen. Da geschah etwas Wunderbares, das mit einem Schlage unsere ganze Weltansicht veränderte. Mein Mann wurde zu dem großen internationalen Philosophiekongreß 1949 in Mendoza in Argentinien eingeladen: die erste Tagung, zu der auch deutsche Philosophen gebeten worden waren. Meines Mannes Freude war ungeheuer. Und obwohl es bei einem frisch gebackenen US-Citizen nicht allzu gern gesehen wurde, wenn er sich so bald ins ferne, noch dazu möglicherweise politisch anstößige Ausland begab, gelang es ihm doch, für diesen Kongreß loszukommen. Das Vorspiel bildete der großartige Flug über die Anden, in Mendoza folgte das Wiedersehen mit den alten Freunden und Kollegen, die er z. T. noch aus der Studienzeit kannte.

Danach kam es zu einem Austausch von Plänen und Möglichkeiten zwischen Heidelberg und New York, und dann zu einer Einladung für ein Gastseminar in Heidelberg und schließlich – wohl vor allem dank H.-G. Gadamers Fürsorge – zu dem Angebot des Heidelberger Lehrstuhls für Philosophie.

Auch ich habe 1949 einen kurzen Probebesuch bei meiner reduzierten Familie und in dem noch furchtbar mitgenommenen Heimatland gemacht. Meines Mannes Wunsch, nach Heidelberg zu gehen, war so eindeutig, daß auch ich mir die Rückkehr sinnvoll vorstellen konnte.

Sie hat sich in den zwanzig Jahren von 1953 bis zu seinem Tod 1973 für uns beide fraglos glücklich bewährt.

Das sogenannte Harvard Papier blieb jedoch vergessen, bis es mir beim Aufräumen von meines Mannes Papieren nach seinem Tod wieder vor die Augen kam. Durch die so fern gerückte Lektüre beeindruckt, habe ich es dann einigen Freunden zu Lesen gegeben. Sie waren alle so stark interessiert, teils erschüttert, daß ich mich zuletzt, bestärkt durch ihren Rat, zur Veröffentlichung entschlossen habe.

Heidelberg, im Februar 1986   *Ada Löwith*

Editorische Bemerkungen

(Frank-Rutger Hausmann)

Seit der Erstausgabe von Karl Löwiths Autobiographie »Mein Leben in Deutschland vor und nach 1933. Ein Bericht«, die 1986, dreizehn Jahre nach seinem Tod (1973) im Verlag J.B. Metzler als Hardcover und drei Jahre später im S. Fischer-Verlag als Taschenbuch erschien, sind über zwanzig Jahre vergangen. Beide Ausgaben sind inzwischen vergriffen; das Interesse an diesem »Bericht« hat jedoch keineswegs nachgelassen. Die vorliegende Neuausgabe bietet nun erstmals den vollen Wortlaut des Originaltextes, der in der 1986 publizierten Version geglättet und mit Rücksicht auf noch Lebende leicht gekürzt worden war. Dies betrifft z.B. das Kapitel »Die deutschen Emigranten in Rom«, in dem die Stephan Kuttner, Paul Oskar Kristeller und Richard Krautheimer betreffenden Passagen ausgespart wurden.

Der Neuausgabe liegt ein vermutlich von Ada Löwith angefertigter Schreibmaschinendurchschlag des Originals zugrunde, der Teil des umfangreichen Nachlasses von Karl Löwith im Deutschen Literaturarchiv Marbach (DLA) ist. Das Konvolut trägt die Signatur A: Löwith 90.15.3 und ist als »Manuskript letzter Hand« zu betrachten. Frau Anna Lux (Leipzig) besaß die Freundlichkeit, mir eine Kopie des Originals, welches in der Houghton Library (College Library) der Harvard University in Cambridge, Ma (Sign. Bms Ger 91 [147]) aufbewahrt wird, zu besorgen, die auf dem Postweg nicht zu beschaffen war. Der Text der hier zugrundegelegten Marbacher Vorlage ist mit kleinen Abweichungen mit dem der Houghton Library identisch. Beide Typoskripte wurden von Löwith handschriftlich durchkorrigiert und umfassen jeweils 161 Blatt, einseitig beschrieben und numeriert.

134 Photos und sonstige Illustrationen (insgesamt 73 Blatt), der Text des Preisausschreibens und zwei Zeitungsausrisse wurden später hinzugefügt und finden sich folglich nur im Marbacher Typoskript.

Ursprünglich verfaßte Löwith seinen »Bericht« als Teilnehmer an einem Preisausschreiben, welches im August 1939 von drei Wissenschaftlern der Harvard-Universität (dem Psychologen Gordon Willard Allport, dem Historiker Sidney Bradshaw Fay und dem Soziologen Edward Yarnall Hartshorne) ausgelobt worden war, um Aufklärung über die nationalsozialistische Machtergreifung des Jahres 1933 zu bringen. Löwith reichte seinen Beitrag unter dem Pseudonym »Hugo Fiala« ein, erhielt jedoch aus formalen Gründen keinen Preis. Auf Wunsch von Hartshorne, nach dem Krieg Hochschuloffizier in der amerikanischen Zone Deutschlands, wurde Löwiths Text jedoch in Harvard archiviert und mit seiner Zustimmung der Forschung zugänglich gemacht.

Die Neuedition soll einen möglichst authentischen Text bieten. Daher wurden Löwiths Orthographie, welche der inzwischen in Deutschland eingeführten revidierten Rechtschreibung auf erstaunliche Weise gleicht, und seine nicht immer den Regeln konforme Interpunktion beibehalten sowie alle Unterstreichungen (= Kursivierungen) und Sperrungen getreulich wiedergegeben. Die Zwischentitel, die im Manuskript als Randglossen stehen, wurden über die entsprechenden Textpassagen gesetzt. Auf diese Weise wurden die Eingriffe und stillschweigenden Veränderungen der Erstausgabe rückgängig gemacht, die gelegentlich zu Mißverständnissen geführt hatten. Umgangssprachliche Ausdrücke und Archaismen (z.b. »er frug«) wurden in der Neuausgabe ebenfalls nicht verbessert, Zahlzeichen nicht verbalisiert.

Am Ende des Gesamttextes werden zudem in eckigen Klammern sinntragende Streichungen Löwiths mitgeteilt (durch Asterisk und fortlaufende Numerierung angezeigt), die dessen Arbeitsweise verdeutlichen und so manche Urteile über Personen präzisieren. Insbesondere die Edmund Husserl und Martin Heidegger betreffenden Passagen weisen aufschlußreiche Tilgungen auf.

Fremdsprachige Zitate wurden ins Deutsche übersetzt, Personen, die Löwith nur mit ihren Funktionen benennt, identifiziert.

Auf die Reproduktion aller Illustrationen, z.T. Postkarten oder kleine Personenphotos, von Karl Löwith unter Mithilfe seiner Frau Ada später hinzugefügt, wurde verzichtet. Die Neuausgabe enthält dieselben Abbildungen wie die Erstausgabe. Im Text wird jedoch vermerkt, wo im Manuskript weitere Abbildungen plaziert waren. Alle werden durchnumeriert und in einem eigenen Verzeichnis mit den von Löwith gewählten Unterschriften (in Anführungszeichen), oder, soweit es sich um Postkarten und Buchabbildungen handelt, mit der Originalunterschrift versehen, aufgelistet. Wo nötig, wird der Inhalt einzelner Abbildungen in eckigen Klammern erklärt, werden Vornamen ausgeschrieben.

Ein Verzeichnis der von Löwith im Text zitierten Bücher unter Ausschluß der in den Fußnoten bibliograpisch nachgewiesenen Titel soll die Benutzung erleichtern.

Da mehrere im Text zitierte Briefe im Löwith-Nachlaß des Deutschen Literatur-Archivs (DLA) in Marbach erhalten sind, z.B. von Heidegger,

Deckert, Spitzer, Spranger, Graf Dürckheim-Montmartin u. a., wurden diese an den Originalen überprüft.

Die Vorbemerkung von Reinhart Koselleck, die Nachbemerkung von Ada Löwith sowie Löwiths »Curriculum vitae« (1959) werden in unveränderter Form wieder abgedruckt. Diesen Erläuterungen und Ergänzungen ging zur Abstimmung ein intensiver Briefverkehr voraus, der im Metzler-Verlagsarchiv erhalten ist. Er betrifft vor allem die Wahl des Titels, den Satzspiegel, Stilistika, die Anmerkungen, die Nachworte und die Auslassungen.

Ein besonderes Problem bilden die Teilanonymisierungen zahlreicher Eigennamen, von denen Löwith meist nur den Anfangsbuchstaben des Nachnamens, manchmal um den des Vornamens ergänzt, mitteilt. Die Neuausgabe beläßt im Textteil alle Anonymisierungen, löst sie aber in einem Namenregister so weit wie möglich auf. – Als Löwith sein Manuskript Anfang 1940 abschloß (es datiert vom 14. Januar), herrschte Krieg. Immer häufiger drangen Nachrichten über nationalsozialistische Greueltaten selbst bis in das verschlafene Sendai in Japan, und Löwith schien es offensichtlich geboten, weder diejenigen mit vollem Namen zu nennen, die er dadurch hätte gefährden können, noch die, welche sich als Gefolgsleute des Nationalsozialismus gezeigt hatten und seinen Weg noch einmal hätten kreuzen können. Auch Ada Löwith, die die meisten Personen hätte identifizieren können, wollte bei der späteren Drucklegung etwaige Schwierigkeiten mit noch Lebenden vermeiden. Da Löwith durch die Nennung der Initialen wie der Bildunterschriften jedoch viele Identifikationen ermöglicht, wollte er sie offenkundig nicht definitiv ausschließen. Inzwischen sind über sechzig Jahre vergangen, in denen eine intensive Forschung zahlreiche Personen identifiziert hat. Andere Namensauflösungen konnten mit einem gewissen Maß an Spürsinn geleistet werden. Alle Namen, ob ausgeschrieben oder anonymisiert, werden in ein abschließendes Namenregister aufgenommen. Diejenigen Namen, von denen in Löwiths Marbacher Nachlaß Korrespondenzen erhalten sind, werden in diesem Register mit einem Asterisken gekennzeichnet; ein Kreis verweist auf Briefe in anderen Nachlässen.

Weitere Hinweise finden sich in einem längeren Beitrag des Herausgebers zu Löwiths autobiographischem Text in der *Internationalen Zeitschrift für Philosophie* 2/2007, S. 79-126.

Namenregister mit Auflösung von Kürzeln

Ein Asterisk verweist auf diejenigen Namen, von denen in Löwiths Marbacher Nachlaß Korrespondenzen erhalten sind, ein Kreis auf Briefe in anderen Nachlässen.

A. (Aumühle im Isartal; Werner Gothein hatte dort ein Häuschen gemietet) 21

A., s. Antoni, Carlo

Acevedo (zwei Schwestern aus Bogotà, bei denen Karl Löwith in Rom Spanisch lernte) 106, 177

Allport, Gordon Willard (1897-1967; amerikanischer Verhaltenspsychologe in Harvard) 197

Anstock, Heinz (1909-1980; Germanist, ging als Deutschlektor mit Spitzer nach Istanbul, seit 1955 Lehrer an der dortigen Deutschen Schule, die er von 1962 bis 1974 leitete) 169

*Antoni, Carlo (1896-1959; italienischer Philosoph, Schüler Croces, von 1932-1942 Mitarbeiter Gabettis am Istituto italiano di studi germanici) 83, 86, 96, 110

Arco auf Valley, Anton Graf von (1897-1945; Leutnant und Attentäter, Mörder Kurt Eisners) 18

Aristoteles (griechischer Philosoph) 34, 48

*Auerbach, Erich (1892-1957; Professor der Romanistik in Marburg, Istanbul, Yale und Princeton) 12, 99

B. (Gerhard Bahlsen; Miteigentümer und Lektor des Verlags »Die Runde«, Schriftsteller) 106, 109

B., s. Becker, Oskar

*B. (Heinrich Besseler, 1900-1969; Musikwissenschaftler, Studium in Freiburg, seit 1928 Professor in Heidelberg) 13, 14, 60, 102, 141, 143, 165, 175, 176

B., Monsieur de B., s. de B.

*B., Dr. (Carl Beyer, gest. 1954; Orientalist, 1927-1944 Deutschlehrer an einem japanischen Gymnasium in Mito) 119, 121 f.

°B. (Ludwig Binswanger, 1881-1966; Schweizer Psychiater, Begründer der Daseinsanalyse, Onkel von Anneliese Schinzinger geb. Hebting) 123

B., s. Boschwitz, Friedemann

B., Rosemarie (Rosemarie Burkart verh. Heyd, 1903-2002; Romanistin, folgte Leo Spitzer nach Istanbul, lebte später in Darmstadt) 169

Bach, Johann Sebastian (1685-1750; Musiker und Komponist) 78, 178

Baeumker, Clemens (1853-1924; katholischer Philosoph und Philosophiehistoriker in München) 18

Baeumler, Alfred (1887-1968;

Zeitfracht Medien GmbH
Ferdinand-Jühlke-Straße 7
99095 Erfurt, Deutschland
produktsicherheit@kolibri360.de